[美] 马克·J.施尼德詹斯
(Marc J. Schniederjans)

[美] 史蒂芬·B.罗格朗
(Stephen B. LeGrand)

著

李莎 ◎ 译

重塑供应链的生命周期

为分析决策
提供更佳的策略与方法

REINVENTING THE
**SUPPLY CHAIN
LIFE CYCLE**

Strategies and Methods for
Analysis and Decision Making

中国人民大学出版社
· 北 京 ·

作者简介

马克·J. 施尼德詹斯是美国内布拉斯加大学林肯分校工商管理学院商业系的知名教授，并且曾在另外三所大学任教。他是决策科学研究所（DSI）的研究员，行业经验丰富，曾从事卡车租赁业务。目前，他还是供应管理协会（ISM）、供应链管理专业委员会（CSCMP）、生产和运营管理协会（POMS）的成员。施尼德詹斯教授曾在运营管理和管理科学方面从事教学工作，斩获无数的教学奖项，并成为金钥匙荣誉社团和 Alpha Kappa Psi 商业学会的荣誉会员。他发表了 100 多篇期刊文章，独立撰写或联名出版了 18 本管理类图书。在学术会议上，他就 100 多篇学术论文展开了研讨。施尼德詹斯教授在诸多期刊编辑评审委员会及顾问委员会承担重要工作，涉及运营管理类、生产与运营管理类杂志。他也是《运营管理研究》的区域编辑，兼任另外三本杂志的副主编。他为商业和政府组织提供了大量的咨询和培训服务，包括陶氏北美公司、拉尔斯顿·普瑞纳公司和安大略水电公司。

史蒂芬·B. 罗格朗是维蒙特工业公司（Valmont Industries Inc.）灌溉部全球运营副总裁。该公司是国际知名的制造商，主要进行电线杆、塔架等的设计制造，服务于照明、交通、无线通信和公用事业市场。同时，该公司还提供保护涂层服务。维蒙特也是全球农业机械化灌溉设备的引领者，致力于在保护自然水资源的基础上提高农作物产量。史蒂芬负责经营机械化灌溉生产线，同位于美国、西班牙、巴西、中国和南非的制造商开展合作，并与澳大利亚、墨西哥和俄罗斯的企业进行仓储业务合作。他拥有超过 25 年的专业运营经验，在管理与行政、管理制造、供应链管理、招聘和公司发展方面经验丰富。加入维蒙特前，他曾担任科勒公司电力系统的全球运营经理，在新加坡、中国、法国、印度和美国开展全球业务。

史蒂芬经验丰富，在精益制造、六西格玛（DMAIC）、供应链管理、质量、制造工程、生产、客户服务和安全方面均有所涉猎。加入科勒公司电力系统前，他曾在纽威乐柏美先后担任过部门运营经理、生产与库存控制经理和调度经理，积累了大量的收购经验，并协助管理该公司在墨西哥、加拿大、美国、英国和法国的零售及 B2B 事业。史蒂芬在科勒公司待了 8 年，他曾花了 11 年的时间在罗克韦尔国际和休斯飞机公司从事国防电子工业工作。在那儿，他分别在建筑、生产、材料、质量、雷达制造系统内担任要职，为军队飞机（飞机型号包括 F-18、F-14 和 F-15）的制造贡献一己之力。同时，他也参与制造了手持全球定位系统（GPS）、车载定位系统和导弹定位系统（SLAM 和 TLAM）。他在北艾奥瓦大学取得了工业技术理学学士学位（BS），又获得了艾奥瓦大学的工商管理硕士学位（MBA）。此外，他还获得了田纳西大学的综合供应链管理认证、美国生产与库存管理协会（APICS）的生产和库存管理认证（CPIM）以及制造工程学会的技术认证（SME）。

序　言　Reinventing the Supply
Chain Life Cycle ▪

供应链深深影响着人们的日常生活。各商业组织深知，供应链已经成为影响组织发展的重要因素。一家公司，若是具备成熟的供应链，便能更好地服务消费者，不断提高公司的经济效益。可见，供应链的运作模式深刻影响其运作效率与效果。

为了提取供应链管理涉及的各类概念，许多实践者和学者先后对理论进行了探索。例如，产品生命周期（即：初始期、成长期、成熟期和衰退期）能帮助我们解读供应链。许多商业人士将产品生命周期视为一个转化过程，并用产品生命周期来预测产品发展的方向，增添产品生命力。在各阶段生命周期的指引下，相关商业人士能通过创新和新思路激活产品，保持客户需求增长和产品活力。为了延长产品生命周期，我们需要着眼于开发产品新的多样性功能，为各类商业活动提供有趣的框架指导。

就像供应链传输的产品和服务一样，供应链本身也具有生命周期。供应链必须不断重塑，方可功能全面、充满活力、目标明确。本书将围绕供应链的生命周期展开论述。全书并不旨在讲述单个产品或服务的生命周期，而是着眼于贯穿供应链的产品、运营、流程、步骤等全方位的生命周期。本书旨在为读者朋友提供全面的供应链知识，帮助供应链管理者加深对供应链的认识，以期延长供应链循环过程的寿命。

没有哪一本书能全面概述供应链管理需要掌握的各类知识。因此，本书致力于实现三大目标：（1）择取供应链管理重要话题，提供实践和理论基础知识；（2）访问杰出供应链管理者，获取更多实践经验和新知；

（3）讲述各种基于供应链实例的小故事，增强学习趣味性。为达成上述三大目标，本书分为三大部分，共二十二章。第一部分由本书前十三章构成，主要讲述了基础的书面知识。这些章节紧紧围绕供应链管理展开描述，包括：制定战略，设计，人员配置，管理，统一，谈判，外包，社会、道德、法律要素，可持续性，灵活度构建，合作发展，风险管理，精益策略及其他削减成本策略。每章有直观的目录，便于读者总览主题内容，随后会提供一份术语表，以便读者对论述内容做到心中有数。紧随其后的，是一个简单的小故事，故事基于供应链管理者的亲身经历，且同每一章的主题密切相关。各个小故事都是相互衔接的，以运营副总裁的口吻进行叙述，紧贴供应链的组织运营管理内容。每章都会讲述一个不同的小故事，并且我们为供应链管理初学者准备了必读材料，易于读者理解。此外，每章收尾部分的"未来走向"板块将基于本章内容未来三至五年的发展趋势为供应链管理提供指南。

第二部分包括七章。每章各采访了一名供应链工作者。受访者会分享各自公司如何规划产品或服务的供应链周期。采访内容覆盖鲜活的策略和战略，适用于小、中、大型企业，以及制造业和服务业的各类组织机构。

第三部分由两个额外的小故事构成，通过案例学习的模式，总结了本书前十三章的系列故事。正如第一部分的故事一样，本部分的两个故事仍基于供应链管理的真实案例。

本书是为供应链从业者、经理、执行官、总裁等而写的，任何一位经理，尤其是那些负有运营责任的经理，都将发现本书对他们进行供应链管理大有帮助。那些对供应链管理的概念和策略饶有兴趣的人士，也会发现本书的实用性。本书也为供应链初学者打造了独特的板块知识，即每章的"必读材料"板块，便于读者快速浏览信息，更好地学习案例。对经验丰富的读者而言，这部分知识显得多余，读者朋友可直接跳过或在必要时进行略读。另外，本书并未提及常见的学术理论，而是摘取了一些由供应链重要机构［例如供应管理协会（ISM）］最新出版的贸易刊物中的资料，并且对资料进行了编写和汇总。此外，本书并未着墨于常规教材推出的基本研究法。我们将这些方法详细记录在了辅助手册上，想要深入了解相关问题的读者朋友可以进行详细阅读。手册主要面向供应链管理专业的本科生或研究生。手册中记录了本书中提到的各类方法论和其他供应链管理的基础知识。手册也提供了用于大学课程和辅助学习的教学法。通过阅读这本手册，将有助于教师获得标准的教育教学法（包括幻灯片和考试题库）。

特此鸣谢所有支持本书出版的朋友。首先，我们十分感谢在百忙之中抽出宝贵时间接受采访的供应链管理者，他们分享了自己的智慧，为供应链管理指明方向，利于读者更好地制定决策。这些管理者是：欧迪办公（Office Depot）的供应链高级副总裁布伦特·比比特（Brent Beabout）、曼哈顿联营公司（Manhattan Associates）的执行副总裁和首席运营官埃迪·卡佩尔（Eddie Capel）、可口可乐（Coca-Cola Company）零食产品系统供应业务战略高级副总裁詹姆斯·克里斯·加夫尼（James Chris Gaffney）、美国家得宝公司（The Home Depot）供应链部门高级副总裁马克·霍利菲尔德（Mark Holifield）、美国林肯工业有限公司（Lincoln Industries）材料和客户服务部副总裁雅迪·卡梅里安（Yadi Kamelian）、原产配件公司（Genuine Parts Company）运营与物流部门的高级副总裁迈克·奥尔（Mike Orr）、LI-COR 公司（LI-COR Biosciences）供应链管理总监罗纳德·D. 罗宾逊（Ronald D. Robinson）。同时，感谢吉尔·施尼德詹斯（Jill Schniederjans）对本书进行编辑，使得文字简洁明快，不像草稿那么冗杂。另外，感谢金融时报出版社的执行编辑珍妮·格拉瑟·莱文（Jeanne Glasser Levine）和特约编辑巴里·伦德尔（Barry Render）对本书的大力支持。在他们的帮助下，本书能顺利出版，成品质量能不断改善。

本书的筹备获得了业内外人士的真诚帮助。我们作者的责任就是要确保用词的精准性和内容的全面性。不足之处，我们先致以深深的歉意。

马克·J. 施尼德詹斯和史蒂芬·B. 罗格朗

2012 年 8 月 1 日书

目　录

Reinventing the Supply
Chain Life Cycle

▶▶ 第 1 章

■ 制定供应链战略

■ Developing Supply Chain Strategies

前景提要

故事概述

术　语

总体规划	产品生命周期
牛鞭	回拉策略
共识计划	推动策略
核心竞争力	推拉边界
关键成功因素（CSFs）	推拉策略
客户价值	利益相关者
衰退期，生命周期	战略规划
外部环境分析	供应链
成长期，生命周期	供应链生命周期
内部组织分析	供应链管理
初始期，生命周期	策略规划
物流管理	第三方物流（3PL）
物流	价值
成熟期，生命周期	价值主张
任务陈述	愿景陈述
运营规划	

前景提要

　　本书前 13 章讲述的故事均紧贴主题，基于供应链管理者的亲身经历而改写。充分再现真实情景的故事能更好地帮助读者分析问题、答疑解惑。而通过这些故事，读者定能找到解决难题的良策。本书的小故事以供应链运营管理副总裁的视角，以第一人称论述问题。全书主人公一致，各章节紧密关联。在本书末两章，故事主人公将尝试解决两个高难度实例问题。

故事概述

▶▶▶▶▶▶▶▶

　　我叫比尔（Bill），是一家各类机器引擎及配件（包括家用小型引擎、车用及农村机器专用的中型引擎、建筑专用大型发电机）制造商的运营副总裁。我们也生产硬件工具类产品。我们的组织划分为四大部门：前三个部门基于生产引擎大小划分；第四大部门生产工具、硬件及其他建筑材料。各部门分别设有各自的供应链部门和供应链经理。我们面向全球市场，我们的供应链也是全球化的。我负责各部门生产方面的工作，同时也需要确保供应链稳定支持各部门的生产。

　　每天上班的时候，总会有新的挑战（同事也会称之为问题）不期而至。今天也不例外。正值季末，我们已经在供应链领域进行了财务和运营评估。我逐渐意识到组织策略的重心并没有对所有人发挥出同样的作用。因此，我们难以取得预期的成功，结果不尽如人意。各组织机构的季度报告令人沮丧，供应链部门也是如此。各部门运营副总裁常常向我汇报业务。我也特地把他们召集起来开了一次会，询问他们是否有良策能对症下药，推动实现部门及个人发展目标。讨论之余，我们意识到公司内部缺少交流，没有跟各职员沟通发展目标，导致人心涣散，大家没有朝着共同的目标努力。

　　针对消极表现，我和同事开了一次会（与会者有市场部、财务部、信息系统部及其他部门的高级副总裁）。这次会议上，我们明确了公司战略目标的定义及所做的调整，各部门间相互统一。之后，我们又同董事长召开了会议，确保她知晓我们新做阐述的战略目标。当公司管理层在场时，我们在运营领域实施政策项目。因此，我们需要先与每个运营部门副总裁会面，并进一步将组织战略目标细分为运营领域的战略目标。立足于此，我们把运营领域的长期（或多年期）战略规划拆分为简洁明确的一年期规划。每年的战术计划都有可衡量的指标或基准来达成年度目标。这些指标也称关键成功因素（critical success factors，CSFs），或叫作着陆点，用以实现各部门运营目标。在此番努力下，公司战略明确化，得以在各部门间进行传达，实现了预期效果。

我深知沟通战略、战术和运营规划需要的不仅仅是对理论或流程的探讨，有时也需要明晰的例证加以引导。一名小型引擎部门的副总裁艾伦（Alan）问我："比尔，你能给我举个例子吗？这样我就能讲给我们供应链部门的老大听，她定能受益匪浅。"

我回答道："当然可以，艾伦！你们应该从需求预测出发，改进供应链。简言之，就是要求你们提高预测精准度。从战略上讲，你们得先找到一个经验丰富的销售员和顾客进行沟通，获取销售点信息。如此一来，也能搜集讯息，创造更精准、全面的预测价值。来自需求侧的优质信息能减少预测失误。预测精准性能有效避开过度库存，便于对顾客需求做出及时回应，这也是供应链管理成功的关键因素。通过精准预测，也能帮你们减少库存堆积，利于市场竞争。这都利于实现公司战略目标，为客户提供更高价值，夺得更大的商机。"

艾伦点点头，继续问："没错，这对部门发展很有帮助。不过，鉴于时间紧凑，每个员工都要进行培训的话，成本太高。那究竟要在多大范围内来分享战略、战术和运营规划呢？"

我笑着答道："不是每位员工都需要进行培训，他们只需获取信息便可。下至门卫，每个人都需知道公司发展目标，各司其职，践行公司战略运营计划。越是让每个人都参与其中，越有助于整个公司上下齐心，实现短期和长期发展目标。"

1.1 必读材料

本章及接下来的其他章节，"必读材料"部分会预先普及相关知识。供应链管理专业的学生虽掌握基本知识和术语，但经验不足，该部分内容正好帮其查漏补缺。经验丰富的供应链执行者和经理可以跳过这个部分，倘若愿意的话，也可温习基础概念和术语。

1.1.1 物流、供应链、供应链管理

物流是指物品（即：人、物、零件、产品和信息）按相应数量、时间进行流通，以满足生产各方（包括内部人员，如企业员工。也包括外部人员，如供应商和顾客）的利益。物流管理是指对制成品、服务、信息的流动进行管理，通过经营流通，输送至终端客户。供应链、物流、物流管理三者紧密相连。供应链囊括完整的生产流程、生产元素和生产关系，推动各类信息、服务、材料从源头（如开采原材料、供应部件）通过制造商内部生产，至服务机构运输，或交付外包供应商以配送至顾客终端。正如图1-1所示，供应链网络包括多级或单级供应商、制造商或服务机构（常为多个）、配送中心、零售商和顾客。图中所示均为供应链网络的节点。部分供应链较独立，不依靠上游多元连接的供应商提供原材料，也无须下游经销商或零售商销售产品（比如，客户可直接从制造商处获取产品）。现今，多数公司将生产可持续纳入公司发展（即采用资源节约和环境友好的生产模式）。（本书第 6 章"可持续供应链"将进一步阐述生产的可持续性。）

通常，供应链分为上游（即不同层级的供应商）和下游（即终端产品服务经销商和顾客）。产品流通从上至下，起于上游供应商，止于下游顾客。关于一个机构的业绩和顾客的信息流则常常自下而上。

物流管理为供应链提供了规划框架。供应链管理连接了该供应链的各类参与者（如供应商和顾客）。此管理流程也包括建立稳固可靠的合作关

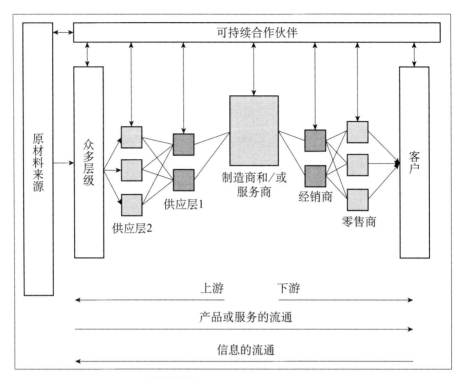

图1-1 供应链网络及流通

资料来源：根据 Schniederjans and Olson（1999：70）之 Figure 5.1 整理而成。

系。不可否认，供应链经理觅求的是合作伙伴关系，而非发生在商品采购和销售环节的简单交易关系。供应链经理同参与供应链的伙伴紧密合作，共同努力，节约成本，为顾客带来更多惠利。这些密切合作，有助于供应链经理实现既定目标，但也需要其进行合理的规划。

1.1.2 组织规划类别：战略规划、战术规划、运营规划

图1-2是典型的组织规划流程图。战略规划会对整个组织产生重大影响，且常由外部环境引起（如顾客和竞争者）。其涉及公司未来走向（如未来应探索的行业和市场）、公司业务制定、公司资源分配等。战略规划也包括以自我评估的方式决定资源分配，推动公司实现长期可行的战略目标（如扩大市场份额）。公司总裁和董事会制定战略规划，产出明确的长期发展目标（如三年及以上的未来发展规划）。

　　战略规划的下一步便是战术规划，即商讨策略，实现长远战略目标。这也是基于整个组织规划的重要环节，能把长期目标拆解成短期小目标，便于执行。举个例子，一家公司把扩大市场份额看作战略目标，那相应的战术可能是在未来一至两年内收购一家竞品公司。如果其战略目标是成为业内最环保的公司，那最可行的战术便是：在接下来的一至两年内，投资或建造可循环工厂。各功能部门（如运营部门、财务部门和市场部门）或公司规划相关部门的首席运营官、副总裁和总经理总是在战略制定中肩负重任。一番努力后，各部门达成一系列过渡目标，引导各职能部门在未来一至两年内逐个击破。这便是在规定时间内达成详细具体的目标（如在规定时间内建成一座大楼或一个加工厂）。

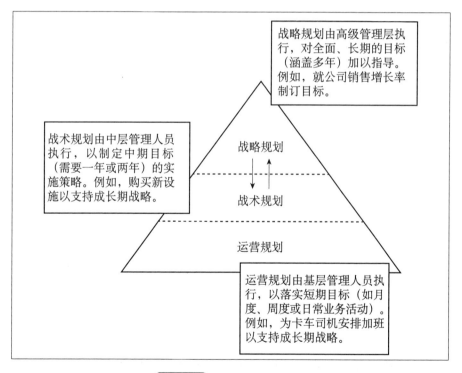

　　图1-2　组织规划流程

资料来源：根据 Schniederjans et al. (2005：37) 之 Figure 1.3 整理而成。

运营规划是组织规划流程的最后一步，能将战略目标拆分为细小的目标，落实到各领域、团队、个人进行执行。公司所有基层经理或监督者需要付诸努力，推进流程。这些短期目标是详细具体的，例如：为员工制定每天、每周或每个月的生产任务；对特定客户安排运输服务；建立零件采购订单系统。

1.1.3　公司战略规划的要素

当一个行业发生重大变化，需要重新审视公司战略性方向时，组织战略规划就成了常见且持续的过程。组织战略规划首先需要回顾该公司的宗旨（即：用以说明董事会目标的文件，如赚取多少利润）（见图1-3）。战略规划是为了将公司的战略目标和宗旨进行统一。

外部环境分析评析了外部环境（如竞争行为和新兴技术）。该分析力求定位风险和机遇（如合并和收购、新的供应链伙伴），能够将收购企业置于更理性的竞争地位。该分析也能答疑解惑，如：面对新的竞争者，我们是否面临更多风险。倘若风险大于机遇，分析就此结束，公司也相应停止在战略规划上寻求变动。倘若机遇比风险更诱人，内部组织分析将持续推进。

内部组织分析聚焦公司内部，定位在商业活动中可能存在的优劣势。该分析能答疑解惑，回答组织是否有重组的资金、人员和设备，与外部环境分析的机遇相匹配。如果答案是否定的，公司应继续收集资源，否则会浪费机会。如果答案是肯定的，那么公司初始计划需要明确目标，调整公司资源，实现理想结果。

两个分析的预期目标是形成一套完整的战略目标，这些目标可以细分为运营或供应链等不同职能部门的具体战略目标。事实上，运营或供应链高管（如各个副总裁和总经理等）通常会依据不同层级，制定不同策略，推动进度。因此，我们可以明确得知，三大规划（战略、战术和运营规划）可以通过各职员落实细节，引导组织达成各类目标。

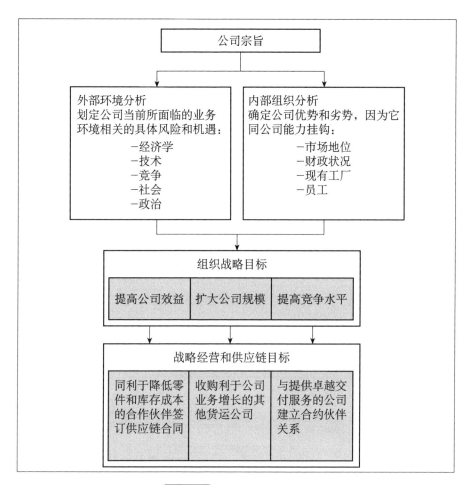

图 1-3　组织规划阶段

资料来源：根据 Schniederjans（1998：22）之 Figure 2.2 整理而成。

　　其他战略规划成果有可能包括定位关键成功因素和核心竞争力。关键成功因素是商业成功的必要标准。这些因素也许是人为层面的，也许是技术、资金或资源上的。总而言之，公司一旦缺失这个条件，就难以走向成功。关键成功因素常常会在内部组织分析中加以明确，由此定位公司优势。核心竞争力同关键成功因素相对应。核心竞争力是指公司优于竞争者的地方。核心竞争力也能变成公司的关键成功因素。例如，一家公司的供应链网优于竞品公司，那这便是这家公司的核心竞争力所在。在公司内部组织分析中，我们常常会对核心竞争力进行剖析，定位优势条件。每个公司都拥有自身的核心竞争力，也会不断提高其他能力。

1.2　供应链战略规划

"倘若你不清楚去向何方，船到桥头自然直。"

——刘易斯·卡罗尔（Lewis Carroll）

1.2.1　战略发展定位：如何理解供应链生命周期

初创者依靠一件产品兴办公司，或经验丰富的供应链高管肩负着上千件产品的流通工作时，需要首先制定供应链方案，拟定发展战略，推动项目进展，并达成理想结果。那方案起草者究竟该从何下手，制定供应链战略呢？这部分取决于产品在供应链生命周期中所处的位置。

产品生命周期将单个产品需求分成四部分：根据客户需求，分别为初始期、成长期、成熟期和衰退期（见图1-4）。初始期是指产品初步面世

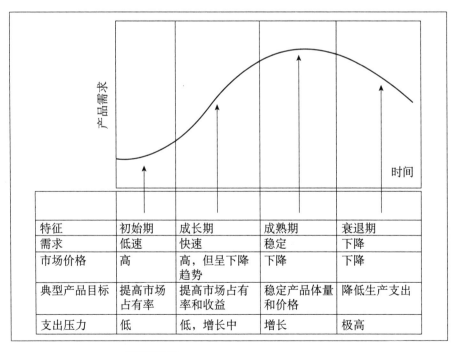

特征	初始期	成长期	成熟期	衰退期
需求	低速	快速	稳定	下降
市场价格	高	高，但呈下降趋势	下降	下降
典型产品目标	提高市场占有率	提高市场占有率和收益	稳定产品体量和价格	降低生产支出
支出压力	低	低，增长中	增长	极高

图1-4　**产品生命周期规划阶段**

的阶段。产品需求缓慢增加，产品逐步为市场所接受。成长期产品的特点是产品需求增长加快。成熟期产品需求达到顶峰，增速趋于平稳。衰退期产品需求不断下降。

部分研究（见表1-1）表明，产品生命周期有助于规划单个产品的供应链，并且可视为一种有效的规划工具（接下来的章节会对此加以详细论述）。

表1-1 产品生命周期和供应链相关研究摘录

作者	文章要点
Amini and Li（2011）	优化模型，以检验不同供应链生命周期产品的需求
Komoto 等（2011）	如何重置品性退化、功能过时的供应链报废品的模拟研究
Abo-Hamad and Arisha（2011）	文献综述研究提出了供应链生命周期的优化方法的权威列表
Quariguasi 等（2010）	关于可持续性的闭环供应链生命周期设计研究
Atasu 等（2010）	再制造产品增值的战略研究及其对产品生命周期市场需求的不利影响
Fixson（2005）	在供应链战略的制定和实施中，需要考虑较短的产品生命周期
Wang（2004）	与供应链策略相关的产品生命周期特征

产品的生命周期该如何定位？多数经验丰富的供应链经理可通过需求预测找到正确答案。在今天，数据软件不仅能预测需求，还能揭示单个产品或产品线的生命周期。

一旦知晓某个产品的生命周期，经理便可以借此更好地规划各个生命周期阶段的供应链。生命周期定位可以帮助管理人员提前准备最终变化，通过调整或统一策略以适应当前市场需求，调节处于不同生命周期的供应链计划。供应链的不断调整或重新调整对于提高竞争力至关重要。用于创建、维护和终止供应链（或更大网络中的单个供应链）的活动便是供应链生命周期。供应链生命周期也折射了产品生命周期。通常客户（和合作伙伴）需求会变化，正如产品生命周期，用于管理供应链生命周期的策略在不同阶段效果也是不同的。虽然许多经验丰富的供应链管理人员可以感受到供应链需求的"脉冲"，但最好是提前知道生命周期及其变化的方向和趋势，以更好地规划产品或生命周期各阶段的产品供应链。

供应链网络对单个产品生命周期的管理涉及诸多复杂因素。比如说，产品线的集合或是产品组合由供应链进行生产和运输，需要细心策划（见图1-5）。这些产品有着不同的生命周期和需求，均需要完整的供应链计划。如图1-6所示，一条完整的产品线需求或产品组合能够合成一个产品周期。当谈到公司生命力时，这个图代表着公司和供应链的生命周期。整合的供应链也需要进行不同规划。

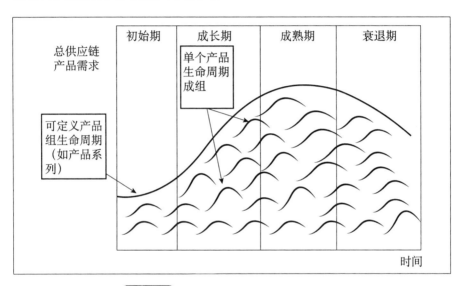

图1-5　产品生命周期和组合的关系

图1-6中的规划特征比普通产品规划更丰富或更具有策略性。

本书引用了产品生命周期相关文献，来说明通过妥善的供应链管理，能成功化解供应链生命周期的某些国际侧因素。产品生命周期策略和方法，能再度激发一家公司的供应链生命周期。

1.2.2　供应链战略机遇

典型的供应链政策可能包括建立新的供应链网络，以更好地服务客户或设立招聘体系吸引更多人才，促进公司发展。战略目标发展有众多可能性。关键点在于务必确保计划和公司实力相匹配，随客户需求而变。

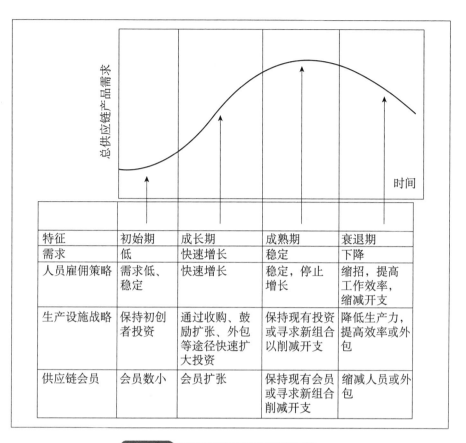

特征	初始期	成长期	成熟期	衰退期
需求	低	快速增长	稳定	下降
人员雇佣策略	需求低、稳定	快速增长	稳定，停止增长	缩招，提高工作效率，缩减开支
生产设施战略	保持初创者投资	通过收购、鼓励扩张、外包等途径快速扩大投资	保持现有投资或寻求新组合以削减开支	降低生产力，提高效率或外包
供应链会员	会员数小	会员扩张	保持现有会员或寻求新组合削减开支	缩减人员或外包

图1-6 总供应链生命周期规划

　　调整公司策略的一个方法便是达成共识，制定规划。共识计划是指协调矛盾、功能组织目标和知识，使参与者受益的一个过程（McBeath，2011）。共识计划的步骤如表1-2所示。表1-2所呈现的步骤汇聚了各大决策者的思想结晶，这些方法汇集了他们的真知灼见，因而能精准评估价值，协调功能差异。通过这些步骤，运营管理和市场需求得以相协调。这同时也反映出决策需要在不同的时间点下功夫。快速规划流程能缩短供应链时间，可见快速决策能有效避免供应链问题（如预测不精准导致的牛鞭效应，造成运营过度和浪费）。战略规划被视为长期规划，但对某些公司而言，周期可能仅仅几个月，而非几年。同样地，战术规划可能在几天内就能完成，不必耗费数月。运营规划可能几分钟就形成了，无须多日。

表1-2	共识计划步骤

步骤	描述
1. 调整预测	在市场和运营中，我们需要厘清并整合供需活动。我们应该衡量预测的准确性，并加以奖励或施以惩处。我们应该使用最新预测技术，用数值来评估市场和运营活动的预测差异，致力于形成更精准全面的预测。我们也可以利用预测工具，探索产品不同阶段，加强对组织各职能部门的了解，以更好地协调各方工作。
2. 短周期规划	短周期规划（如应对某些场合的日常规划）是基于日常数据制定的。该步骤要求所有权威相关方共同协作（理想状态是待在一间屋子里或通过技术设备相互联系），以制定资源决策。沟通技术和信息分享务必要实现自动化，这便于调整会议时间，对各类情况做出快速反应。同时，我们要鼓励和设计信息系统，以便将组织中的短周期规划传达给其他利益相关者和高层管理人员。
3. 一号计划	当运营采购订单时，我们需要一对一匹配市场预测需求。市场营销必须赞成运营所购产品，以使供需保持一致。

资料来源：根据 McBreath(2011)整理而成。

在生命周期的不同阶段存在着诸多机会来发展战略，克服难题，提高效率，为客户提供最优供应链。本章是一个良好的开端，但仍需要补充诸多细节，帮助大家理解在战略规划中供应链管理者需要克服的各种难题。战略规划和决策制定的机遇是不同的，有层层任务等着供应链管理者去执行。本书内容着眼于供应链发展的不同主题。表1-3中简要列举了供应链战略机遇，这也与本书其他章节内容息息相关。该表罗列了各种文献，能帮助你快速定位供应链相关内容，便于阅读查找资料。

表1-3	供应链战略机遇	

生命周期阶段	战略机遇	机遇描述
初始期	设计供应链	通过设计或重新设计分销系统，提高客户配送效率（详见第2章"供应链设计"）
初始期	供应链人员配置	对人员加强培训，提高技能，优化对客户的服务（详见第3章"供应链人员配置"）
初始期	供应链网络管理	加强供应链各方合作，节约时间（详见第4章"供应链管理"）
初始期	成本管理	降低成本，提高流通性（详见第12章"供应链管理中的精益策略和其他削减成本的策略"）

续前表

生命周期阶段	战略机遇	机遇描述
初始期	绩效考核	快速对供应链出现的问题进行定位和评估，避免成本浪费（详见第 6 章 "可持续供应链"）
初始期	社会、道德和法律要素	满足客户社会和道德责任需求，同时和政府权威机构合作，遵守法律规则（详见第 5 章 "社会、道德和法律要素"）
成长期	调节供应链，满足客户增长需求	提高产品供应链可行性，满足客户高需求（详见第 9 章 "构建敏捷柔性的供应链"）
成长期	谈判	在资源购买和采购中，缩减成本开支，提高产品质量（详见第 8 章 "谈判"）
成长期	构建敏捷柔性的供应链	能对客户需求做出更快捷的反应（详见第 9 章 "构建敏捷柔性的供应链"）
成长期	开发供应链合作伙伴	建立合作信任，缩小开支，提高对新产品创新的理解力（详见第 10 章 "开发供应链合作伙伴"）
成长期	风险管理	避免供应链网络运行中的资金浪费，定位潜在风险（详见第 11 章 "风险管理"）
成熟期	调整供应链，满足成熟的客户需求	协调生产和分配，更好地服务零售和客户需求（详见第 9 章 "构建敏捷柔性的供应链"）
成熟期	供应链管理中的精益策略和其他削减成本的策略	制定新战略，降低供应链网络中库存和生产成本（详见第 12 章 "供应链管理中的精益策略和其他削减成本的策略"）
成熟期	可持续供应链	制定新策略，将现存的生产浪费变为新的利润点（详见第 6 章 "可持续供应链"）
成熟期	成本和价格管理	制定新策略，努力缩减成本，使产品价格更具市场竞争力（详见第 12 章 "供应链管理中的精益策略和其他削减成本的策略"）
成熟期	供应链绩效指标	控制供应量，缩减开支，满足用户需求（详见第 7 章 "供应链与客户需求周期相统一"）
衰退期	调整供应链，满足缩减的客户需求	制定新策略，寻求定位并停止生产无收益产品，并保持客户所需产品的生产（详见第 7 章 "供应链与客户需求周期相统一"）
衰退期	外包策略	制定新战略，将产品外包给其他供应商开展生产工作，以更有效地运行业务（详见第 13 章 "外包战略规划"）

1.3 供应链发展战略的制胜因素

每一条供应链都是独特的。若要取得商业成功，我们需要制定不同的供应链战略。为了应对不同的供应链战略，我们需拟定标准，以指导供应链管理者定位各自供应链，找到合适的战略，为公司谋利。

供应链发展的一项良策是充分利用其中的关键成功因素。关键成功因素有利于定位供应链相关问题，能进一步推动战略制定。Slone 等（2010）详细介绍了一套标准。虽然这套标准仅在发展战略的拟定阶段起作用（见表 1-4），但也点明了供应链发展战略的关键成功因素。这五条标准内的任何一条都可以用来制定战略并增强供应链的表现力。

表1-4 供应链战略发展步骤

供应链战略发展各步骤 （即关键成功因素）	描述
1. 择选领袖，并培育供应链人才	为供应链寻找合适人才，确保这批人才具备较好的语言技能、文化认知能力、分析能力，以更好地胜任工作，带领整个团队。
2. 实时了解供应链技术	技术是日新月异的，唯有获取最新技术，方可在供应链管理中更具竞争力。这些技术包括软件和硬件技术，以及对公司员工和管理层进行的技术培训。
3. 避免分割组织内的各部门，导致运行失调	组织内各部门必须团结一致，相互配合。供应链部门各小组也需要具备团队协作意识。我们不赞成部门间缺乏沟通、各部门自成一派，而是希望看到良好的合作。
4. 鼓励同供应链伙伴加强合作	我们要致力于在供应链伙伴间建立信任，在各层级供应链伙伴中，包括上游和下游的伙伴间建立真诚的合作关系。
5. 加强项目变更管理	改变供应链的关键在于管理者愿意在需要的时候进行改变（即培育促进改变的良好氛围），并且把项目管理作为处理特定问题的工具和根据需要调整供应链的手段。

资料来源：根据 Slone et al.（2010：40-51）整理而成。

回到产品生命周期的五大关键成功因素，我们须知任何一个条件都能用于生命周期的不同阶段，例如，谈到表 1-4 中的关键成功因素"择选领袖，并培育供应链人才"，有些管理人员在供应链成长期能实现高效管理，但有些得在成熟期才能开展更成功的管理。实现供应链最优化管理，须牢牢依据供应链生命周期各阶段，对人员重新进行调整。或者说，高管们需要认清生命周期的不同阶段，并满足供应链需求，支持供应链发展。

　　Seuring（2009）也对供应链战略的关键成功因素进行了描述。在这篇研究中，作者提出供应链的战略发展包含五条标准（见表 1-5）。这些标准基于不同类型的决策，往往是供应链经理在业务运行中制定的。就供应链战略发展的关键成功因素而言，其他研究也表达了相似观点，如产品创新、价格和品牌、增值服务、关系和经历等（Simchi-Levi，2009：19-31）。不论供应链主管采取了何种指导方针，关键成功因素都明确了战略规划领域和重点规划工作。

表1-5　供应链决策制定标准

决策领域	战略发展相关的各类决策
产品和服务	产品和服务的选择与介绍，评估质量、速度、依赖性、灵活度和成本的表现
合作关系	同供应链各方发展合作关系
工厂和库存	工厂结构、物流和库存政策
加工流程	组织结构和生产流程
规划	各类信息，包括产品流、伙伴共享和运营控制

资料来源：根据 Seuring(2009：225)之 Table 1 整理而成。

1.4　供应链战略

　　基于结构流程，供应链战略主要分为三类：推动策略、回拉策略和推拉策略（Simchi-Levi，2008：188-195；Wincel，2004：217-225）。在推动策略中，供应链流程首先基于对客户需求的预测。在回拉策略中，供应链流程是基于客户既定订单的。结合推拉策略，需求预测能推动供应链至一个基准点（也称作推拉边界）。此后，推动策略会受制于客户需求。

　　虽然推动策略是典型的商业行为，但在 20 世纪 80 年代，日本生产手段的更迭［如准时（just-in-time，JIT）管理和精益管理］为绝大多数制造企业培育了一种回拉策略导向（Wincel，2004：217）。并不是所有公司都可以采取这种回拉策略。对某些长期生产复杂产品或客户价值低（即只实现了公司成本最小化目标）的公司而言，它们更青睐实施推动策略。不过，那些对成本最小化不感兴趣，相反尤其重视最大化服务水平和客户响应能力的公司，它们可能更偏爱回拉策略。

现今，各公司发现，若能找到合适的推拉边界，推拉策略会更加有效可行。据 Arnseth（2011b）所言，为了实现策略最优化，我们有必要找到推拉平衡点。就像供应链上游和下游中存在的推拉策略：上游加工业和服务业可以采取推动策略（如：努力拉长交货时间和缩小成本，使剩余原材料也能加工为金属板材）；下游各要素可能基于客户特定需求，采取回拉策略。在上游实施推动策略时，为了规避制造业分销系统出现浪费，奉行客户至上原则的各公司必须尽早确立供应链网络中的推拉界限。Arnseth（2011b）介绍了确立推拉界限的两种途径。首先，对公司基础商业模型的推拉量进行协调。倘若该公司专注于客户反应度，推拉界限应该处于上游端。同理可得，客户若是更易受价格影响，那公司也会寻求更多交货时间以降低成本（即：货比三家进行采购，构建低成本生产系统），这也会促使推拉界限偏向生产下游。其次，Arnseth（2011b）也表明，知晓库存成本因素（如：具有周期性、不频繁或季节性需求；经济扩张性低；采购力低；同供应商的距离），均利于实施推动策略。也就是说，使用模块化生产流程和上游外包活动，制造企业会更专注下游客户需求。以上因素均主导了推拉边界的划分，这也意味着推动策略的结束和回拉策略的开始。

1.5　供应链战略发展的流程

总会有公司聘任新的供应链主管，也会有新公司构建新供应链，或是主管制定供应链管理新的战略方向。一项战略可能专攻某个领域（如获取新的供应链技术），或者包罗万象，足以影响整条供应链（如供应链网络的再度设计）。不管供应链战略包含多少内容，都需要一套流程来引导战略发展规划。图 1-7 就供应链战略而言，提出了引导发展的流程计划。

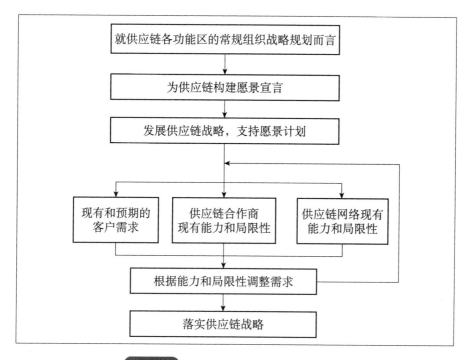

图 1-7 引导供应链战略发展的流程

一位供应链高层或者行政团队首先需要制定全面的组织性规划，根据供应链管理各范畴，总结概括出这些规划。为了完成这一规划，更好地实现各功能领域组织目标，供应链高层需要构建愿景宣言，帮助大家更好地理解战略发展方向。愿景宣言定义了领导者带领公司前进的方向。供应链管理中的愿景宣言是一个全面详细的陈述，定义了相关功能领域的目标。这是一个面向未来的宣言，展现了供应链高层作为领导者的决心。供应链高层的愿景宣言可能是寻求未来多年的分销管理扩张，推动市场增长，完成组织战略目标。制定战略需要多方努力，包括将战略组织目标传达到不同层级的供应链战略规划。一旦就位，供应链战略就将得以落实发展。图 1-8 就是一个很好的例子。为了达成目标，我们需要充分理解现有的客户需求、供应链能力和局限性，以满足各方需求。除了组织战略需求，供应链也许难以实现既定公司战略目标。其他因素包括组织局限性或潜在威胁，也许会制约公司目标的实现。在公司战略规划期，这些因素多数被识破并消除。但存在个别因素，直到供应链局限性充分暴露，才得以慢慢消除。在这个例子中，修正和调整是为了对策略进行调节，使其更好地满足客户需求，也能提高会议效率（见图1-8）。一旦供应链匹配现有或预期的客户需求，供应链高层便能敲定战术细节，实施供应链计划，调节供应链网络的合作关系，推动公司发展目标。

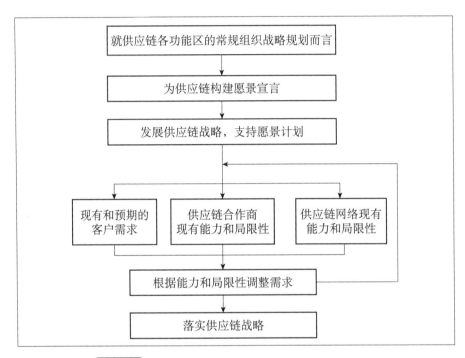

图1-8　引导供应链战略和战术发展的流程案例

1.6　战略发展之本：客户价值

无论战略规划结果如何，任何组织或供应链的共同目标都是创造更高价值。因此，价值代表着供应链战略发展的正确方向。

根据效益理论，价值可理解为质量除以价格。一个供应链合作商购买商品或服务，对其进行出售，质量除以价格的比值越大，价值越高。鉴于多数供应链的着眼点在于满足客户需求，我们需要聚焦客户需求（即：在客户心里，一家公司能给他们带来什么，包括产品、服务和其他隐形收益）。基于这些基础认知，客户通常会采取不同标准来衡量价值的高低。感知价值的主要维度（见表 1-6）可用于制定供应链战略。我们可以看到，不管是在理论上还是在实际操作中，感知价值的维度和关键成功因素都存在诸多共性，而这并不是机缘巧合。正如经理需要快速制定出供应链，并为公司带来收益；客户也十分重视速度，希望提高配送系统的效率。

表 1-6　择取客户价值维度

价值维度	描述	供应链角色
关系	一家公司和其客户的关系是随着时间的推移基于信任而建立的。两者关系越是牢固，价值也越高。	满足下游客户需求是供应链的首要目标。供应链若要成功，需要同客户建立信任关系。
产品	产品选择（如款式和颜色）及其对客户的可用性。这也需要对产品质量做出更多选择。产品的选择性和可用性越高，价值也越高。	供应链可在需要的时间和地点提供产品的数量并保证质量。
价格	产品价格与质量和重要性息息相关。这需要考虑成本优势，以降低价格，提高价值。质量和价格的相关性越高，价值越高。	上游供应商的产品采购和物流运营的效率，帮助下游客户削减成本。
创新	产品创新体现在市场中，产品的新颖度的高低折射了该产品被市场淘汰的时间长短。产品越是创新，价值越高。	我们可以同客户合作，得知他们的需求。供应商对产品设计和材料提供更多新的想法。供应链主管在产品运输、包装和产品自身中增加创新价值。
产品服务	产品附加服务可以使得产品脱颖而出。附加服务越多，价值越高。	附加服务包括提供多样化的分销方式、缩短配送时间、更新产品回收、售后服务。
环境影响	产品应是环境友好型的。越是对环境友好（即避免污染），价值越高。	降低产品的环境交付成本，消除产品中浪费或威胁环境的组件和材料，参与和支持"绿色"生产计划。

资料来源：根据 Fawcett et al.（2007：250-251）、Simchi-Levi（2010：19-31）整理而成。

　　某些公司在一项主张中确立客户价值。价值主张陈述了公司应该让相关者（指供应链的合作伙伴或工作人员）考虑哪些因素。价值主张保证了相关方收到的产品和服务。它可以应用于整个组织、各区域、各部门、客户、产品和服务中。表 1-7 展现了构建价值主张的流程。价值主张可依据关键成功因素的思路进行表达，正如表1-6所示，但会添入更多细节。例如，沃尔玛的日常低价策略便是一项客户价值主张，践行了公司的高效成本策略。我们可以设有且利用不同的价值主张，满足利益相关者的不同需求。

表1-7 构建价值主张的流程

有序步骤	描述	举例
1. 决定市场	选取确切的市场（同客户、组织和员工相关），可视作价值主张的目标定位	供应链部门的员工
2. 决定产品和服务	决定该提供哪类产品和服务，用以服务特定市场	健康保险
3. 决定市场价值	基于特定市场调研和经验，得出就相关产品和服务而言，该提供何种市场价值	意识到应该为员工及其家庭提供福利。应该成为一个懂得关爱的组织
4. 决定客户利益	从现有产品或服务中衍生出对特定市场的益处	减少对卫生保健的个人支出
5. 决定潜在替代产品/服务	寻觅可替代的产品或服务，用以加强目标市场优势	加强口腔保险
6. 价值主张证实	确认并记录相关证据，巩固上述步骤的价值	就工作和健康保险，进行员工满意度调查

价值主张可以在公司内外部使用，指导公司客户战略。就内部而言，价值主张的流程分析和结果，可作为激励手段，鼓励员工传播价值理念，集中精力实现产品或服务卓越化。就外部而言，并非共享价值主张中的全部内容。价值主张可以同外部供应链合作商、客户和供应商分享。对这些合作伙伴而言，价值主张能推动供应链卓越化，为客户带来利益。在理想情况下，还能提升客户忠诚度。

1.7 未来走向

谈到供应链管理的战略规划，当你放眼未来时，许多信息资料揭示了供应链组织的未来走向。Monczka 和 Petersen（2011）对供应战略落实情况开展了一项全面的调研，挖掘出未来机遇。这些战略表现出未来性，包括管理层的参与、愿景使命和战略规划、商品和供应商战略流程、战略化成本管理、人力资源发展、成本所有权计划、供应基础构建和维系、绩效评估和考核及建立供应商质量体系。这些都是 2015 年重点推进的领域。有趣的是，在近期的实施工作中，当我们对这些战略进行研究比较时，其重要性与实际效果差距悬殊。结果表明，互联网电子系统和供应链人才是战略的关键要素。环境可持续性也发挥出日益关键的作用。该调查指出，环境发展对众多组织发展而言并不是主因。在接下来的章节中，我们会详细探讨各个问题。

第 2 章
供应链设计
Designing Supply Chains

故事概述

术　语

协同规划、预测和补货（CPFR）

功能交叉

电子产品代码（EPC）

企业资源规划（ERP）

水平流程网络（HPN）

物料需求规划（MRP）

矩形组织结构设计

近场通信（NFC）

射频识别（RFID）

单一问题

供应链协会（SCC）

供应链网络设计

供应链运营参考（SCOR）

指令一致

通用产品代码（UPC）

供应商管理库存（VMI）

故事概述

▶▶▶▶▶▶▶▶

　　刚参加完年度供应管理协会召开的会议，我深刻认识到了良好供应链协作的重要性。回到办公室后，我立即发现了自己面临的库存问题。而这些问题基本源自供应链合作商间缺乏协调性和合作意识。客户是需求的来源，这时候我们需要市场情报来了解客户的需求。总的来讲，市场部员工能做出精密的信息预测，但商店内的引擎部件和供应链上的其他零售产品都是细小的，对于这些方面的需求，我们的敏锐度不够。精准预测利于高效运营和供应链发展。

　　杰西卡（Jessica）是我们公司工具、硬件和建材部门的副总裁。对于我的问题，她回答道："比尔，市场部的同事表现出色，及时传递了零售店各购买点的信息。但是，供应链外部客户日常面临的库存不足情况，却很少被报道。如你所料，我们拥有许多特许经营店铺和上百名外部客户，对他们的需求，我们却无法得知更多细节。在某些地区，我们的零售客户面临库存不足的情况，直到月末才会补货。我们为上万家硬件和建筑零售网点供货，他们随时可能断货，但鉴于繁杂的订单采购策略和系统，他们会等几天或几周才开始补货。我们没有很好地告诉他们该如何订货，导致产品需求低于预期。发生这种情况时，意味着相较于竞争者而言，我们失去了商机。对此，我们需要及时做出回应。"

　　我回答道："杰西卡，这件事情我和市场部副总裁谈过了。他给出的建议是，各店铺的销售策略和定价方式导致每个店铺的需求各异。我们允许各商店负责人自行定价，无须经过总部同意。这也导致了产品的短期销量上涨，这超出了我们的预期。"

　　杰西卡接着说："比尔，我们部门目前的状况是，店铺因为缺货进行补货时，积聚的需求上升导致我们部门出现了牛鞭效应。恶果便是整个部门资源浪费，深陷窘境。我们必须想出一个好的方案来应对这种局面。"

　　我和杰西卡相识十年有余，她是最优秀的副总裁之一。但她当机立断制定决策时，我便知道了事态的严重性。这种危机不仅出现在她的部门，对公司其他三个部门而言，也是十分严峻的考验。我解释道："杰西卡，确实有对策，那便是采用整合度更高的合作方法。我们应该进一步运用软件系统，设计需求管理策略。有一种软件系统叫作协同规划、预测和补货（collaborative planning, forecasting, and replenishment，CPFR），能够整合零售部门和合作伙伴的工作。我们的电脑系统应该内部相联，同时要和外部合作商的系统相通。这种整合型系统可以实现信息共享，不仅能够更清晰地传达客户需求，也能及时反映合作商缺货情况和产品销售时间线，以及及时同步由季节性波动或客户偏好变化引起的需求增加。这些信息能加强合作，帮助合作商更好地规划商品订单，及时补货；同时，也能帮助我们更好地理解合作商需求。事实上，我们最终建立了跨职能团队，来帮助各部门经理和合作伙伴管理产品需求。"

杰西卡问："比尔，这听起来很不错，但是我们所有零售商都是照单全收模式，尤其是对外部零售商而言。如果要把他们纳入我们的系统，这可能会变成硬销售。对此，我们该采用哪种策略，向所有合作伙伴推销这种方案呢？"

我回答道："杰西卡，保证供货充足能为我们双方都带来更多利润。这有助于他们在客户需要的时候满足客户的需求。他们会鉴于自身利润，积极主动加入其中。我相信他们和我们都能预见以功能交叉的方式开展合作，能促进供应链各方的关系。我坚信双方关系会变得更加紧密，我们的客户会欣然接受的。"

杰西卡接着问："比尔，为了更好地实施这项策略，我建议让预测团队、库存团队、生产经理、采购经理作为我们的部门代表，你觉得如何？"

我回答道："杰西卡，这是一个非常强大的团队组合，你需要负责动员他们协同合作，培养团队意识。我们向供应链伙伴正式介绍该项目前，首先需要确保内部每名成员都能熟悉 CPFR 系统，理解投入与产出、利益和局限性。"

2.1　必读材料

正如第 1 章和本书第一部分的余下章节所示，这一部分面向的读者是掌握基础供应链知识和术语，但缺乏供应链管理经验的学生。经验丰富的供应链高层和经理可直接跳过这部分内容，也可以阅读这部分内容，回顾基础概念和术语。

商业组织结构设计有多种不同的方法。一般来讲，所有的商业组织需要设计规划各领域或团队的功能结构（如市场部或运营部门）。如此能进一步划分供应链部门分工（如物流部和采购部）。这些部门有利于优化运行中的各个流程（如生产过程和运输过程）。

组织结构有多种不同的设计方法。比较典型的一种是，以功能、产品和地域（见图 2-1）划分组织结构中心。图中的箭头表明了权力中心。各功能和地区设计是分等级的，也会引发个别问题（即：阻碍了各功能和地区之间的沟通）。不过，在这种模式下，我们能进行更有效的管控，使权力系统对产品设计要求更为具体化，每个产品得以拥有自己的功能区（如财务），各功能区直接向中心部门汇报工作。

同产品设计相似，组织结构也可以基于不同项目类型，设计出不同的商业系统模式。图 2-2 展现了两种典型的结构。项目设计结构可以在一个组织的各部门间使用，也许会产生一种截然不同的组织结构。在图 2-2（a）中，项目进度和人员工作无须向项目经理直接汇报。项目经理和部门主管一样，向总经理汇报工作。在图 2-2（b）中，项目经理部下有相应的人员直接汇报项目进度和工作内容。在该结构设计下，项目经理享有整个项目的话语权，提高了决策效率。但是，鉴于各项目的功能结构分散，后半部分的结构也会导致工作闭塞。

图 2-3 所展示的这幅矩阵组织结构设计图结合了功能和项目两大部分。在某些情况下，项目结构应囊括功能和项目的最优特点。在图 2-3 中，实线意味着权力，从各功能部分延伸到达各项目。这些功能结构下的员工直

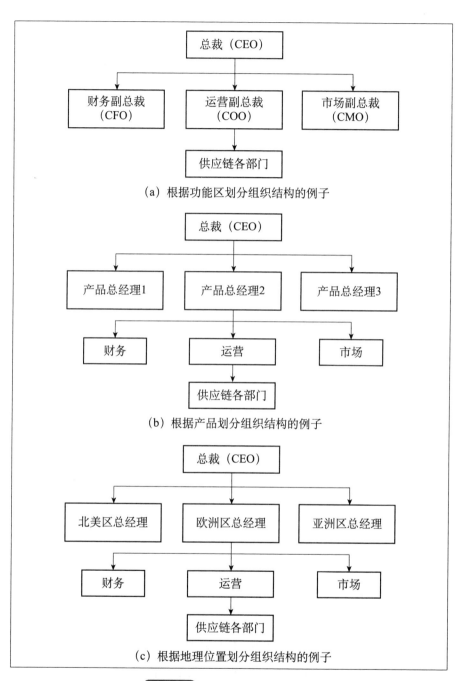

（a）根据功能区划分组织结构的例子

（b）根据产品划分组织结构的例子

（c）根据地理位置划分组织结构的例子

图2-1 组织结构设计图

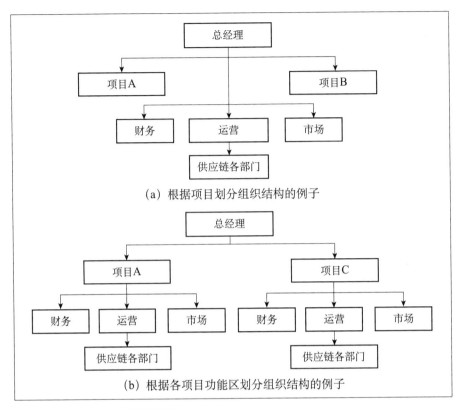

（a）根据项目划分组织结构的例子

（b）根据各项目功能区划分组织结构的例子

图2-2 基于项目的组织结构设计图

接向项目经理汇报工作（图中用虚线表明）。矩阵设计图与指令不变的原则背道而驰（即：只向一名管理者汇报工作），也会激发管理者之间的矛盾。但研究表明，十几年来，矩阵设计图不断改善，在满足复杂创新的工作需求方面展现了更高的水平（Ford & Randolph，1992）。相较于其他结构设计，这种模型更能鼓励各部门间进行深入交流和协作，效果更理想。通过各部门沟通，能产生新的思路，激发创造力，提高运营效率。

设计考量因素也应在组织规划各阶段得以体现。从策略角度而言，首先要规划整个组织的等级制度。管理层决定各个事项，比如某种产品或地理区域设计能否为组织带来最优效果。从战术层面而言，组织部分就像是运营策划。在这里，决策即该如何搭建部门（如物流部和生产部）结构，

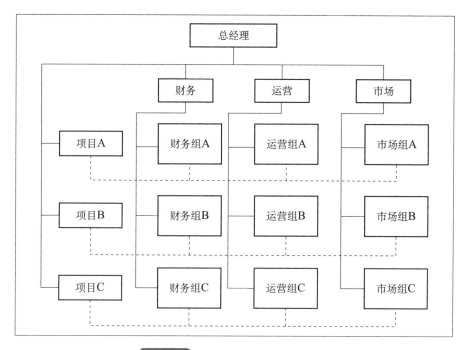

图 2-3 矩阵组织结构设计图

实现有效整合。就部门内部的运营策划而言，其设计考量因素包括项目规划（如为提交订单安装软件系统），或是实施供应链主导的项目（如为制造或分销活动设计流程）。

供应链设计可视为一个战略规划过程。在该结构下，所有形式的供应链策划都附属其下（Ganeshan, et al., 1998：849），组织的各项决策均须遵照这种结构。应用程序的多样性促使管理人员需要了解不同的供应链设计方法，以便更好地满足设计需求，提高设计能力。

2.2 公司供应链组织结构的设计思路

供应链中的每个决策、计划和人员都受制于公司供应链组织结构的设计思路。组织设计和供应链结构十分关键，能推动公司战略和供应链目标的成功。

我们能采用多种组织结构，但是研究和经验表明，成功的供应链组织会寻求并采用合理的组织结构，帮助自身更好地服务客户。因此，供应链总会自然地寻求设计方案，以增强公司与客户的交流，加强商业合作，推动运营发展，为所有利益相关者带来更好的客户服务和利润。

对于那些产品周期刚刚迈入初始期的组织而言，高层管理者或首席运营官（COO）可以采用矩阵组织结构。矩阵组织设计实现了功能交叉（即：鼓励不同部门之间进行相互协作，共同完成某个项目），也有助于解决部门分工的问题，促进了部门交流。图2-4表明了矩阵设计图通常包括一个组织不同产品的供应链（很有可能会被客户拆分成不同供应链）。权力部门（在图中用实线表示）由各职能部门、总经理和供应链高层担任。图2-4中的虚线是对个别供应链经理的额外权力进行补充，他们负责这些客户的供应链。

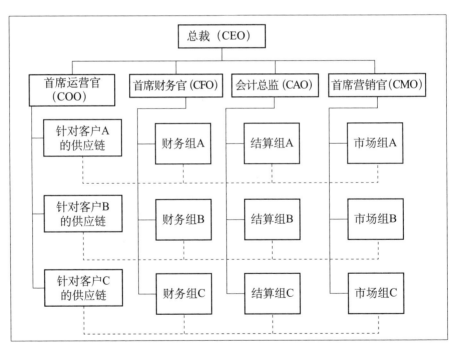

图2-4 基于供应链客户类型的矩阵组织设计

尽管矩阵组织设计图通常用于各组织层级间，用以重新规划整个商业组织的结构，但该设计图也适用于各组织之间，包括供应链部门。供应链高层（如运营副总裁）不能总是影响或改变组织结构，但可以规划部门的供应链结构，来更好地实现既定目标。图 2-5 呈现的是供应链部门的矩阵设计图。并不是所有供应链都可以拆分成客户组或不同模块。除了图 2-5 中出现的客户区分方式，我们还可以采用其他标准分门别类。产品和地理划分（如北美市场、亚洲市场等）均可用来将供应链任务分配给不同组织，需要动用不同的内部资源（如物流支持）进行整合。矩阵组织设计是最早支持功能交叉运行模式的设计之一。

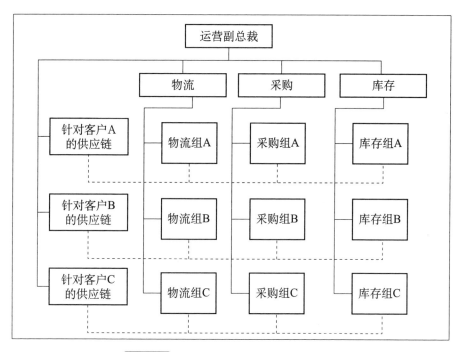

图 2-5 供应链部门矩阵组织设计

全新的供应链组织设计是为了更好地满足急需的功能交叉需求。网络设计便是创新型组织结构的一个例子。供应链网络设计聚焦关于建立供应链网络的设施决策。这些决策包括：工厂角色（即：在供应链中，工厂会扮演何种角色、何时会参与其中）；制造和服务工厂的安置点；生产和库存需要哪些能力；这些工厂面向的市场类型；每个工厂的供应来源；等等。总体而言，供应链网络设计寻求在供应链系统内部搭建网络。在网络搭建中所需的具体工厂类型及其作用，同战略目标紧密相关（见表 2-1）。

表2-1　供应链网络设计中的工厂类型

工厂类型	战略目标
协助者	服务于就近市场，同时需要负责生产、流程改善和产品发展
领导者	发展新产品、流程和技术，服务于整个供应链网络
离岸	为国外市场提供低价产品
前哨	获得特定区域存在的新知识或新技术
网络	在周边国家制造新产品，以降低运输成本，克服进口难题
服务器	服务于附近市场，通过节约分销成本降低总成本（如关税等）
来源	生产低成本要件（这些要件是特定产品的重要构成，服务于整条供应链）

资料来源：根据 Schniederjans（1998：6）之 Table 1.2 和 Schniederjans et al.（2005：8）之 Table 1.2 整理而成。

网络设计适用于不同组织结构。例如，宝洁（P&G）就设计了一种组织规划结构，叫作水平流程网络（horizontal process network，HPN），延伸至整个组织（Farasyn，et al.，2011）。水平流程网络可以定义、管理和操作整个宝洁公司各个单元的运营活动。正如图2-6所示，图中的11

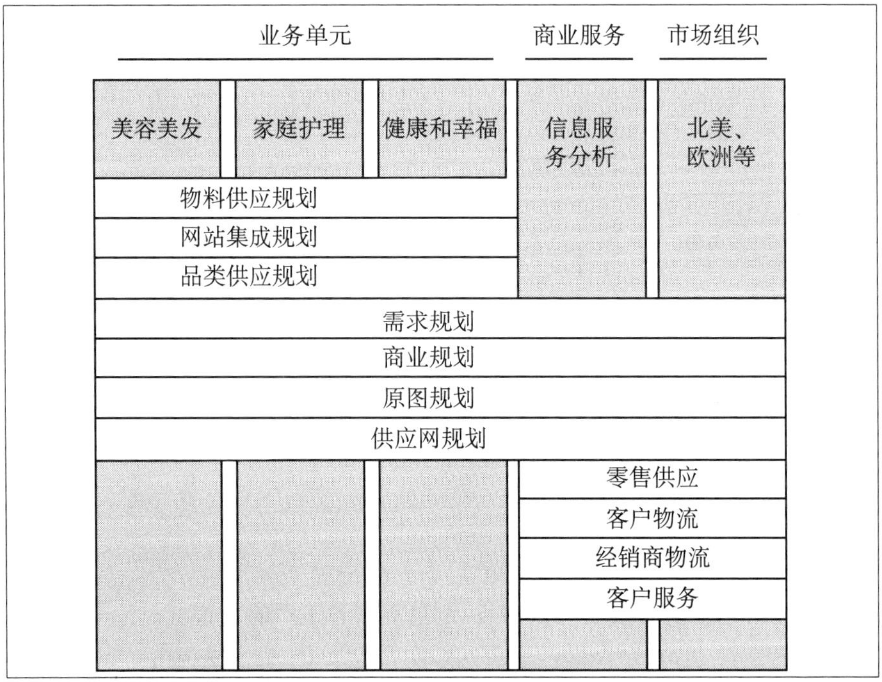

图2-6　宝洁供应链水平流程网络组织结构设计

资料来源：根据 Farasyn et al.（2011：68）之 Figure 1 整理而成。

个规划过程贯穿宝洁公司的三大业务单元、商业服务和市场组织。水平流程网络规划团队包括商业部门的成员、信息技术经理和其他经济技术专家，以及供应链职员。各个部门需要共同协作，解决难题（如供应链规划）。举例言之，共享信息时，在另一个业务部门工作的成员能够识别出剩余资金，用来获取新的网络设施。此外，共享信息有助于跨职能组织成员培训，从而生成全面的组织视图，优化组织协作。

2.3　供应链设计方法

2.3.1　供应链设计概念流程

表 2-2 呈现的是一个思路清晰的供应链设计概念流程图。这个流程设计汇聚了各供应链的关键要素（即：客户、产品、网络和流程），便于各方开展共同协作，满足客户需求和组织目标。可见，价值主张（详见第1章"制定供应链战略"）是驱动流程设计的关键成功因素。

表 2-2　供应链设计流程

步骤	描述
1. 定位供应链终端客户	从供应链终端出发，了解客户群体，设计出合适的供应链，满足无限需求，这是极富逻辑性的。定位供应链中不同客户的确切需求，能推动设计进程，使组织能着眼于特定客户群。在这个步骤中，我们要重点放在客户身上。
2. 决定供应链价值主张	价值主张（见第1章）即客户从产品或服务中得到的价值。清楚地了解客户价值的特征或特性，能推动设计聚焦于产品和服务。在这个步骤中，我们要将重点放在产品上。
3. 决定供应链参与者的相关需求	定位供应链的各个参与者。决定每个人需要为实现价值主张所做的努力。决定供应链网络和支持技术的连接点。在这个步骤中，我们要将重点放在供应链参与者和网络的连接点上。
4. 决定价值主张传递过程中的关键成功因素	从供应链层面出发，找到推动供应链成功的潜在力。决定供应链所需的新流程、时间要求、变化性，实现价值主张目标。在这个步骤中，我们需要考虑流程战略（如推动策略、回拉策略和推拉策略，见第1章）。同时，重点要放在供应链流程中。

续前表

步骤	描述
5. 起草理想型的供应链设计，支持价值主张	基于各类信息，包括客户、产品、网络和流程，我们应初步构建供应链流程，以实现价值主张。这就需要定义供应链各参与者的角色及他们在各自运营领域的权威地位，并陈明期望附加价值角色。在这个步骤中，我们要致力于从各环节收集信息，生成一个完整的供应链设计草案。
6. 修订供应链设计草稿，完善终稿	我们需要不断改进草稿，优化最终方案。这个步骤的重点要放在同供应链各参与者加强合作上，最终形成一条能实现价值主张的供应链，服务客户。

2.3.2　供应链设计的生命周期

第1章提到了产品生命周期是一种定位战略规划的方法。确定生命周期阶段能帮助管理层精细制定不同层级的设计策略、战术和运营计划。图2-7呈现的设计策略，可视作生命周期方法。

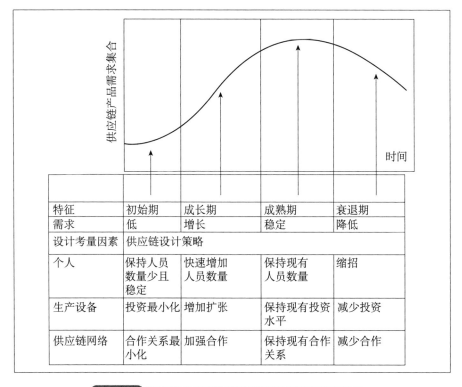

特征	初始期	成长期	成熟期	衰退期
需求	低	增长	稳定	降低
设计考量因素	供应链设计策略			
个人	保持人员数量少且稳定	快速增加人员数量	保持现有人员数量	缩招
生产设备	投资最小化	增加扩张	保持现有投资水平	减少投资
供应链网络	合作关系最小化	加强合作	保持现有合作关系	减少合作

图2-7　生命周期各阶段的设计考量因素和策略

2.3.3 供应链运营参考模型

供应链运营参考（supply chain operations reference，SCOR）指的是聚焦且运用于现存供应链的流程，尽管我们可以采用该模型中的各步骤，再度构建一个新的供应链（参考 http：// supply-chain. org/companies/scor-helps-companies）。供应链协会（Supply Chain Council，SCC）是一个全球性组织，致力于采用行业内的先进系统和实践方法，该协会也进一步发展了 SCOR（参考 http：// supply-chain. org/scor）。SCOR 是重要的诊断工具，能寻找到现存供应链的进步点，因此在供应链设计和重塑中作用显著。SCOR 模型范围包括客户互动（即：订单输入付款发票）和所有产品交易（即：供应链和客户）。它通过流程、度量工具、最佳实践和技术来识别供应链问题，提高供应绩效。它也能促进与客户需求相关的设计事宜、成本控制、规划和风险管理、供应商和合作伙伴关系维护，以及人才发展。表 2-3 呈现了与供应链设计特征和目标相关的 SCOR 模型提供的诊断信息。

表 2-3 用于重塑（或设计）供应链的 SCOR 模型诊断信息示例

设计特征	供应链目标	设计诊断信息例子
成本	降低供应链总成本	附加值生产力
客户满意度	提高产品质量	生产回报
客户满意度	提高客户订单完成度	交货承诺日期
库存量	避免存货供应浪费	库存过期
时间	提高订单完成期	供应链反应时间和资源周期

SCOR 模型历经多年演化发展，立足于供应链协会将供应链视作决策制定和资源传输回报流程的目标，改进了设计。表 2-4 总结了该模型的落地方案。

表 2-4 使用 SCOR 模型，重塑（或设计）供应链

步骤	描述
1. 分析竞争形势	在现存供应链竞争环境下，确定哪些是必要成功因素。这可以应用于创建新供应链或重塑旧供应链。在这个模型塑造流程中，我们要确保一切关键成功因素是可以衡量的，并且在落实过程中，我们能控制其发展，抓住机遇，推动进步。

续前表

步骤	描述
2. 构建供应链	在新供应链草稿和理想构建中进行比较，或者比较现存供应链和基于竞争需求的理想供应链。具体比较内容包括供应链网络、地理布局、合作伙伴等。可预估的 SCOR 矩阵图，也能作为比较分析的基准。
3. 调整供应链	从供应链设计草稿或现存的供应链出发，构建理想型供应链。调整预期表现、实践和系统（包括信息系统、分销系统和工作流）。
4. 实施供应链	整合合作伙伴、人员、流程、技术及组织，合作实施新调整的供应链设计流程和系统。

2.3.4　网络设计

Chopra 和 Meindl（2001：314 - 316）建议为全球供应链创建供应链网络设计方案。如今，多数供应链都是全球化的，Chopra 和 Meindl（2001）提出的方案将诸多网络设计面临的因素纳入考虑范畴（见图 2 - 8）。

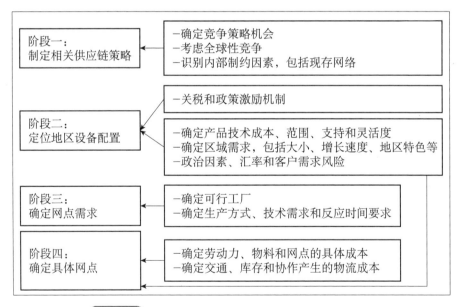

图 2-8　Chopra 和 Meindl 的网络塑造框架

资料来源：根据 Chopra and Meindl（2001：314）之 Figure 11.7 整理而成。

阶段一考虑了组织和供应链的策略定位。供应链相关的组织竞争策略（即：公司未来发展方向取决于第 1 章所介绍的公司外部因素分析）纳入现实衡量因素（取决于第 1 章介绍的组织内部分析）。任何全球化竞争风险因素也需纳入考评范畴，以更好地定义网络塑造总战略。

我们都知道市场对网络塑造而言至关重要，而阶段二由初期区域设备进行预测，用来评估各国客户需求。接下来，我们需要立足地区性网络机会，制定决策规划。方法诸多，可以从关税、政治风险、潜在汇率波动、客户需求、要求和风险等方面进行评估。这需要我们融合生产技术分析，充分考虑成本、运营范围，为网络功能及时提供支持，以满足战略或战术目标。

阶段三是为了在每个区域内选取合适的工厂网点，并安置这些网点。根据网络需求，我们应充分考虑现有区域的工厂。为了创建可行的供应链网络，我们需要考虑诸多因素，供应商、仓库工厂和运输服务、沟通系统和配置均应该考虑到位。另外，对某些网络而言，基础设施需求可能会涵盖技术劳动力的能力和组织同供应链高层合作的意愿高低。

最后，阶段四明确表示了网络工厂的安置方位。这个阶段需要考虑的是每个工厂的分配能力和网络融合的灵活度。

尽管本书并没有讨论网络塑造中的量化流程，但读者朋友可以借鉴本书中的许多实用方法，以加强每个环节的设计任务（Chopra & Meindl，2001：316 - 327）。某些技术，比如重力定位模型，可实现设备之间的最小距离，而网络优化模型（如最小距离生成树法、最短路线法等）可用于路径构建（Schniederjans，1998：31 - 32）。总模型法，如数学程序模型（例如，线性规划和运输方式），可用于分配各工厂的生产力，配置各工厂需求，同时建立制造工厂和仓库（Schniederjans，1999：103 - 117）。当然，其他方法，包括测量、评分和排名法（如等级分析流程）也能充分考虑有价值的信息，如关键成功因素和主观设施选址因素（如劳工技能和运输系统质量）（Schniederjans，1999：45 - 101）。Ganeshan 等（1998）提到了更多供应链管理设计相关的量化模型（及其他供应链规划应用）。

2.4 供应链设计的其他话题

在敲定供应链设计思路前，我们应考虑诸多因素。有些因素会影响结构设计的选择或制定，有些因素会制约供应链设计或为供应链设计带来竞争优势（见图2-9）。这些因素和其他相关因素会在本书的余下章节进行详细叙述，彰显不同的供应链设计规划方法。

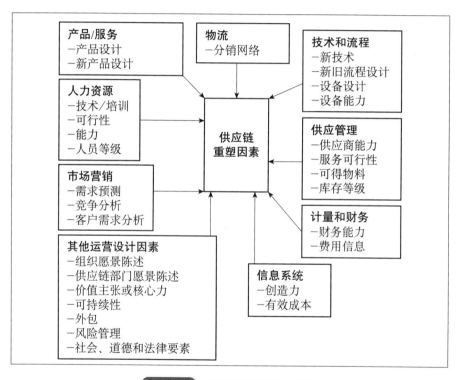

图 2-9   供应链设计因素选择

2.4.1 将管理转变为设计灵活性策略

供应链部门基于持续变更，以适应客户需求。因此，我们需要具备基础意识，鼓励组织变更，保证整个组织能欣然接受创新。许多公司将项目或工程管理作为主要手段，来引荐并管理组织运营变更（请参见第9章"构建敏捷柔性的供应链"，获取更多项目和工程管理的知识）。例如，

Van Arnum（2011）报道了一家医药公司的项目管理原则，来实现外包供应网络的功能交叉融合。Van Arnum 提出的观点是，工程管理应该成为供应链管理持续进行的一件事情。公司不仅需要改变管理方法来实现项目或工程的变更，同时，也需要熟练运用这些方法，提炼为商业哲学，纳入公司文化。改变供应链设计法不该成为公司的威胁因素，而应是公司前所未有的机遇。对一家公司而言，越是在项目工程中实施变更，就越能让职工找到全新有效的方法，以更灵活地应对变化。变更的程度取决于供应链和合作工厂的融洽度。

2.4.2　信息系统设计

专为一个特定的组织设计而采购的信息技术硬件系统，主要取决于组织内不同层级系统的软件实力。从组织层面出发，信息系统在不同功能区进行运作［如企业资源规划（enterprise resource planning，ERP）］需要组织功能需求和技术实力相匹配。在运营功能区内，其他软件［如物料需求规划（materials requirements planning，MRP），聚焦生产物料的规划］和 ERP 相对应，以更好地实现设计目标。从组织层级往下，各部门（如供应链部门）也有自己的软件应用系统［如供应商管理库存（vendor-managed inventory，VMI）］来管理供应商，满足客户需求。

设计需求的一个重点便是充分结合和适应软件技术。此外，供应链高层可以把技术视作设计策略，推动组织更加协调。加强不同功能层级人员及各部门的联系，更好地落实软件应用策略，有利于打破组织隔离的窘态，增进人际沟通关系。

应用软件合作也能促进供应链合作伙伴的良好关系。CPFR 软件要求同一家制造公司的供应商之间开展协作。该软件促进了贸易伙伴共同协作，以减少预测失误，推进供应链同步化，及时应对库存补给，促进产品流通。除了建立合作商的彼此信任感，这个软件也有利于减少库存，提高库存产品的流通率（Fawcett, et al., 2007：482-483）。

2.4.3　新技术：射频识别 (RFID)

新技术能为供应链设计策略带来深刻影响。举例言之，射频识别
（radio frequency identification，RFID）正广泛应用于各种设备，在供应
链中很常见（Beth, et al.，2011：190-192）。RFID 是一个扩展术语，指
的是同技术密切相关的不同方法，包括近场通信（near field communica-
tions，NFC）（即短波技术，可服务于简单交易、数据交流、手机沟通和
电子表格）和应用于零售商的电子产品代码（electronic product code,
EPC），用来获取产品识别信息，储存在 RFID 标签内。和革新型通用产
品代码（universal product code，UPC）不同，RFID 标签的独特性在于
其承载了大量信息，包括价格、制造日期、运输目的地等。对于供应链管
理而言，这些详细信息有利于增强产品召回的可追溯性、加强库存管控、
抵制产品造假等。UPC 数据需要访问大型机来获取产品信息，而 RFID 标
签只在所需位置储存信息。在供应链流程设计中充分利用 RFID 技术的优
越性，规划者能获得更大的决策自主权，推动信息系统设计。

Patton（2011）提出，在供应链上游为各个产品打标签，能充分发挥
供应链各合作伙伴的优势。RFID 技术中用的手持扫描仪，无须复杂的审
计流程，即可实现快速检阅大型库存。RFID 增强了可视性能力，为运营
带来巨大便利，减少了供应商库存不足的麻烦，消除订单量缩水的问题，
减少了运输失误。同时，RFID 也能促进补货，提高了订单分拣的准确性，
从而能快速获取某个组织信息系统的数据（因此，有效提高了内外部信息
流通速率）。

2.4.4　设计创新

创建灵活的变更环境，能够增进供应链创新度。增强供应链合作伙伴
创新力的一个重要设计思路便是建立信任。随着信任度的提高，各方会更
愿意分享创造性想法，不必担心共享信息会流失到竞争公司或制造商。尽
管在组织间多多少少都有建立信任的办法（Fawcett, et al.，2007：359-

361），但关键点在于构建信任文化的设计要素。我们要努力搭建信任要素，包括共享信息的意愿，促进创新发展；也包括同供应商建立良好私人情谊，即我们应该把他们当作朋友，而不是单纯的贸易往来关系。此外，我们要确保供应链网络中各参与者的信息透明化。通过最后一个要素，我们能更好地分析项目的成败，定位病因。如此一来，这便能鼓舞大家更主动积极地实现理想业务成绩，避免懈怠工作。

供应链合作商是否乐于发展创新思想，取决于各方对创新贡献的认识。Yuva（2011）提出了一个可行性的辨识系统。大体而言，基于供应商对创新贡献的高低，可以将其切分为不同层次。有些层次（如金、银、铜）的区分，是基于供应商对供应链网络所贡献的创新型想法的数量和质量。这些不同层级的供应商和他们对整条供应链的价值体现在成本、可用性、质量、价格和配送等方面。作为回馈，我们可以跟高层级的供应商签订更多或更大的订单。

2.5　未来走向

根据阿伯丁集团（"Globalization and …"，2011）所述，对于离散型制造商而言，未来可观的趋势是能够跨多个供应链点，重新设计采购地区。今后，制造商和供应链的设计聚焦于以下几个层面：

- 改善内部交叉系统、流程、协作和融合。
- 促进企业与企业之间的合作。
- 提高供应流程和系统的透明度，实现资源利用最大化。
- 通过地理和多层网络点，整合、重塑、改善采购流程。

该调查显示，设计和重塑方面的投资在投资回报（return on investment，ROI）上排第二，这也体现了设计创新的价值。基于研究结果，阿伯丁集团推荐供应链设计变更方案，该方案简化且优化了内外部客户流程，充分运用了全新协作可视化方法和技术，并加强了培训和设备管理，以确保员工全面掌握新技术和设备的使用方法。

供应链人员配置

Staffing Supply Chains

故事概述

术　语

360 度输入法	国家主义
美国生产与库存管理协会（APICS）	东道主
职业道路规划	供应管理协会（ISM）
职业路径	内部文化培训
补偿	职业描述指数（JDI）
供应链管理专业委员会（CSCMP）	职业满意度
功能交叉继任	多元中心
道德至上	区域中心
行政搜索公司	休假计划
出口采访	第三方招聘
代沟分析	第三国家
地理至上	运营副总裁

故事概述

▶▶▶▶▶▶▶▶

　　追求发展是多数组织发展的共同战略目标。我们的大型引擎部门也需要追求发展，为此，我们的董事会决定实行收购策略，来实现公司战略目标。通过对行业的分析，我们决定收购竞品公司，并在随后实施计划。一旦收购成功，需要公司副总裁具体落实如何将新公司融入现有大引擎部门，我也需要对此负责。收购公司规模和整个引擎部门的规模一样大。

　　合并新公司和现有大引擎部门运营系统，实属不易。这会组合成一个大部门，从而引发诸多问题。正常情况下，在小公司获得成功的人不见得能在大公司创出一番天地。运营一家更大的公司所需要的丰富知识，应对日益增长的业务量所需的扎实技能，能够承受较大工作压力的心理能力，这些都是合并引发的员工个人的关键成功因素。

　　佩德罗（Pedro）是我们的大型引擎部门的运营副总裁，合并后立即来找我谈心。佩德罗解释道："比尔，我有麻烦了。有些是跟我合作了很久的经理，有些是收购公司过来的经理，他们不约而同地在工作上遇到了问题，难以各司其职。我发现自己总是忙于帮他们解决问题，但其实他们应该自己处理好这些事情。"

　　我回答道："佩德罗，在合并过程中，经理的职责会加大，会高于他本有的能力。鉴于这是你首次体验并购或收购，你需要决定哪些员工应该保持现有的头衔，哪些应该安排到其他岗位，以及哪些应该被辞退。"

　　佩德罗说："比尔，辞退经理的话，尤其是有些人我已经和他们合作很久了，我觉得肯定不太愉快。"

　　我指出："佩德罗，如何安置你的员工应该是你当下面临的最重要的关键成功因素。我觉得你应该把这份工作视为帮助别人定位更好的职业生涯规划，以让大家更享受工作，而非想辞职或跳槽。许多人都需要别人小小地推他们一把，帮助他们认识到自己能在另一份工作中做得更出色，也许是在别的公司或是在本公司的其他部门。我们可以通过人力资源帮助员工找准组织内外工作的方向。对于那些主动辞职的员工，我们应该同他们进行离职谈话，来改进工作，了解他们的想法。他们可能会提到一些非常重要的信息，也会说一些无济于事的话，但是你总能知道哪些地方令他们心生不满，以后也能加以改进。"

佩德罗继续说："谢谢你，比尔。你说的话使我受益匪浅，但对那些想维持现状的人来说，他们似乎不能很好地应对工作。"

我评价道："佩德罗，我们可以向总部邀请心理测试团队，对员工进行测试，看看他们是否有足够的能力胜任更高要求的工作或有良好的心理素质来应对问题。根据测试结果，可以在你的部门设置一些经理或者重要的职位。我们也可以做一个期望技能差异分析，找到他们的不足和待改进之处。对于不足之处，你可以询问他们是否愿意接受培训，比如他们可以尝试学习并获得美国生产与库存管理协会（American Production and Inventory Control Society，APICS）的证书。有些人是愿意学习的，有些人可能不愿意，你的工作就是帮助他们更快地做出决定，以加强所有职能部门供应链的联系，让大家在供应链管理中学习知识。对于那些有兴趣学习更多组织相关知识的同事，你可以考虑让他们跟其他供应链相关部门的同事进行短期轮岗。通过交叉培训，可以提高员工灵活度，也有助于员工对部门总需求形成更加深刻的理解和认识。"

佩德罗解释道："比尔，你刚才提到的事情确实很重要，但这事不能一蹴而就。"

我揣测道："那是自然。新手上路可能会耗费你一年甚至更长的时间，你也需要花时间来明确哪些人无法在新的运营工作中获得长期成功发展。暂先不提谁去谁留，你必须要信任每位员工。也许今天被辞退的员工，日后会成为一个栋梁之材。"

佩德罗追问道："那我们究竟该挽留哪些员工呢？"

我回答道："我的经验就是要通过实际流程和步骤来训练我们的员工。我们要将员工绩效考核标准化，就像把产品零部件标准化一样。因此，我们需要在各部门之间进行人员调配。也许你会想从别的部门借用一些经验丰富的员工来训练自己的员工。虽然现在我们需要在这件事情上花费些许时间，但这绝对有助于提高后期工作效率，也能在短期内奏效。"

佩德罗询问道："比尔，谈到有价值、经验丰富的员工，其实我们已经有一批核心骨干，他们在各自领域都表现得十分出色。因此，我们也十分希望他们能借机得到提升。但是，晋升职位有限，而且很多时候，这批骨干在原有运营部门肩负重任。虽然这些员工已经通过业绩获得晋升，可是我该如何确保他们心满意足地待在原来的岗位上呢？因为我确信渴望升职是人之常情。"

我回答道："这确实是个大难题，毕竟你是在挽留人才。也许面对竞争者时，他们会有新的动力进行自我提升。对此，你可以做两件事：首先，你可以扩大他们在原有职位上的工作范畴，不断提高员工学习能力，同时也可以提高他们的薪资。你应该同大家坦诚相待，让他们知道组织对他们的重视程度。你也应该要求部门主管对这批人加以重视，给予指导，引导其职业发展。当员工得到上级赏识或重视时，他们也会更主动地工作。我们希望公司能成为一个学习氛围浓厚的组织，不断丰富员工技能，而员工也能充分地抓住晋升机会。我们也希望这些遭遇晋升瓶颈的人知道，只要不断提高工作技能和业务能力，他们就有充足的晋升空间。"

3.1　必读材料

本模块主要面向的是掌握了供应链基础知识和术语，但缺乏供应链管理经验的学生。经验丰富的供应链高层和经理可直接跳过这部分内容，也可以阅读这部分内容，来回顾基础概念和术语。

供应链管理涉及诸多内容。供应链职员调配要求找到有能力和技能胜任该职位的员工，帮助组织应对经济全球化可能面临的挑战和威胁。表3-1列举了其中所需要的能力。当然，还有其他未列举出来的能力，但表中所列举的各项充分展现了在供应链职员调配中应如何找到能力全面的优秀人才。

表3-1 能力调配

能力类别	描述
灵活度	能在不同时间和不同的人进行合作。乐于接受新思想和方法。
整体性	能够通过诚实及高道德价值观和行为来建立信任。
适应性	随机应变，具备创造力，乐于接受新挑战。
问题解决者	能够概念化并解决多变量的复杂问题。能够处理模糊、不确定和有风险的情况，乐于解决问题。
文化敏锐度	处于不同文化环境时，可以尊重不同价值体系。

在供应链任何组织中，必须落实基础工作。尽管各组织之间也有不一样的头衔，但每个组织的基础职位、对应职责和要求都是相对清晰的。表3-2介绍了其中的部分职位。

表3-2 人员职位、职责和要求的类型

职位	职责	要求
运营副总裁	制定全面的运营战略目标，为部门供应链发展目标奠定基础。 制定战略和战术目标，落实组织发展目标。 带动运营战略发展。 同其他职能部门发展良好关系，加强整体化发展。 统领运营部门主管和员工。 向董事长述职，汇报组织目标完成情况。	拥有在不同组织工作的经历。 接受过丰富的运营管理教育。 具备扎实的人际交往技能。 具备丰富的流程和方法论知识，拥有较强的行业竞争力。
运营主管	把供应链战略目标转化为供应链各部门（如物流部门、库存部门和采购部门）的具体战略。 根据相关需求，在部门内部和其他职能主管间建立内部合作伙伴关系。 制定战术目标，落实供应链总目标。 指导供应链经理和员工。 向首席运营官汇报目标实施进度。	具备针对特定部门（如物流部门、库存部门和采购部门）的丰富经验。 接受过特定部门的教育。 拥有扎实的人际交往本领。 熟悉特定部门的流程和工作方法。
经理（供应链）	开展各类项目，落实各个供应链部门内的策略和目标。 领导附属部门主管和员工。 制定战术和运营目标，落实部门供应链最终目标。 向领导述职，汇报目标完成情况。	具备针对特定部门（如物流部门、库存部门和采购部门）的丰富经验，活动和任务经验丰富。 接受过特定部门活动和任务相关教育。 拥有扎实的人际交往本领。 具备相关知识，能制定落实特定部门流程、方法和技术。

续前表

职位	职责	要求
管理者（供应链）	同经理制定的战术和运营计划相协调，落实部门发展目标。 领导附属部门主管和员工。 向经理述职，汇报目标完成情况。	具备特定部门活动和任务的管理经验。 拥有扎实的人际交往本领。 具备相关知识，能制定落实特定部门流程、方法和技术。

专业的供应链组织提供了一些人员招聘、调配和教育的方法。其中，在供应链管理领域提供教育和雇佣知识的三大专业机构分别是供应管理协会（Institute of Supply Management，ISM）（www. ism. ws/）、美国生产与库存管理协会（www. apics. org/default. htm）和供应链管理专业委员会（Council of Supply Chain Management Professionals，CSCMP）（http：//cscmp. org/）。这些组织代表着成千上万名供应链专家和教育者的利益，它们提供有关供应链管理的认证，包括人员配置的内容和要求。

3.2　供应链人员配置

3.2.1　招聘策略

供应链管理中的基础职位要求员工必须具备本科学历。招聘员工时需要开展本科生校园面试项目。对招聘入门级员工感兴趣的公司，它们需要前往各个高校，同学校就业指导中心合作，或者在获得校方同意后，举办职业发展讲座。它们可以制作职业路径图，为学生讲解供应链管理的职业发展方向、发展前景和员工福利。

一个更激进的方法就是和学校签订合作协议，通常这些学校能提供富有潜力的人才，并且在校生会前往公司参加实习。这些实习可以有工资，也可以不设工资，重在为学生积累供应链实战经验。同时，也能对学生的潜力值做出考评。

倘若公司要招聘初级人才，也能通过不同的社交媒体，如脸书和推特这类私人信息公开化的平台，在线上进行员工招聘。这些都是有用的信息来源，且社交网络提供的大部分内容会更富生活气息。

中层经理的招聘可以通过专业供应链部门展开。主要供应链专业组织，如供应管理协会、供应链管理专业委员会和美国生产与库存管理协会都会提供职位更换信息论坛，也是获取候选人信息的可靠渠道。这三个组织都会更新全面的岗位更替信息，利于雇主和职员的沟通。

中高层岗位需要经验更丰富的人才，这也是招聘的关键标准。对某家公司的供应链行政人员而言，构建同层级专业团队网络，共享员工信息，是判定候选人能力的高效方法。通过个人社交网络，也能找到供应链中高层需要的人才。这就无须借助熟人关系来寻求工作机会。关键成功因素便是评估依据（如他们是谁、他们对招聘公司的看法）。因此，我们需要同部门、职能范围或公司内各层级的职员进行谈话，来收集这些信息。同每个层级职员进行谈话，能激发大家对人员聘任流程和选拔的新视野和新领悟。

其他中高层供应链管理层的聘任方法可以通过专业招聘组织进行。这些组织包括第三方招聘单位或猎头公司。第三方聘任单位承担着招聘中介的职责，独立连接了客户公司和候选人。他们经验丰富，专门从事长期、全职、直接雇佣或合同岗位的聘任工作。

对于供应链高层而言，如副总裁级别的管理人员，猎头公司对此类管理者的招聘也具备专业经验。猎头专家通常会有该行业从业人员的沟通方式。他们通常是特定领域的专家（如在某个领域的研究专员等），如供应链管理。猎头专家擅长组织细节面谈，并将候选人名单给予客户进行抉择。而他们和客户之间常常能建立起长期稳定的关系。

3.2.2　评估候选人实力

尽管证书和学位能作为个人能力的证明，但是不同部门需求各异，常常要求供应链人员具备特定的技术和能力。比如说，谈判技能对采购部门的员工而言是非常重要的。另外，人员评估对候选经理而言也十分关键。每个公司都有自己特定的文化和理念，以进行沟通和人员评估。

这也对新聘任的职工提出新的技术要求。为了更加综合地进行衡量，各公司开始进行技能测试和诊断分析，以此决定新员工是否具有所需技术能力。

Flynn（2008：239-240）提议通过缺口分析决定员工是否需要通过培训来获取新增技能。缺口分析通过问卷调查的方式，来评估员工当前所具备的技能水平和预期水平的差距。基本上，就是对所需的技能采取一系列培训手段。就供应链人员而言，Flynn（2008：240）提出这些技能应该包括管理技巧（如项目管理和时间管理）、人际交往能力（如跨文化交流和商业道德）、分析技能（如结算、成本和价格分析）和商业技能（如风险管理和质量管理）。针对新老员工的问卷调查，通过数字评定技能等级（如1至5个等级），员工依次对每个问题做出回答，依次测定其能力。之后，我们会将这些衡量标准与公司现有管理人员的评测标准进行比较，通常这些管理人员在各自领域都是佼佼者。后者是标准的比较法。员工与管理者标准间的差距揭示了员工实际得分与经理所需得分的差距（如果存在分差的话），有助于指明能力发展的必要性。

3.2.3　员工留存

诸多关键成功因素都会导致公司保留或辞退员工。当然，这也是员工选择辞职的重要原因。这些关键成功因素包括工作满意度、薪资、工作环境和职业发展机会。

工作满意度是员工对自己和组织履行任务的满足感。它被视为一种情绪状态，是对一个人工作业绩和工作态度的评价。一个员工越是满意，就越是乐意从事这份工作。

工作满意度可以通过多方面进行测评。收集工作满意度数据最常见的方法是通过数字尺度（如，从1至7，分别代表同意和不同意）就工作内容进行提问，如"总体而言，我很开心"。职业描述指数（job descriptive index，JDI）是适用于各公司的专业指标，从五大方面开展问卷调查，评测满意度，分别是：薪资、升职和升职机会、同事、监督、工作本身。这种方法中用到的尺度范围，需要参与者回答是与否，或者保留意见（用问号表示）来表明他们是否能准确描述当前的工作感受。

薪酬和福利在人员留存方面都很重要。薪酬指的是工资和福利组合，来激励员工更好地工作。通常，员工工资是否和同行齐平或符合市场报价是保留人才的决定因素。福利是组织薪资项目的一部分。各公司能通过福利项目来吸引员工。除了薪酬，公司也能提供健康福利、教育补贴、带薪休假、免费旅行（如携伴侣的旅行）、灵活的工作时间和休假。灵活的福利政策有助于促进员工留存。

工作环境不单指员工现实的工作环境地点，也包括公司创建的心理环境。相比老老实实待在办公室而言，供应链经理有更多的机会在各地出差。心理环境的影响因素包括组织策略（应避免策略的一成不变，要寻求灵活度，抓住机遇）、上层管理层不同的领导方式（应避免独裁方式，要对员工进行鼓励和支持）、员工（应寻求这样的员工，即积极、活力四射、善于沟通并能带动同事拥有相同的乐观心态）。营造出鼓励员工产生积极工作态度的工作环境，能更好地留住志同道合的员工。

对许多供应链高层来讲，职位继承和薪酬或职位挽留的关键成功因素一样重要。清晰定义的职位继承项目可以鼓励留存，实现未来新发展。此外，了解职位继承相关知识可改善员工的未来工作满意度、薪酬和工作环境，促进良好工作环境的形成，鼓励员工留存。每个人都应怀揣信心：未来会变得更美好。对有事业心的供应链经理而言，对未来充满信心能帮助他们勇敢应对挑战。要为员工进行清晰的职业规划，同他们沟通，帮助他们定位个人兴趣（组织内每个员工的兴趣点），以推动员工更好地和公司结成统一战线，促进公司发展。这也能帮助员工放眼未来机遇，脚踏实地工作。

3.2.4 裁员

违背公司规章或业绩不符合预期的员工会面临被辞退的问题。其他辞退因素也包括冒犯上司、偷窃、滥用药物或暴力行为。理想状态下，每个组织应该设有详细的辞退流程。这个流程必须要符合当地所在国政府的法律。在外国的话，也许流程会更加简单或更繁杂。无论如何，终止雇佣关系应被视为一个严重的事件，需引起所有人注意。

大量员工由于任务外包给其他组织而失去工作。对此，公司可以与外包商协商，雇用本公司员工为外包商工作。当出现雇佣低谷或退休高峰时，倘若工厂因需求变化而停工，这时也不会出现大规模裁员。

每当员工辞职或被解雇时，组织应进行离职面谈。离职面谈是面向离开公司的员工进行的一次谈话，主要由人力资源工作人员组织。由此，他们寻求有用的、感性的真实信息，以确定雇员离开公司的原因（解雇或辞职）。离职访谈可以通过书信、电话访谈、面对面会议或在线方式进行。一些雇主也会选择使用第三方人力资源进行访谈并反馈结果。

3.3 全球人员配置考虑因素

3.3.1 全球雇佣理念

事实上，现存供应链都具有全球性，人员配置为管理者带来了前所未有的挑战和机遇。全球化人员配置的第一步，是确定公司期望为全球运营招聘的人才类型。我们可以通过不同的方法对潜在员工进行分类。一种方法是在公司招聘理念下评估候选人。根据公司的招聘理念，参与全球运营的包括四种不同类型的潜在员工：本国国民、东道国国民、第三国国民和全球导向（见表 3-3）。招聘理念的选择具有一般指导原则，可用于国际公司的所有员工，无须考究具体位置，也可以依据个别公司的需求、工作类型和员工信任度来行使。许多因素可以引导全球招聘理念选择，例如公司的全球战略。假设一家美国公司对海外的新工厂设有低成本目标，尽管这四种理念多数都适用该情景，但鉴于员工熟悉东道国，因此采用东道国或多中心理念会更具创业优势。

表3-3 基于公司招聘理念的全球员工类型

全球员工或理念类型	描述
本国国民/种族中心主义	以种族中心主义理念招聘员工，意味着雇用来自本国的雇员。一些公司将其原籍国视为其祖国。该员工熟悉并与本国组织相关联。例如，一个美国人认为自己是美国公民，被美国公司雇用到墨西哥工作。
东道国国民/多中心主义	根据多中心主义理念招聘员工，意味着雇用居住在外国的外国人。组织的运营在外国，雇员为非本国公司工作。外国作为本国组织的东道国，雇员居住在外国（例如，日本公民在日本为中国公司工作）。
第三国国家/地区中心	以地区中心主义理念招聘员工，意味着雇用来自不同国家的外国人。雇员既不是本国人，也不是东道国国民。这个人通常来自东道国附近地区。例如，法国人可能被雇用到位于德国的美国公司工作。
全球导向/地心说	以地心说为中心的员工招聘理念意味着雇用来自世界上任何国家的员工，且他们可能被安排到任何一个国家工作。

资料来源：根据 Schniederjans（1998：37-38）整理而成。

　　选择何种类型的员工取决于不同雇佣理念的优劣性。表3-4列举了本国雇员种族中心主义理念的利弊，表3-5讲述了东道国国家雇员多中心主义理念的利弊，表3-6说明了第三国国家/地区中心主义理念的利弊，表3-7说明了全球导向/地心说理念的利弊。结合其他人员信息（如员工能力）和组织需求，这些理念可以指导全球招聘策略。

表3-4 种族中心主义理念的利弊

优势	描述
潜在的忠诚度	相较于外国而言，本国国民对自己的国家更能达成文化和个人认同。当面对必须维护技术或生产机密性，且不与外国公民共享的情况时，这可能是一个关键的衡量因素。
改善沟通	由于对本国业务的深入了解，本国国民利于在本国业务和本国人员之间开展有效沟通。当要求必须快速翻译和推进本国的订单时，这一点至关重要。熟悉本国业务能快速响应本国订单。
易于人员配备	由于员工来自本国，所以可以在国内雇用相同的东道国工作人员和开展招聘活动来满足全球业务需求（省去了全球招聘费用）。

续前表

劣势	描述
缺乏外国业务经验	一个从国内招聘的员工往往不会像东道国国民那样，对国外市场拥有丰富的知识；如果不了解外国文化、法律和当地生产流程，极可能付出高昂的代价，深陷严重的法律问题和设施运营中断的窘境。要化解这种不利的现状，就需要公司展开高昂的培训项目，以帮助国内员工加快落实国外业务。
与东道国国民的沟通存在问题	发出命令的本国国民和接收命令的东道国国民之间可能存在沟通不畅的情况。如果本国经理不能说标准的东道国语言，东道国国民对本国订单的理解就会受到影响，因为他们可能无法向那些真正从事这项工作的东道国国民解释清楚订单需求。
遣返问题	如果本国国民或外籍人士无法适应外国生产或文化，多数人会回到本国。这会带来高昂的遣返员工成本（直接或间接）。
派遣人员的高成本	大多数外籍人员派遣计划需要高昂的激励措施来调动本国人员前往外国工作的积极性。他们回国时，往往需要掌握国外生活积攒的丰富知识，学以致用，处理国内业务。

资料来源：根据 Schniederjans(1998:39-41)整理而成。

表3-5 东道国国家雇员多中心主义理念的利弊

优势	描述
对东道国熟悉度高	东道国国民会更熟悉国外文化和在国外开展业务的方式。这意味着他们在短期创业方面以及从事长期业务上更有成效。
其他东道国国民的积极推动因素	随着该组织雇用更多东道国国民，东道国家雇员会更加重视公司，乐于贡献一己之力。这就催生了这样一种观点，即外国员工享有与本国国民同等的决策权。
可能降低人员成本	最终赢利往往是运营的驱动因素，东道国国民在工资、搬家费和福利方面的成本较低。

劣势	描述
对本国经营缺乏了解	东道国国民不熟悉本国组织文化或本国经营，可能导致短期内生产力低下。
与本国业务沟通不畅	东道国国民可能不熟知本国业务沟通的通用手段或难以感知差别。这可能导致误解指令，向总部汇报错误信息以及造成工厂低生产率。
缺乏对公司的忠诚度	东道国国民可能对国家比对雇佣公司更忠诚。在全球范围内开展业务时，这可能对公司非常不利。例如，如果东道国国民被迫在与东道国存在敌对历史的国家所管辖的公司中开展业务，则东道国国民可能不会对客户的运营绩效投入百分百的努力达成预期指标。
培训成本高昂	东道国国民需要接受大量培训，以便适合本国管理方式，更好地理解和运营工厂。

资料来源：根据 Schniederjans(1998:41)整理而成。

表 3-6　第三国国家/地区中心主义理念的利弊

优势	描述
成本更低	雇用第三方国家雇员通常比将本国国民迁移到东道国所需开支更少。
招聘难度系数低	因为第三国国民可以来自任何第三国,这也意味着劳动力市场广大,可作为雇员候选人的潜在来源。
减少培训和调整的需要	第三国国民通常与东道国处于同一地区,意味着他们比本国国民更熟悉该地区的文化和商业方式。他们甚至可能对当地市场有着独特的认知,这也利于开展区域培训。
政治因素最小化	由于第三国经理不像东道国经理或本国经理那样受到政治因素影响,因此其运营决策会少受争议和质疑。

劣势	描述
缺乏处理外国业务的经验	与本国国民一样,第三国国民不可能比东道国国民知识渊博,但可能比本国国民拥有更多的知识。这种不足需要昂贵的培训计划来弥补,以使第三国人员在东道国快速落实生产计划。
沟通问题	他们可能和东道国拥有不同的语言,因此在发出命令的本国国民和接收命令的第三国国民之间,他们可能会缺乏沟通力。
遣返问题	如果第三国国民或外籍人士无法适应外国运营或文化,他们可能必须回到自己的祖国。这将需要昂贵的成本(即直接和间接)来遣返员工。
派遣费用	大多数外籍人员计划需要高昂的激励措施来调动第三国人员前往外国。当他们返回原籍国时,由于时差的存在,他们可能需要丰富的知识累积来践行国内业务。
对东道国国民的心理影响	将第三国国民纳入国外业务,可能被视为侮辱东道国员工。
缺乏对运营的理解	第三国国民可能不熟悉外国公司文化,这可能意味着短期内生产力低下。
缺乏对公司的忠诚度	相较于雇用他们的公司或东道国,他们会更忠于自己的国家。

资料来源:根据 Schniederjans(1998:42)整理而成。

表 3-7　全球导向雇佣理念的利弊

优势	描述
忠诚度	对全球组织而言,忠诚度是对公司的,而非对国家的。全球导向的员工会发现自己总是处在周期性地从一国到另一国的变动中,全球化降低了一名员工对一个国家的忠诚度。对于在各个国家开展工作的员工而言,唯一不变的是他们都是在为国际公司卖命。这自然就加深了候选人对公司的忠诚度。

续前表

优势	描述
改善沟通	国际组织常常会在全球范围内招聘员工。全球导向的员工倾向于学习新语言或推动自己更加国际化。他们拥有良好的机会来学习不同的语言技能，由此无须翻译也能妥善开展工作。
易于人员配置	在全球运营范围内招聘人员使得招聘单位能在国际范围内进行人才选拔。这也提高了可选择人才的数量和质量。全球导向的员工会认可此类任务分配，因为他们乐意在全球各地工作。
和东道国的熟悉度	鉴于员工分布于不同国家，全球导向的员工具备更好的能力，熟悉各国文化。
积极调动其他全球导向的员工	雇用一些全球导向的员工，并公平对待这些员工。员工不管身处何种文化背景，都能深知东道国运营对公司的价值意义。因此，这能作为潜在动力，推动平等道德观念的构建（即：世上人人平等）。只有诚挚的全球运营，方可促进人人平等。
可降低人工成本	全球导向理念节约了人工成本。例如，一个正在扩张的全球组织处于去中心化运营阶段。这时，它可能期望提高本国员工在海外的比例，尤其是对于初创运营部门而言，管理变动和控制都是十分关键的。因此，我们可以通过短期全球员工轮流配置策略，减轻这种对本国员工的倾向性。这也大大方便了各类员工的调配。
节约成本	全球导向组织喜欢尽可能多地纳入本国的外国人才。聘任经验不足的东道国员工，这也意味着运营成本会低于本国员工或第三方员工运营成本。全球导向的雇员可以充分利用世界人才，提高人员和流程的工作效率，这是单个文化理念指导的公司无法企及的。
培训和调节需求降低	全球导向理念调动了公司对东道国员工的充分利用，有助于非东道国人员更快适应当地文化和商业模式。
政治因素最小化	如果由一名全球导向的经理做关乎东道国运营的决策，会比东道国经理（他可能隐藏了当地的信息）或本国经理（他可能会隐藏本国信息）招致更少的非议。
劣势	描述
缺乏国外运营经验	尽管身处国际化组织，但有些员工可能经验不足。许多全球组织通过结合东道国员工和非东道国员工的团队构成，来为运营部门提供更多精准的学习经验。对于某些特定项目，公司也会实行同事导师制或团队组合来化解沟通问题。此外，在生产流程上，这也有助于东道国员工学习雇主国的运营流程，并能向非本地同事传达本地运营理念。
遣返问题	全球导向的公司在世界范围内招聘或配置人员。基于全球范围的机遇，在全球导向理念下，派遣需求相应最小化。如果在一个国家的任务失败，全球员工可以在别的国家继续工作。
人员派遣高成本	多数派遣项目需要高昂的激励机制，动员本国员工前往海外就职。全球导向的组织致力于保证员工处于流动状态。全球导向的人员常常居无定所，他们会随着一个项目的开展前往另一个国家。

续前表

劣势	描述
对东道国员工的 心理影响	调入一名非东道国员工参与运营，可视为对东道国的一种侮辱。 但是，这种观念可以弱化，因为全球导向组织会从世界各地配置 人员，并对他们和东道国员工平等以待。

资料来源：根据 Schniederjans(1998:43-44)整理而成。

如何平衡表3-4至表3-7展现的不同雇佣理念的利弊是个大难题。幸运的是，我们可以通过招聘和选择的全球导向理念简化这个步骤。全球导向理念趋向于吸取招聘和选择的精华。这也是当前顶级供应链人才的理念体现（Slone，et al.，2010：63-68）。

3.3.2　员工选择

正确获取全球导向员工，加以培养和保留，是全球供应链人员配置的重要因素。全球导向的员工抉择应该依据各组织特定的标准，指导选择流程的进行。尽管组织机构的特殊性会造成标准差异，难以全面覆盖，但是通用的准则也是存在的（见表3-8）。技能至关重要，员工是否有能力应对来自国外供应链管理的压力是全球导向员工的关键成功因素。员工的抗压能力、技术和个人能力应该获得测评、记录，并根据决策的评价标准加以分析衡量。

表3-8　全球导向选择标准

标准选择的类别	描述
压力场景应对	可以在陌生环境中工作并接受新的任务；可以适应陌生环境；可以在外国长期旅行或居住；身体素质可以应对特定的压力场景。
管理技能	拥有大格局；可以和本国员工合作；可以单独完成任务。
体能	拥有强健的体魄，可以适应不同地区的气候；可以适应时差。
社交技能	可以理解本国或国外运营，并和同事保持良好关系；可以理解并欣赏外国习俗和文化；具备良好的外事协商技能；能够遵循所在国家的文化，规范行为。
技术能力	掌握基础知识，了解相关设备系统、流程、公司技术和沟通系统；能够在国外技术有限的工作环境下，依旧积极开展工作；乐意学习大量新技能。

资料来源：根据 Schniederjans(1998:46)之 Table 3.3 整理而成。

3.3.3　员工培训

对于从他国聘任的核心员工，他们也许会技能不足。为此，员工培训对员工发展而言尤其关键。从前，培训是决定一名员工是否有能力从事全球业务的关键因素。此外，供应链高层需要清楚，相较于普通国内组织而言，全球化经营可以为派遣员工或本国员工提供高预算培训。部分公司试图通过专业培训公司套餐降低培训成本。例如，语言本身对派遣员工而言是非常重要的技能，他们需要掌握该技能，才能更好地胜任工作，适应东道国的生活。有些国际化公司通过私人培训，如贝立兹培训课程（www. berlitz. us/）对员工进行培训。另一项战略便是邀请老员工或退休员工来引导培训东道国的外国员工，教授其语言文化知识。

对从事全球经营而言，其中一种最重要的培训便是跨文化培训。跨文化培训作为一个教育项目，可以为员工传递知识，让员工更好地适应不同文化。在商业活动中，跨文化培训为员工提供了有益的文化、习俗活动和角色定位。作为认知培训的一种，这种培训要求员工树立自我认知，以便全球经理认清自身价值，预设对不同文化可能产生的影响。一旦某个人建立自我意识，培训会集中于发展不同视角观点，使得员工可以从不同文化层面认知某个观点。表3-9描述了部门跨文化培训的要素。此类培训的落实需要系列人员的参与，包括专家、咨询师，以及对国外文化饶有研究的教育人士。

表3-9　跨文化培训项目要素

要求技能	描述
文化灵活度	学会灵活应对东道国员工的准则。
文化标准	可以认识、理解、欣赏不同文化标准和社会预期。
文化稳健性	可以克服文化变动和落后。
跨文化交流	在沟通过程中，可以准确辨识并理解东道国语言或非语言行为。
跨文化关系	可以认识、培养、发展和维护同东道国员工的人际关系。

资料来源：根据 Schniederjans(1998:47)之 Table 3.4 整理而成。

3.3.4　员工薪酬

全球薪酬要求充分考虑哪些费用相关因素会影响员工报销。薪酬需考量因素包括员工基本工资、税收政策、福利和津贴以及养老金。

对全球员工而言，基准工资的具体价格需要遵循以下几项标准：（1）全体员工，不管职位高低，待遇一致；（2）不管雇员所处范围或工作属性，薪资应该能吸引并留住员工；（3）薪资能吸引员工奋发向上；（4）能够建立起一个在全球范围内适用的薪资支付体系。表 3-10 展现的是另一个指导体系。

表 3-10　全球薪资指南

薪资指南	描述
东道国薪资标准和额外补助	该指南提供了一种公平的优势，即直接与东道国准挂钩，也在一定程度上提出了适应海外生活的建议。额外补助包括孩子的教育费用、定期回家费用、生活调动成本、通货膨胀和汇率波动、专业组织会员费，以及其他工作相关法律费用。不幸的是，这种方式会对个人产生负面影响，尤其是对那些在薪资低于本国的国家工作的员工而言。
原籍国的薪资标准和额外补助	该指南是为了将员工原籍国的薪资标准纳入考量范畴。总的来讲，员工薪资基于员工原籍国的薪资和生活标准。就是说，一个在日本工作的美国人，所获报酬应该同美国薪资标准持平，并获得额外补助来支付日本生活所需的额外费用。由于每个国家的支付标准存在差异，这种方式会附上种族歧视的标签。而对处于同一层级，但由于国籍不同存在支付差异的员工会带来负面影响。
全球薪资标准和额外补助	该指南致力于实现同工同酬。某些国际性质的工作，已构建起良好的全球薪资标准。抛开个别东道国差异，不管地域位置，对同一工厂同一工种的员工而言，他们的支付标准是一致的。这种方式化解了长期在不同地区工作的员工薪资问题，而他们的工资能基本保持一致。这种方式的难点在于建立并保持相对公平的支付标准。

资料来源：根据 Schniederjans（1998：48）整理而成。

这些指南面临的共同问题就是全球背景下汇率对薪资的影响。有些员工在某个国家就职，而他们的家人生活在另一个国家。如果家人所在国的汇率贬值，那么员工会觉得薪资减少（报酬减少会相应导致员工积极性下降）。对汇率变动导致的工资下降做出合适的补偿应该在全球薪资项目建立过程中获得充分考虑。对汇率浮动大的国家而言，这种调整也是非常重要的。

　　税收也是薪资项目需要重点考虑的一个因素。许多派遣员工需要支付两次税收（即：他们需要向本国和东道国缴税）。在美国，针对许多国家的税收或海外员工收入，《美国联邦政府内部财政服务码》第 911 条（Section 911 of the U. S. Federal Government Internal Revenue Service Code）允许大幅扣税以减轻双重扣税的影响。为了对双重税收进行补偿，额外的基准薪资或免税收福利可纳入薪酬项目。

3.3.5　福利和津贴

　　福利和津贴（财政的和非财政的）是员工薪酬项目的重要内容。福利包括各类项目如医学和牙科保险、社会安全支出、养老金、休息时间、专业组织会员费、年休假、病假、人身保险等。津贴可以和福利在资金上持平，但也具有独特性，如生活成本津贴，运输、流动、储存的安置费津贴或员工流动的临时生活费用。在建立全球福利和津贴时，供应链经理应该考虑诸多因素，包括：

- 全球福利项目中应包含的福利和津贴。
- 本国员工和全球员工是否应该享受同等福利和津贴。
- 东道国、第三方国家或全球导向的员工是否应该获得同等工资。
- 在全球运营中，员工之间的福利和津贴随薪资上涨而增多，那它们是否存在差异。
- 非本国政府对福利和津贴设限时应该考虑哪些因素。

　　考虑到养老金项目的规模化和复杂性，这些项目通常由政府出面管理。全面医疗应该落实到每个全球养老金计划。一项政策应充分说明养老金计划的管理模式和责任人。在制定政策时，该组织必须要解决如下问题：

- 计算全球养老金成本及计费方式。
- 由本国或东道国负责养老金计划的控制、报告、审批流程。

● 就养老金投资而言，本国公司应肩负哪些职责，又该由哪些地区或财政部门来做决策。

● 组织养老金投资理念指南和审批人。

● 地方、地区、州、联邦政府的法律审批。

● 由谁来及时管理、汇报养老金投资的执行情况。

灵活的雇佣福利设置，如允许东道国员工在本国工作一段时间，再凭意愿调职海外，能吸引更多东道国员工的加入。例如，Jennings（2011）在一篇报道中指出，招聘具备美国留学经验的中国东道国员工谈何容易。有些中国人希望在美国找工作，但富有战略眼光的公司需要东道国员工发挥其优势，处理在中国生产运营的各类问题。那么，其中一项战略就是为这些员工制定出一个有吸引力的派遣计划。这个计划应该提到未来回到美国工作的就业机会。Jennings 强调，这种方法能长期鼓励中国人为美国公司在中国市场效力。

3.4　人员配置的其他话题

3.4.1　人员留存与休假

在出差过程中，员工的压力来自无数会议、全球竞争和许多其他任务与考虑因素，供应链管理的焦虑度是其他工作难以匹敌的。对组织而言，最优员工往往是工作最努力（也是最聪明）的。因此，许多供应链高层在退休前会身心俱疲。对想要留住人才的组织而言，它们需要制订休假计划。一个良好的休假计划允许员工短暂离开工作岗位（Allen，2011），可以是带薪的，也可以是无薪的。

就像一个额外的假期（无论是否有报酬），休假是一种让员工短期脱离工作和焦虑的方式。不同于常规的假期（员工的家里可能有很多工作或需要供应链经理时刻待命），休假计划能保证员工真正摆脱工作环境。

由于行政需求的连贯性，某些员工的角色过于重要，致使他们无法正常休假。因此，部分公司没有制订良好的休假计划。对休假计划饶有兴趣的公司可以参考表3-11。

表 3-11	休假计划的落实流程
1. 行业研究	对那些寻求休假方案的公司而言，它们应该决定如何吸引或留住员工。尤其趁其他同行没有充分利用该计划，这能成为本公司的竞争优势。
2. 调研现有项目	研究不同领域公司的休假计划。那些提供休假计划的公司可以提供关于如何组织计划及其结果的有用信息。
3. 内部员工意见调查	通过调查来确定对员工而言与休假计划相关的重要事项。找出并了解性别和年龄方面的差异，将其纳入计划之中。从相对成功的员工那里，了解调动他们工作热情的因素，以及组织能吸引他们的关键因素。后者的信息对招聘特殊人才非常奏效。这些信息有助于组织内部休假计划的构建。
4. 外部供应链合作商意见调查	调查供应商的意见和想法，探究如何利用休假项目更好地开展双方员工的合作。共同参观设施或利用某一天度过一个小型假期，有利于加强团队信任，促进供应链合作的稳定性。

资料来源：根据 Allen(2011:44)整理而成。

3.4.2　人员横向调动

世界经济不景气，高绩效供应链管理者需要进行横向调动，前往组织的另一个职能部门或前往竞品公司就职，以积累经验和知识。Tuel(2011)认为，最佳供应链管理者往往具备丰富的经验和知识，能妥善处理公司内外各职能部门事宜。例如，一个高层人士曾在市场部和运营部门就职，相较于只有市场或运营单一经验的经理而言，可以更从容地进行职能部门整合。

Tuel 提出通过多样的有效方案优化人员横向调动，为组织谋求更多效益。其中一个办法便是，发展内部供应链领导层关系和组织网络，实现更好的沟通交流。这能促进横向调动员工和新同事之间的相互学习和知识分享。

对于缺乏晋升空间或优质员工留存率低的公司而言，需大力鼓励横向调动。人员横向调动能交叉培训高层和员工，加深他们对公司运行的理解，促进团队合作，实现公司利益。

3.4.3　人力资源继任计划

单单吸引才华横溢的供应链领导者是不够的，还应该知道如何留住他们。优秀的供应链经理是公司宝贵的财富。就像优秀的体育明星一样，顶级供应链经理具有高流动性，是稀缺资源，他们会选择加入晋升空间更大的竞品公司。

一项成功的人才留存策略包括构建继任计划。继任计划即通过不同方法来识别发展供应链经理（Fulmer & Bleak，2011）。通过识别供应链经理人才和职业喜好，继任计划有助于公司更好地适应组织未来发展。这个计划也能帮助公司追溯员工成功之路，发现发展机遇，将人才置于合适的位置，明晰未来人才缺口。

成功的继任计划通常包括定量和定性措施，这些措施旨在确定管理者领导组织能力的人才维度。这些措施的数据来自广泛的评估人员，他们受过良好的数据沟通培训。评分人员包括行政职员、内外部客户、员工、上司和下属。其中，360度输入法（即：由组织的各种来源提供的信息，包括日常与员工打交道的人，不仅是直接上级，还有普通员工、下属、同事等）提供了一套全面的信息，能更好地识别每位员工的能力。量化手段包括管理人是否充分实现了公司预期目标（如道德或性别多样化目标）、人员留存率和流失率、工作绩效考核标准等。定性措施可能基于参与者对某个角色的转化经历，即他或她是否有充分的理由和准备面临新的挑战。

Fulmer和Bleak（2011）也指出，人员继任计划若要获得长期成功，需要公司对其持续进行组织并发展。表3-12描述了成功继任计划的特征。

表 3-12　成功继任计划的特征

特征	描述
日常活动	继任计划应该融入日常活动中。从常规性年度季度活动到日常活动，能更好地收集相关信息。
技术依赖	有利于实现信息评估的自动化，利于参与者提供实时信息，更好地监督经理的职责。

续前表

特征	描述
职能分享	这是为了促进组织发展。顶级供应链经理可以流动到另一个职能部门，实现了交叉继任。
客观评估和反馈	由高能力且接受过培训的上司或下属进行客观评估或及时进行信息反馈，这也是人力资源项目的关键成功因素，包括以促进个人发展为目标的人员继任计划。
公平选择标准	人员继任依赖于清晰的职业能力定位，包括所需技能、价值、表现和对待成功的态度。
选择的多样性	成功的继任计划应该提供多个有能力的候选人。

3.4.4 发展供应链采购团队

对任何组织而言，创建、发展和培养项目团队都是人员配置重点。例如，创建一个供应链采购团队对供应链高层而言就是一项挑战。Trowbridge（2011）提出了引领成功的关键成功因素（见表 3 - 13）。坚持表 3 - 13 中提出的关键成功因素，可以更好地训练、调动采购团队积极工作，使之胜任自己的职责。

表 3 - 13　团队建设的关键成功因素

团队建设关键成功因素	描述
提供充足、适当的培训	这能发展员工技能，通过测试或其他手段找出员工的不足。与当前最佳实践进行比照，找出知识漏洞，决定培训方式。制定教育项目，促进实际的知识传播，而不是留于理论表层。
招聘合适的团队成员	招聘具备相应资质［如来自供应管理协会或美国生产与库存管理协会，取得供应管理认证专家（certified professional in supply management，CPSM）和注册供应链管理师（certified supply chain professional，CSCP）资格］和接受过供应链组织（如供应链管理专业委员会）的教育培训的人员。
营造业绩导向的工作环境	一个团队需要满足各方需求，把自己视为支持者，并听从经理的领导、培训或指导，促进团队发展。
择取合适的领袖	团队或工作的领导者或经理要遵循目标，指挥团队。这些目标应该是被正式记录的，也应该具有一定的挑战性，促进成员的学习成长。此外，领导人应该向成员提供常规性反馈，更好地引导成员朝着既定目标努力。
制订职业继任计划	供应链团队成员需要明确未来职业发展方向。这里，我们提供两种方法：继任计划和职业道路图（即：有逻辑地开展各项工作）。两种方法均有利于推动员工沿着各自职业道路发展。

团队建设的最后一个方面很重要。有些员工可能有着极高的个人工作效率，但是团队意识薄弱。有些专业化团队培训也许能帮助一个团队发展或构建职业道德，但是，也会对某些员工造成疏离感。高效的供应链管理领导需要精准地增加或剔除人员，实现组织成功最大化。

3.5 未来走向

培训供应链和人员配置的任务艰巨无比。事实上，未来趋势预示着各公司为了快速招聘员工，还需要付出巨大的努力（Gold，2012）。制造协会（www. themanufacturinginstitute. org/）就技术鸿沟开展了调查，结果显示：超过 80％的制造商表示他们的生产技工短缺问题已经显现。这些缺口也会影响供应链。由国际 KPMG 开展的调查显示（"Global Manufacturing…"，2011），就新兴市场而言，对技工的需求已成为人力资源的首要难题。

人们想要招募更多的供应链人才，却很难寻得合适人才。为了填补这个缺口，许多公司选择增强现有员工技能，并加强新员工培训。提高生产力和创新力制造商联盟（Manufacturers Alliance for Productivity and Innovation，MAPI）（www. mapi. net/）访问了顶级制造领域的人力资源高管（Gold，2012）。调查结果显示，有多家公司正在计划开展内部培训，许多公司也在丰富培训内容。下面是一些推荐的培训策略，能有效应对人才缺口。

- 通过内外部教员授课，培训初级和中高级员工。
- 加强培训项目的开展，增强团队建设技能和员工逻辑思考能力。
- 为工程师提供培训发展项目，帮助他们更好地理解客户需求。
- 对员工进行资金扶持，帮助他们获得各类由技术学校或社区大学颁发的证书。
- 对攻读硕士学位的员工，给予资金支持。

▶▶ 第4章
供应链管理
Managing Supply Chains

故事概述

术　语

因果图或鱼骨图

发起组织委员会（COSO)

持续改进（CI)

控制

活动费用

因素的复杂性

失效模式及后果分析（FMEA)

团队观念

领导力

领导力风格

市场信息（MI)

指导

指导项目

管理

机会流程图

期权合约

帕累托图

投资组合合约

采购管理计划

预定价格或溢价

自我管理团队（SMTs)

必要成本模型

社会惰性

来源复杂性

现货市场购买

故事概述

▶▶▶▶▶▶▶▶

如今，我负责管理部门的运营活动。过去，在我担任供应链经理期间，总是充斥着各种各样的问题，但最后都会成为增进关系和增长知识的契机。例如，库存短缺是每条供应链都存在的一个窘境。产品供应链生命周期的变化从初始期到成长期，会影响需求预测的准确性。因此，供应链需要找到合适的办法，应对供应链干扰因素。

在总部举办的午餐会上，中型引擎部门的副总裁巴拉克（Barack）把我拉到一边，向我提出了一个当前他和主要部件供应商所面临的问题。他说："比尔，我现在面临一个大难题，而且这个问题开始影响到部门运营了。整个汽车引擎的唯一的一个，也是最重要的燃机部件供应商，在配送问题上同我们僵持不下。我们和供应商公司的合作非常顺畅，从 CEO 到他们部门的主管，大家的关系都很融洽。但目前，他们还是没有安排零件的配送。我仔细研究了一下合同，也没有察觉出他们的质量是否有问题。而他们的产品质量也一直很靠谱。我知道他们是会送货的，但看样子，他们目前没有这批货。正如你所知，我们也是他们最大的客户，但当前不知道出于何种原因，我们就是无法从他们那里拿货。尽管我已经请求了所有在那家公司的熟人，但还是发现从他们那儿得到的库存数量正在不断下降。我深知问题的严峻性。不知你有什么建议呢？"

我回答道："巴拉克，我们都知道这是一家重要的供应商，我也知道你和他们的关系很好。我并不认为他们想和我们僵持。我认识他们的老板，而且他们公司的一个董事也是我们公司董事会的。等会儿我再回答你这个问题。"

在这个部门中，每日物料短缺会造成上千美元的损失，作为一件高度紧急事件，我只有一天的时间和供应商公司及我公司董事会人员找出问题所在，并且分析背后的原因。我说道："巴拉克，原来是因为供应商拔尖的产品正迈入产品生命周期的成长期。过去，他们总能满足我们的需求。但是目前，他们已无暇满足我们的大订单和需求。同时，董事会提到了 EPA 规则的变动，增强了产品的复杂度。复杂度的提升导致他们需要周期性分散精力，以满足要求。这也进一步分散了他们的生产能力。"

巴拉克解释道："比尔，这是我们产品唯一的供应商。我找过其他备选供应商，但我们别无他法，除了把中型引擎工厂停工一年，以重新规划生产工具，让其他工厂来生产出我们需要的零件。我知道这是不可接受的，我也竭尽全力从供应商公司的熟人手中获取短缺的库存零部件。目前，我已经得到足够的库存来推进生产线。但就明年的生产而言，我还是陷入了大难题，所以不得不考虑做出些实质性改变。"

"巴拉克，鉴于你和供应商关系的密切度，我也能和他们公司运营和工程部门的员工谈谈。他们当前最大的问题就是生产力。当前，成长和规则问题削弱了他们的生产能力，也使得他们的运营出现了波动，导致他们不得不在这些环节上浪费大量精力。我建议你可以派一些我方工程人员，为他们提供帮助，来提高供应商的生产力。如果他们觉得方法可行，我们可以派一批精英工程师前往他们的工厂，帮助他们发掘生产力的受限条件并加以克服。同时，你可以通过私人渠道，竭力从他们那里得到供应链剩余库存，来应对短缺危机。"

供应商同意使用精英工程师，而他们通过持续改进方法，如鱼骨分析和根本原因分析，来应对问题。最终定位的病因，便是需要改进之处，如此方可提高生产力。我们的做法促进了供应商经营发展，免去了长期共建关系的冗杂过程，有利于双方合作的稳定进步，克服了年末产需缺口。

4.1　必读材料

总体而言，供应链管理能促使员工共同协作，通过高效利用现有资源，完成供应链既定目标。供应链管理的基本职能指供应链经理共同发挥的职能，包括策划和组织（即决定完成目标的方法和实施方案）、人员调配（即招聘相关人员）、领导（即动员和指导员工完成工作）、管理和控制（即检查方案进步并确保合规）以实现共同目标（http：//en. wikipedia. org/wiki/Management）。为了践行这些基本职能，经理需要扮演不同的角色，也需要与下属、同事和上级进行良好的沟通合作，更好地协商、动员、指导工作活动。除了决策制定，经理也应该在信息分享和分析中发挥出重要的作用。

策划（或组织）、人员调配和领导（或引导）是三个重要的管理职能，它们都是组织设计和决策规划的重要构成，具体可参见第 1 章的"制定供应链战略"、第 2 章的"供应链设计"。人员功能介绍可以参见第 3 章"供应链人员配置"。本章的重点在于这些基本功能的其他话题。

4.2　供应链规划和组织的管理

有的经理会等到问题出现后，再想办法解决。优秀的经理应该事先制定好紧急预案，以防问题的爆发。卓越的经理能构建出问题解决方案的紧急路径图，其政策制定和行为处事都将立足于公司使命。鉴于供应链表层涌现的管理问题是层出不穷的，在这里，我们只能挑选几个话题，并提出相关解决方案。我们讨论的话题包括企业精神、管理复杂性和制定采购方案。其他相关话题会在余下章节进行阐述。

4.2.1　企业精神领导

在产品的任何生命周期内，尤其是在初始期，领导们总会鼓励员工像企业家一样思考。企业家常在公司初始期创建公司，他们需要有丰富的适应能力、创造力、创新度和热情。这些精神可以激发生产力，调动员工做出更多贡献。

为了鼓励供应链员工像企业家一样思考，Anderson（2011）指出三种管理战略：鼓励实验；鼓励假设思考；欣赏有影响力的人的价值。我们可以鼓励员工运用新思路，从事新实验，不断激发实践精神。假设思维的激发可以通过运用小场景，如灾难规划、客户快速增长模型或地缘政治骚乱。有些经理发挥职位优势，可以通过权力对员工实施实质性影响，动员大家不断进步，实现公司目标。为了调动员工成为积极的影响者，需要经理在团队内发扬积极向上的良好风气。其他战术包括提出新想法，用以解决问题，或对员工绩效重新评估并改进评估方式。

总之，对经理而言，企业家精神的关键之处在于鼓励员工进行相互沟通和想法交流。他们应该像员工开始新的业务运作一样，不断提出新想法。唯有如此，才能为公司注入新的贡献和创意。

4.2.2 管理复杂性

供应链的每个组成部分都会增加管理的复杂性和难度。供应链复杂性有不同类型。举个例子，源头复杂性包括因产品极度复杂化设计造成的产品复杂性。这种设计会导致全球范围内供应链规模增大以支持生产。产品生产所需流程会变得极其复杂，需要大量人员从事流程工作，从而增加了规划工作的复杂性，以连接全球装配设施。随着网络枢纽的增加，网络也会变得更加复杂。这就需要我们投入更多努力来化解并控制这种窘境。客户复杂性的出现常常伴随着客户对服务需求的增加，或者是为了满足客户需求的增长。供应分布扩张带来上下游客户分布扩张，导致客户复杂化。公司大规模同供应商开展全面交流合作，也会加剧商业规划的复杂性。

暂且先搁置复杂之源，我们仍需规划和管理复杂问题。图4-1呈现的概念模型方法，可以定位供应链复杂的祸源，从而便于治理。图4-1的概念模型中供应链的复杂之源（不止一个）首先应该被定位。其次，我们应该去解读复杂因素或因素的复杂程度。一个客户可能就是一个复杂源头，但是更为复杂的因素，如客户和公司如何来确认订单或返还商品，也可能成为罪魁祸首。为了更好地完成规划任务，我们可以用些优质的管理方法来打破复杂僵局（见表4-1）。

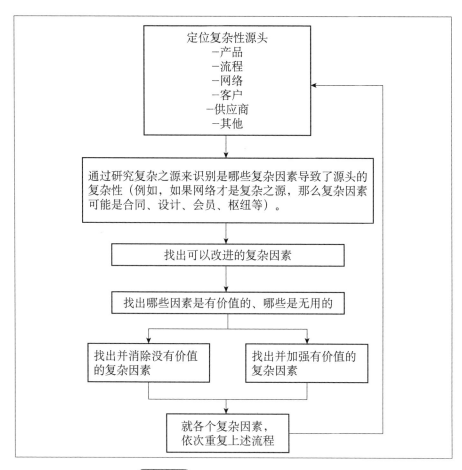

图 4-1　管理复杂性概念模型

表 4-1　适用于复杂性管理的质量管理方法

质量管理方法	描述
因果图或鱼骨图	一种视觉辅助图，用户可以对问题潜在原因进行假设分析。通过该图，经理可以对潜在复杂因素如人力、技术、政策、资源流程进行分析，构思潜在的复杂因素。视觉图可用于追溯复杂因素，便于用户找到潜在原因。
帕累托图	一种视觉辅助图，可分解各类问题，根据问题出现的频率进行归类，并确定修订顺序的优先级。这符合基本逻辑，供应链占比重最高的问题往往是频繁出现的小问题。就复杂性而言，应用帕累托图可以根据出现频率和成本，对复杂源头或因素进行排序。以此，管理人员可以规划如何投入最多资源，处理优先级最高的复杂源头，并依照顺序处理其他问题。

续前表

质量管理方法	描述
机会流程图	流程图即通过图像更好地识别项目各阶段任务。机会流程图是系列流程图的应用，能准确识别浪费资源或毫无价值的复杂因素。通过这个图表，来消除或减少复杂因素。
失效模式及后果分析（FMEA）	FMEA 作为一个结构分明的手段，可对生产流程各阶段的风险或者对复杂源头的系列复杂因素进行识别、估算、排序和评估。这个方法有助于识别和评估可能存在的复杂因素（出现率）和潜在成本折损（严重性）。FMEA 分析法也包括对各个方法的分析研究，通过相关流程再设计消除复杂因素。

资料来源：根据 Schniederjans(2010:21-22)之 Table 7 整理而成。

对复杂因素进行识别后，我们需要做出决定，即：该对哪些因素进行改进，哪些保持不变。假设某些合约性或者其他设限因素可以进行改动，那下一步就是找出有价值的复杂因素。我们需要明白，复杂因素的出现也是件好事。客户重视一整套复杂的产品，那么对分销系统内各产品进行分类就会成为一项复杂的挑战。我们要鼓励能提升产品价值的复杂因素（至少要认可这些因素的存在），并且要削弱或消除低价值因素。最后，表 4-1 展现了复杂性管理的流程，针对每个可能存在的复杂因素，我们应重复上述流程。重复流程正如表 4-1 描述的质量管理方法，应该被视为持续改进（continuous improvement，CI）的内容（即永不止步进行质量优化，实现卓越发展）。的确，基于供应链的动态性，重复操作复杂模型流程对供应链管理而言是十分必要和关键的。

4.2.3　制定采购方案

一家公司的采购运营需要考虑多维因素。对此，供应管理协会提出了规范性概念：采购管理计划（该计划强调供应链管理需要重视采购流程）。该计划包括待签订合同、个人任务和职责、文件、供应链各方合作、内部生产或报告需求等。该计划也说明了交货时间和风险管理、确定优质供应商流程、用于调控业务表现的绩效指标。为了制定采购管理计划，我们需要熟知该计划涉及的关键成功因素。表 4-2 描述了采购计划的关键成功因素。

表 4-2 采购计划的关键成功因素

采购计划的关键成功因素	描述
精准预测	生产和服务的精准预测是采购计划的基础。预测越是精准，造成的供应链浪费越少（例如，可减少库存积压或短缺，可满足客户紧缺的生产需求）。通过准确地知道供应链所需货品或信息，供应链各方也能省去不少麻烦，以有效降低成本，提高生产效益。预测精准度受限于需求波动时，我们需要等待客户发出明确需求，并提出订单需求，这是一个有用的规划战术。
低供应链财务风险	当某个元件或库存产品的供应紊乱时，财务风险会影响收益。这个风险是可以估算的，可通过计算元件占终端产品费用比值或总费用比值得出。供应过程中的财务风险越大，越是需要有效的规划来降低或规避风险。
低网络风险	可以通过供应链网络的配送速度进行计算。因此，我们可以通过规划来促进网络发展，以减少网络配送所需时间。降低风险可以通过提高供应商的融合度、减少元件和其他物料的传输时间、提供高效物流支持来实现。
低运营风险	除非供应链正在配送货物，终端产品所需元件定是由上游供应商制造的。运营风险是任何产品无法满足既定生产时间节点时所造成的时间风险。制造运营过程中，生产规划的不确定性越大，运营风险也越大，进而导致供应链延迟、资本浪费。对此，我们可以通过定位并消除生产流程的不确定因素，以降低风险。
低价风险	价格的不确定性越大，价格风险和关联成本（例如，随着价格下降造成库存贬值，对公司而言便是一笔开支，因为该公司需要承担更高的成本及额外关联成本）越高。价格风险越高，我们便越难控制物料成本。成本上涨会折损公司利益，客户需要支付的费用过高，会引发产品需求中断的风险。
低创新风险	如果一家工厂的元件技术创新力快速增长，库存采购会面临淘汰风险。我们在采购规划中需要降低创新风险（例如，规范元件部件标准，是用来避免淘汰的一个战术）及其关联成本。
低供应商风险	根据网络中供应商数目，可以预测供应商风险。具体可参看供应商财务稳定性、产品质量、供应缺货的可能性、产品替代机会。挑选信赖度高且能提供优质低价产品的供应商，可以降低供应缺货风险（从而减少缺货给下游客户带来的成本风险）。

表 4-2 说明了采购计划中面临的系列风险。除此之外，采购部门管理必会伴随管理风险因素。我们可以通过落实多个战术来应对采购风险。减少未知需求风险的一个战术便是签订期权合约。期权合约是指买方再度

支付少部分产品价格，答谢供应商承诺，即供应商提供的产品达成合同既定要求。如向供应商预定（该行为指价格预约或保费）未来货物订单，在规定期间，买方具有货物采购期权。倘若买方选择不履行期权，就会失去预约支付价格。部分期权合约会为未来货物采购标注定价。或者允许供应商设置价格浮动区间，当买方践行采购产品期权时，供应商以此为依据支付每个产品的额外数量或价格（指实际价格）。尽管这种方法可以消除买方部分采购风险，但若是供应商能根据喜好设定不同价格，也会招致价格风险。

另一个降风险战术是运用组合合同。在一份组合合同中，买方和不同供应商签订合同。这些合同有着不同的价格和灵活度，使得买方能够对冲各供应商的库存短缺情况。该组合能保证合同的价稳质优，均价具备灵活性，紧贴市场行情（即：市场是充分自由的，不受到合约对价格和质量的制约），由此买方可以对冲库存短缺和价格上涨的问题。

日本一贯遵循构建供应商良好管理原则，寻求长期发展，上述方法也参照了这个思路。表 4-2 充分展现了这些方法可能招致的风险和难题。公司的长期发展目标常常具有风险性，可能会加大财务风险的不确定性，造成不必要的库存成本。如客户需求减少、货物运输网络风险、生产运营风险、长期难以规避的价格变动导致的价格风险变大、废弃库存的创新风险，以及通货膨胀会造成不公平低价，削弱供应商盈利风险，从而带来更大的供应商风险。不过，倘若能在长期供应商关系中构建灵活度，供应双方的协同合作可消除诸多风险因素。第 11 章"风险管理"便讨论了这种双方合作。

4.3　供应链人员管理

第 3 章介绍了供应链人员配置，在此基础上，本节会谈一谈团队建设和指导项目相关话题。

4.3.1　团队建设

许多团队在供应链管理部门从事规划和管理工作（见表 4-3）。不过，团队努力的成果可能不会积极兑现。团队运作不当，会招致消极成果，如成本上涨、压力变大、团队联动减弱 (Lussier & Achua, 2004：263 - 265)。总体而言，表 4 - 4 展现了高效团队合作的特点 (Dunphy & Bryant, 1996；Cohen & Bailey, 1997)。

表4-3　供应链团队类别

团队类型	描述
咨询委员会	这是用于设计和管理供应链协会的团队。该委员会的工作聚焦于内部行政级指导委员会、客户咨询委员会和其他供应商协会。
成本管理	致力于缩减供应链成本。
客户关系管理	致力于和客户构建良好关系，也会提供客户咨询，解决客户问题。
周期时间管理	致力于缩短供应链核心流程的时间，为客户提供更好的服务，提升内部时间规划能力。
信息系统管理	致力于规划供应链信息需求，也会推动信息系统设计。
库存管理	致力于降低库存水平，确保物料流的稳定性。通常包括采购、运营和市场部人员，来制定完善的库存流程和步骤。
谈判	致力于采购和其他运营合同的谈判。通常包括来自各个部门和职能领域的交叉培训人员，以确保谈判结果能充分体现这些人员的意向。
生产发展	致力于减少生产时间，实现产品从概念化到市场化的转变。通常包括来自各部门和职能领域的人员和客户。
供应商管理	致力于帮助供应商提升工程和制造流程。通常包括来自生产、采购和工程部门的人员。

资料来源：根据 Fawcett et al. (2005：445)、Cater and Choi(2008：166)整理而成。

表4-4　高效团队特征

高效团队特征	描述
创造力或适应力	团队能够对环境需求变动做出迅速反应，并提供解决方案；能够根据公司资源，制定创造性行动步骤，满足需求变动。
效率	团队能够通过创造性方法，实现组织既定目标，节约资源，缩减成本，提升组织整体效益。
效用	团队超额完成目标，超出客户预期。
员工满意度	员工能积极付出、保持热情，致力于满足客户目标和团队个人目标。

资料来源：根据 Schniederjans et al. (2010：112)之 Table 5 整理而成。

如何提高团队工作效率？首先，我们需要挑选合适的领导层和工作人员，对他们的角色进行准确定位。拥有高效领导力者能带领团队成员，促进实现团队整体目标。Lussier 和 Achua（2004：267）提出的相关方针，有助于提高团队效率：

- 建立信任感和期望标准。
- 确立团队优势并加以利用。
- 强调团结归属感和团队奖励。
- 识别个人需求并及时满足这些需求。
- 识别团队需求并努力满足这些需求。
- 支持团队制定决策。
- 协助团队完成工作。
- 调动并激发团队成员积极性。
- 增强团队整体实力和灵活性，以更好地应对挑战。

进行团队人员配置，我们需要对创建过程涉及的各因素有基本的理解。表 4-5 列举了团队建设基本要素。团队建设也需要综合各成员的优劣势（见表 4-6）。

表 4-5　团队建设基本要素

团队要素	描述
目标	团队需要具备共同目标，来调动各成员一起努力，完成符合目标的各项工作。
领导力	带领团队运营的领导者必须要充分理解团队的变化性，且对工作目标有深入的研究和浓厚的兴趣。
人才员工	并不是每个人都是以团队为重的，所以我们必须要着力挑选出精准把握团队目标、具有团队意识的员工。
资源	充足的信息、财务支持、时间资源等都是确保团队有所收获的关键因素。
责任	我们需要定义团队领导者和成员的角色和责任。我们需要衡量每个成员的个人和团队表现。高效团队必定是乐意合作协商的，以促进团队成功。团队有义务设立流程来定位问题和机遇，并制定具体实施方案。
沟通	交叉职能沟通对内部团队和外部职能领域或各部门而言，都是至关重要的。
考核	业绩考核需要按照时间顺序进行设立，调动员工努力促进团队成功。其中包括对各参与者的奖励设置。

表4-6　团队优势和劣势

优势	描述
交叉合作策略简介	团队可融合不同职能和部门的成员来解决问题，同时相互学习，各取所长，分享知识，互利共赢。
获取最终方案支持	团队能致力于寻求问题或事情的解决方案，这就为每位成员带来了团队归属感，进而调动公司其他成员。
增强多样性	团队可以促进不同组织不同人员共同协作，提供独特多样化视角，这是等级分明的组织难以实现的。
高效完成任务	擅长问题解决的成员可以为团队或对某个难题注入清晰思路，能比常规性公司更加高效地化解问题和难题。
提供组织性理解	团队中各成员能通过不同视角解决问题。由此，团队可以从各职能领域思考问题，从而了解公司的整体运行。
劣势	**描述**
群体思维	我们需要积极应对讨论中涌现的不利方案。有些时候，团队成员会顺着一个人的思路走（即群体思维），而人们常惧怕违背群体意见或提出异议。群体思维会导致决策失误。
无端的争执	在团队中，掌握话语权的成员可能会在小细节上争论不休，耽误项目进度，因此导致决策的制定无法按时完成。
社交游手好闲者	有时候，团队成员会在组会上闲聊，或者不作为，仅仅是踢皮球或被动听从别人的建议（即社会浮动）。这会夺走团队的社交优势，导致低效决策。
社交压力	团队成员有时候会把自己视为职能领域或部门的代表。在职能领域和部门中，来自上级或同级的压力会造成团队成员难以突破社交压力，进行准确角色定位。这有悖于团队价值，会导致团队分裂，处于对抗状态。
缺少相关环节	团队人员配置无法满足问题处理的需求。例如，如果没有关键供应商提供库存货物来解决采购难题，那"解决方案"定是不妥当的、不可行的，纯属白费力气。

资料来源：根据 Fawcett et al.(2005:447)之 Table 14.5、Flynn(2008:101-103)整理而成。

　　部分公司允许团队进行自我管理，赋予其更多自主权，从而扩大了团队职能范围。在自我管理团队（self-managed teams，SMTs）中，领导者负责推动项目进展，给予成员必要支持，而不采用传统的指令发布和控制模式。在自我管理团队中，领导者制定活动总方向和目标，各成员自行拟定决策（和落实方案）。自我管理团队的特征如下：

　　● 团队充分享有自主权来管理工作、设定目标和计划、配置人员、安排时间、检测质量并落实决策。

- 成员具有丰富的经验来避免外部管理，同时配备专家支持。
- 团队能独立和其他团队开展协作和合作，并协调自身工作。
- 团队内部具备灵活领导力，员工可以轮流担任领导者。

自我管理团队的优势如下：

- 员工需要充分参与控制任务，因此他们能自由地做出团队贡献，取得个人进步。
- 领导者有充分的时间参与新活动或策划其他活动。
- 员工有机会进行学习和发展。
- 能提升员工归属感和工作满意度。

4.3.2 导师制

基层经理可能会成为未来的中层经理或供应链高层。培养高管理层后备军，策略之一就是实施导师计划。导师计划指的是让高层经理对下属进行指导。导师制以轻松的模式促进实践教育或知识传播，并就工作、职业或专业发展向接收者（即学生）提供社会心理支持。辅导活动可以通过手机、网络、语音会议或其他技术进行沟通，也可以是知识或经验更加丰富的人员（导师）和相对欠缺的人员（学生）进行长期的面对面沟通。

Roach（2011）坚信导师能引导学生认清工作中所遇到的挑战。他们提供了新想法，避免错误再度发生，规避常见纰漏。导师会为学生提供充分的机会，在一个安全可信的环境中进行充分的思想交流。Roach 提出，成功的导师制应该具备下列特征：

- 该计划面向全员。
- 师徒关系预期效果应为全体人员充分理解。
- 导师应接受辅导培训，具备相关知识。
- 应该具有灵活的辅导任务模式。
- 应该充分确保参与人员交流的保密性和整体性。
- 设定量化目标，监测频繁化。

● 使用技术手段确保沟通的持续性、有序性和密切性。

导师制不仅能在必要时为员工提供充足的培训，还能提高员工留存率，减少人员调配需求（Roach，2011）。

4.4 供应链领导的管理

高层经理应该发挥领导力并指导供应链活动和项目活动，对员工进行管理和引导。本节讨论的话题包括供应链部门的领导力风格、发展障碍以及评估变化。

4.4.1 领导风格和障碍

领导力属于组织内部范畴。如果在一个组织中没有跟随者，就不存在领导力。领导力可以引导组织内成员，通过系列举措，可实现领导力具体目标。领导力包括创建社会结构（即：传统的分层是领导位于顶层）。有些经理利用领导力风格，采用不同的方式来引导组织发展。诸多学者对领导力风格从事大量研究（即：收集领导力模型和实施方法），表 4-7 归纳了研究的共同特征。这些风格可以作为（也常常作为）实施组织内领导力的模型。

表 4-7 领导力风格

领导力风格	描述
角色模型	领导的形象应该成为其他成员效仿的榜样。
激情和自我牺牲	领导者应该展现领导热情，表现出超凡的自我牺牲意愿，实现组织目标。
选择性动机唤醒	领导者可以挑选特定员工动机，调动他们对成功的渴求。
鼓舞性沟通	领导者在沟通过程中，要常常鼓励员工，或促进双向交流。
外部代表	领导者代表公司同其他公司和供应链合作商进行商谈。
形象构建	领导者需要时刻管理自我形象，如他们的能力、可信度以及通过个人形象向员工传输信赖感等。
框架调整	领导者应该与员工统一兴趣、价值和信念。
愿景	领导者应该基于个人坚定的价值观念，阐述理想愿景。

资料来源：根据 House and Podsakoff(1994:58-64)整理而成。

践行领导力风格并不简单。总会出现不同的障碍阻挠供应链经理更好地践行自身职责。除了外部因素（如组织资源的局限性），领导自身也会存在受限因素。表 4-8 描述了一些领导力的自我受限因素。这些行为应该是可以规避的。

表 4-8 领导力自我受限因素	
领导力自我受限因素	描述
坚持快速决策	寻求并依赖于快速解决方案并不是良好的领导力表现，通常不利于员工学习和问题的切实解决。在多种情况下，这对长期发展只起到了缝缝补补的作用。领导者不该期望快速解决办法，或觊觎这种结果，或者是被迫妥协于快速解决方案。
过度依赖简单方法	使用陈旧的或简单的方法，不再适用于解决现今问题，因为现今问题更加复杂了。旧法现用，是个失败的方法。供应链是复杂的、相互联结的、高度融合的。领导者应该将供应链视作一个复杂系统，需要复杂的方法加以处理解决。此外，他们应该认识到，再简单的方法也可能会在供应链中激起层层涟漪。预测总有偏差，靠谱的领导者须深知这一点。
不知变通	能力不足、不知变通的领导者，难以应对变化。通过标准作业程序来处理各种新旧政策未覆盖全面的供应链难题，不能实现问题最优化处理。这反而会引发混乱，使信任缺失、领导权威性折损。
缺乏钻研精神	那些未对现存领导力开展研究的领导者，难以在工作中提升竞争力。公司不能解决问题的原因常常在于不知道通过专业机构研究或学术研究来寻求办法。针对公司问题或领导力的相关研究均可通过网络获得。诸多领导者，因不知对现有研究加以利用，尚未习得有利于化解难题的新思路和方法。
缺乏领导力支持	为了在公司构建领导力，所有经理需要支持公司发展和应用。这种帮助来自行政管理层、中层管理者、工厂经理、总经理、工厂生产经理、工厂生产主管或厂线主管。

资料来源：根据 Schniederjans et al.（2010:114-115）之 Table 6 整理而成。

4.4.2 供应链部门主要评估变化

供应链运营环境是稳定的，和当今快速变动的需求不匹配。许多经理积极发展组织战略以促进供应链变化，实现公司发展。且他们认为公司需要不断发展，以适应瞬息万变的市场变动。

供应链及其部门需要不断变动并演化，以适应快速变动的需求。领导

力的演化是应对变化的良策。Arnseth（2011a）提出，成功的领导力演化
需要包括创新导向、表现成果导向、客户中心导向和外交导向。创新导
向，指对公司商业模式相关的组织活动进行内外部持续性再校验，也需供
应商在践行各自职责时，不断提高创造力。表现成果导向，指实现最终目
标，而非合约规定的成本目标。供应管理应该注重事物价值（例如，同制
造商合作的供应商应该利用可替代物料或优质材料，制定低成本生产方
式）而非局限于价格。客户中心导向，指供应链应该更贴合客户网络，为
个体客户提供服务。像沃尔玛这种客户，其首要重心在于降低客户成本策
略，供应链也应该针对这个特性聚焦低成本。外交导向，指通过谈判技
巧，获得优势条件或找到双方可接受的措施来共同应对问题。公司发展离
不开长期性供应商。在寻求长期合作的谈判过程中，公司成员应体现出礼
貌仪态，表现得不那么针锋相对，这是外交方式之一。尽管短期供应链伙
伴双方也许不需要参考这种谈判模式，但以长期发展的眼光来看，一家公
司无法确定潜在的长期合作关系。因此，我们对所有供应商实行礼貌性外
交策略，不失为一个良策。

4.5　供应链监测和控制的管理

　　单单设立组织供应链目标是不够的。经理需要自觉指导目标的实施，
并加以管控。本节讨论的话题包括建立内部监测和控制系统，以及监测外
部市场需求。

4.5.1　建立内部监测和控制系统

　　监测管理指设定合适的供应链指标，追踪系统表现，进行管理汇报。
控制管理指基于指定指标，确保供应链合规性，以定位供应链合规的正确
方向。上述均是供应链指标设定的重要功能。

　　供应链指标相关的研究是丰富的，且具有组织特性。供应链指标依据
供应链网络不同层级和地区进行划分。部分指标的评估是为了更好地控制

财产、成本、客户服务、生产力和质量。表 4-9 描述了部分供应链业绩指标。

表 4-9　供应链业绩指标

管理指标类型	举例
财产	库存周转次数、库存等级、库存供应时长、废弃库存、净资产、投资回报。
成本	总成本、单位成本、单个销售点成本、出关入关海运成本、延期交货成本、货物损坏成本、服务失败成本、订单退回成本、实际预算成本、行政成本。
客户服务	配送稳定性、延期交货时间、按时配送、海运错误、客户抱怨、订单完成、缺货、填充率、总满意度、总信赖度。
生产力	各劳工发货单位、单位劳动美元、订单生产率、库存劳动力生产力、运输劳动力生产力、生产力指数。
质量	信用投诉数、客户退回数、分拣准确性、订单准确度。

资料来源:根据 Bowersox et al. (2007:378)之 Table 16.1 整理而成。

使用矩阵图时,我们需要建立监测和控制系统。同供应链一样,它们都是独特的,这些系统需要根据各组织目标进行定制化设计。为了帮助组织规划监测和控制系统,我们需要专业的咨询师。也会有许多从事制定监测和控制系统的专业公司。例如,发起组织委员会(committee of sponsoring organizations,COSO)提供了不少完整的框架,来指导企业风险管理和内部管控造假。该组织的目标是提升所有公司表现力和管理能力,同时减少组织造假情况(www. coso. org/aboutus. htm)。

基于这个框架,COSO 提出,高效监测可以通过下述途径实现:

● 构建监测基础,包括对上级管理层提供或寻求支持,对组织结构进行调整,形成内部高效管理。

● 设计并执行监测程序,评估组织目标面临的风险性信息。

● 评估结果,并将其汇报至合适的机构。

COSO 的框架制定,依照行政需求,制定出公司管理的有效方法,帮助实现公司的各类目标,包括运营、报告、合规目标。这个框架被广泛用作美国公司内部控制框架,也为世界各地多家公司所采用。COSO 框架提出了五大要素，可用于有效监测和控制系统，加强供应链管理，包括：

- 构建管理环境基础，引导系统纪律，规范结构。
- 风险评估，包括识别和分析实现既定目标面临的风险。
- 监测控制活动，包括用目标实现政策、流程和实践活动，以及风险缓解策略。
- 监测员工协作沟通，确保员工能各司其职。
- 借助外部团队，对公司内部团队实行客观监测。

鉴于近期美国政府的立法，有些人开始质疑 COSO 系统的实用性（Shaw，2006）。不过，我们应该承认该框架符合实施监测和控制系统的理想状态。

4.5.2　监测外部市场需求

对上下游外部供应链伙伴进行监测，除了参考指标，我们也可以求助更复杂的手段。尤其是当我们要评估客户需求及其对整条供应链的作用时，更加需要采用多样化手段。监测客户需求有利于减少供应链浪费，提高整体效益。

在产品生命周期初始期（见第 1 章），当需求开始增长时，产品一旦被市场淘汰，就会伴随着需求骤降的风险。相应地，在产品生命周期的成长期，需求也是浮动不定的。为了对这些情况进行有效管理，我们需要收集市场情报（Mullan，2011）。市场信息（market intelligence，MI）包括采集和分析公司市场信息，以定位机会，制定长久策略，并满足客户需求。市场信息尽管并不是一种新的商业方法，但尚未在供应链管理中斩获全面认可。表 4 - 10 描述了市场信息可应用的领域，以支持供应链决策制定和评估。

表 4 - 10　供应链市场信息分析应用领域

市场信息分析应用领域	描述
供应市场分析	收集产品供需信息，包括产业结构、盈利率及其他产品或服务可预测的趋势。这应该包括可能影响供应链的全部市场和参与者的信息。此外，市场信息可用于供应链各类商品，以收集产品或服务潜在变动的信息，监测市场取代风险和政治风险。

续前表

市场信息分析应用领域	描述
必要成本模型	必要成本模型可以对公司的产品成本和产业标准进行对比。必要成本模型的市场信息指商品详情，主要是依赖私人或公开渠道的外部信息。此外，我们也应分析核心成本推动力，包括基础原材料和商品（如劳动力、金属等）。理解一家公司产品和服务的成本动力因素有助于发掘供应链管理项目的关键要素（如寻求供应链中采购成本较低的项目）。
供应商评估	通过收集多方渠道信息（如公众、供应商的合约信息、新公司、政府代理），能够评估供应商实力。具体方法可能包括同供应商签订常规性合同来及时收集信息。该信息有助于判定供应商实力，更好地为公司提供服务。这些信息也能从二级或三级供应商处获得。

资料来源：根据 Mullan(2011:24)整理而成。

Mullan（2011）建议，可从四大领域收集市场信息，并管理供应链，包括：供应市场分析、品类和商品情报、供应商业务表现以及财务风险管理。除了提供产品消费和价格预测规划信息，市场分析也有助于经理更好地判定能力波动对客户价格和产品的影响，也有助于预测供应链原材料市场和汇率发展趋势。

产品品类和商品情报信息可以定位品类成本动因、商品必要成本模型、市场通货膨胀和紧缩趋势，有助于催生产品规划决策。市场信息能力的一个重要特征就是能对产品生命周期进行定位，进而推动总产品和供应链网络规划。

市场信息对上游供应商的管理作用还包括它能获取供应商的财务稳定性和公司业务水平方面的信息。市场信息可以识别出供应商是否有充足的能力来应对需求波动，满足下游供应商和制造商的需求扩张。这有助于制造商同上游供应商协作时更好地管控风险。

4.6　未来走向

在过去几年，许多国家面临经济衰退的状况，因此各企业加强了供应链管控。事实证明，在不久的将来，管控会愈加严苛（"Globalization and …"，2011）。例如，许多公司为了压缩成本，纷纷采用外包战略来降低生产成本。为了应对现状，公司建立了长期多样的供应链网络。这也向供应链经理提出了更艰巨的挑战。目前，还没有学者探讨这些挑战。阿伯丁集团（"Globalization and …"，2011）发表的供应链经理调查结果显示，外部供应链伙伴的管理和协作成了 2015 年的关键成功因素。为了更好地处理管控问题，公司应联结客户并结合多方需求，加深对双重角色的了解。角色之一是为相关方和经理提供信息，帮助他们更好地监测和控制供应链及其他运营活动。货物和服务的运营活动始于上游，流通至一级、二级甚至三级供应商，而手机和其他通信技术的进步利于公司监测此类活动。例如，类似于美国邮局或联合包裹服务（United Parcel Service，UPS）的客户订单追踪系统，不仅能为客户提供信息，也能监测第三方物流（third-party logistics，3PL）的供应链表现。

其他研究也提出，加强对供应链各元素的管控至关重要。KPMG 国际公司（www.kpmg.com/）提出，随着世界范围内设计中心的增长和研发设计活动的开展，我们亟须更好地管理和控制研发设计功能（"Globalization and …"，2011）。倘若管理失效，可能会引发各政府间的税收博弈。为了加强成本进行控制，学者们提出了成本控制的两个方法：（1）加强同供应商的密切合作；（2）巩固运营点建设。Miller（2012）预测了控制整合趋势，得出部分供应链工厂方（如库存）正处于脆弱态势。这种脆弱性源自缺乏对供应链活动的可视化分析。学者建议，可视化能力不足的公司应致力于构建供应链指令和控制的中心化系统。

第 5 章

社会、道德和法律要素

Social, Ethical, and Legal Considerations

术　语

判决

替代性纠纷解决措施（ADR）

仲裁

行贿

企业在社区中的企业责任指数

《商事法》（Business Law）

《加州供应链透明度法案》

《商法》（Commercial Law）

普通法

1996 年《建筑法》

《公司法》

企业社会责任（CSR）

CRO 杂志最佳企业公民

诽谤

ECPI 道德指数

伦理研究所

公平工厂票据交换所（FFC）

公平工厂票据交换所（FFC）数据库

富时社会责任指数（FTSE4Good）

全球环境管理倡议（GEMI）

信息与通信技术（ICT）

　供应商自我评估

《代理法》

调解

调解人

上市公司会计监督委员会（PCAOB）

《萨班斯-奥克斯利法案》

社会责任国际（SAI）

社会责任国际（SAI）SA8 工具

社会责任成熟度指标

供应管理的可持续性和社会责任：

　评估要素和标准

《统一商法典》（UCC）

全球最具商业道德企业出版物

故事概述

▶▶▶▶▶▶▶▶

尽管你试图遵循政府的每一项要求，但在他国从事商业活动时很容易违背该国法律。外国供应商可能会试图通过多样化途径敛财，让人难以辨识（更别说预防了）。尽管政府以有悖道义的名义对此加以阻拦，但落网之鱼在所难免，这也滋生了那些根深蒂固的劣行。

在一个美妙的周五下午，整个工作周我都忙于应付供应链事务，感到身心俱疲。下午三点半，供应链部门主管乔伊（Choi）给我打了个电话，他是佩德罗的下属，佩德罗是大型引擎部门的运营副总裁。通常来讲，乔伊会直接和佩德罗进行沟通，但是目前佩德罗正在休假。乔伊发现了一个中国供应商身上的问题，并意识到应该向供应链管理层汇报此问题。恰好我和乔伊关系不错，也对彼此十分熟悉。

乔伊在电话里说："比尔，很抱歉打扰你，因为佩德罗不在城里，我也联系不到他。因此，我觉得我必须要跟你说一下我们在中国的第三方物流供应商组织。如你所知，我们在中国跟一家第三方物流公司合作，通过他们的供应链来获取大型引擎生产所需的零部件。去年，双方开展了良好合作，实现了互利共赢。我们也十分重视公司在中国的终端供应链，也为此付出了巨大努力。就连我们支付给他们的服务费，他们也给予我们相较国内 25% 的折扣。可以说，我们对他们的物流服务是很满意的。"

我问道："乔伊，这听起来很棒，所以问题是什么？"

乔伊接着说："近期，我前往了他们的工厂和部门供应商工厂进行考察，以确保他们能严控质量，并且具备充足的实力储备来应对客户急增的需求。这趟出差，我发现尽管我们的第三方物流给了我们 25% 的折扣，但是他们的供应商还是会给他们 5% 的现金回扣。换言之，我们应该拿 30% 的折扣才对。我们为他们提供的服务支付了很高的报酬，但是他们也从回扣中获利。现在我才明白，在中国的一些行业，吃回扣是很正常的，但这是不道德的。而公司董事会特意组建了道德反应小组来辨别和根除那些不道德的行为，因此我希望高层能知道此事，以便于我们有针对性地制定解决方案。"

> 我回答道："乔伊，你做得很对。总有人想要谋取私利。这种不道德的行为并不只在中国才有，而是在世界各地上演，包括美国和欧洲。我们公司内有一个采购代理就被检举吃回扣了。我们因此辞退了他。"
>
> 乔伊说："比尔，那我们现在该怎么做呢？我不希望自己的部门牵扯其中，陷入这起国际回扣案例。"
>
> 我推测道："乔伊，你已经完成了自己的汇报工作，具体措施要交给其他人进行决定。我建议你先找到其他第三方物流公司，这样便于我们短期内完成业务转移。当然，选择新的第三方物流公司需要牢牢吸取前者经验教训，严禁吃回扣现象再发生。我让你做的事情，我也会传达给佩德罗，这样也便于他身处其中更好地进行支持。若是最后确认了变更供应商，佩德罗会和我、你一块来落实这件事情。长期来看，我们会在中国构建自己的第三方物流，并派遣自己的员工去那儿把关。当然，这种运营模式肯定不会像使用当地人那样受欢迎、接地气；但为了剔除贿赂和其他不道德行为，尽管此举稍有不便，公司仍可以通过其在开展中国业务时保持优势地位，这是符合道义的。随着时间的流逝，我们的人员也能更好地为当地人所接受，发展更亲密的关系，有助于日后协调合作价格。"

5.1 必读材料

这部分适用于经验不足的供应链学生，他们常具备基础知识，并掌握了基本术语，但是缺乏实战经验。经验充足的供应链高层和经理可以跳过这部分内容，但也可以选择阅读，进行基础知识回顾。

企业社会责任（corporate social responsibility，CSR）由 Svendsen 等（2001）出版的书籍定义，其含义为"一家公司对社会和环境的积极影响，包括运营、产品或服务，以及同核心方比如员工、客户、投资者、社区和供应商的互动关系"。诸多商业组织坚信政府应该对公司的环境表现进行调控；其他人更偏向于设立灵活性自主标准。越来越多的客户要求公司提供一项更加完善的环境保障，促使供应商、制造商和分销商负责任地采取行动。相应地，供应商和制造商试图产出更多环境友好型产品，建立可持续网络系统，实现了节能减排，也提高了客户声誉。

CSR 项目首要目标是推动公司行为既符合道德规范，又遵守法律规则。商业组织的各个成员都需要明白，只有符合道德的行为才能吸引客户，规避相关法律问题如污染和环境浪费。然而，一个 CSR 项目有时会导致铺张浪费，而高昂的价格并不能吸引客户。统一公司道德行为标准和避免 CSR 成本浪费，在一定程度上受控于政府规则。不幸的是，政府规则常设置低门槛来控制不道德的商业行为，而政府规则恰恰是引导正确行为的重要因素，也能推动一家公司朝着更高的道德目标发展。一家好的公司应该主动规范自身道德行为，这不仅能规避违法行为，同时也能向股东彰显自身在商业运营中的道德价值。

表 5-1 描述了一些与供应链管理相关的法律和法案，这些是所有供应链管理者需掌握的基础法律知识。从狭义上讲，供应管理协会提出，适用于供应链管理的法律关注的主要道德问题包括以下几个方面：

● 诽谤，也称作污蔑，包括口头诽谤（用于临时话语）和文字诽谤（用于字面、广播或公共出版物），指的是言论变为事实的沟通方式，常会给某个人或事（比如说产品、品牌名称和公司）留下消极印象。例如，一个供应商可能刻意向买家传递竞品供应商不能按时发货的信息，而事实上他们没有充分的证据加以证明。

● 蔑视，指错误地暗示与个人、组织、信仰或国家象征的联系，使其遭受鄙视或名誉受损。例如，一个供应商可能对另一个供应商的品牌质量做出错误评价。

● 贿赂是腐败的一种形式，指通过送金钱或礼物，对收礼者施加影响的行为。贿赂可能成为一种犯罪行为，例如提供、给予、接受或招致任何有价值的物品，使肩负法律责任的相关人员或个人出现渎职行为。例如，当采购代理和公司达成独立代理任务时，可能出现采购代理从供应商处牟取回扣的不良现象。（Carter & Choi，2008：266）

表5-1 影响供应链运营常见的立法和法案

立法和法案类别	描述
《普通法》 (Common Law)	该法律由法官在法庭上的裁决形成，而非通过立法法规或行政部门形成。同供应链管理相关的《普通法》便是《合同法》，主要适用于关于美国境内地产和服务的案例。《普通法》为合同拟定奠定了法律基础，构成了采购的支柱。
《商法》 (Commercial Law)	该法也被称作《商事法》或《公司法》，《商法》协调管理商业和商业交易。其包含管理委托人和代理人之间关系的法律，海陆运输，商业运输，担保，海上、火灾、人寿和意外保险，汇票和合作伙伴关系，公司合同，雇佣惯例，客户货物的制造和销售。
《统一商法典》 [Uniform Commercial Code (UCC) Act]	这是通用法案的一种，力求平衡全美50个州的销售法和其他商业交易。UCC首要聚焦交易，包括个人财产（流动财产）而非地产（固定财产）。UCC实现了全美商业法统一的目标，但同时也给予各州充分的灵活度，各州可根据UCC内容因地制宜实施法案。
《萨班斯-奥克斯利法案》 (Sarbanes-Oxley Act)	该法案对全美上市公司董事会、管理层和上市会计师事务所设立了新的或强化的标准。该法实施于2002年，用来应对系列重大公司和会计师事务所发生的丑闻，这些丑闻对美国公司纪律造成了恶劣影响。该法并不适用于私立公司和那些具有额外公司董事责任或刑法相关的公司。它创建了一种新的准公共机构，即上市公司会计监督委员会（Public Company Accounting Oversight Board，PCAOB），负责监管、控制、调查和规范会计师事务所作为上市公司审计师的行为。这个法案也包含了审计师独立性、公司治理、内部控制测评等问题，同时要求加强财务公开。
《商业限制法》 (Restraint-of-trade acts)	指的是利于确保公平竞争和维护自由市场理论的活动。在美国，四大主要法案解决了商业限制问题，这四大法案是：《联邦贸易委员会法案》（*Federal Trade Commission Act*，http://en.wikipedia.org/wiki/Federal _ Trade _ Commission _ Act），《谢尔曼反托拉斯法》（*Sherman Antitrust Act*，http://en.wikipedia.org/wiki.Sherman _ Antitrust _ Act），《鲁宾逊-帕特曼法》（*Robinson-Patman Act*，http://en.wikipedia.org/wiki/Robinson-Patman _ Act）和《克莱顿法》（*Clayton Act*，http://en.wikipedia.org/wiki/Clayton _ Act）。

资料来源：根据 Carter and Choi(2008:278-282)整理而成。

供应商就像是各自买家或供应链客户的代理。《商法》中的代理法处理了这种关系，因此一方（代理）被授予权力来代表另一方（甲方）行使职责。甲方授权代理以其名义开展工作，而代理需要代表甲方进行沟通（http://en.wikipedia.org/wiki/Law _ of _ agency）。《代理法》是管理采购受贿的法律基础。

5.2　道德供应管理指导的原则和标准

"我们坚持高度统一，并严格遵守社会道德，开展运营活动。"

——供应链管理专业委员会价值陈述（来自 CSCMP 网站：http://cscmp. org/aboutcscmp/inside/mission-goals. asp）

两个道德导向的供应链管理专业组织包括供应链管理专业委员会（CSCMP）和供应管理协会（ISM）。这些组织提出了道德观念、准则和行为培训。它们对供应链经理提出了具体要求，包括充分掌握全面的社会责任和道德标准相关知识。

ISM 提出的道德行为倡议基于三大准则：决策和行为的统一性、供应链员工需要尊重上级、秉持对供应链专业化的忠诚度（详见 www. ism. ws/tools/content. cfm？ItemNumber＝4740&navItemNumber＝15959）。基于这些准则，ISM 建立了一套供应管理行为标准（见表 5-2）。这些标准为供应链组织提供了全面的指南，便于其更好地采用合适的标准。此外，ISM 也提供了培训课程（www. Ismknowledgecenter. ws/KC/course. cfm）、调研（www. ism. ws/files/SR/capsArticle_PurchasingsContribution. pdf）、出版物（www. ism. ws/pubs/journalscm/index. cfm？navItemNumber＝5474）和教材（Carter & Choi，2008），以推动相关项目的发展。

表5-2　适用于供应管理行为的 ISM 标准

标准	描述
被察觉的不当行为	避免交往、行动和交流中出现不道德或妥协性行为。
利益冲突	避免任何有悖于雇主法律权益的私人、商业或其他活动。
影响	避免任何给供应链决策带来（或可能造成）消极影响的行为。
雇主责任	雇主代理应该严格运用由雇主授权的各项权利、履行责任，并尽可能提高雇主价值。
供应商和客户关系	发展积极的供应商和客户关系。
可持续性和社会责任	鼓励社会责任和供应管理的可持续性实践。

续前表

标准	描述
所有权信息	寻求保护隐私和组织所有权信息。
互惠	规避不当互惠关系或合同。
法律、规则和贸易合约	学习并遵守供应管理的法律、规则和贸易协定。
专业能力	发展技能、扩充知识、进行商业指导，以展现实力并促进供应链专业化管理。

资料来源：整理自 ISM Website：www. ism. wa/tools/content. cfm？ ItemNumber ＝ 4740&navltemNumber＝15959. Retrieved October 27，2011。

5.3 社会责任原则

ISM 深知供应专业化对供应链的重要性，希望通过吸引政府或非政府组织供应链委员会、董事会和代表团的参与，来鼓励社会责任的践行。从管理者的角度出发，供应链员工应该充分融入公司商业策略、政策和流程，更好地落实社会责任。

ISM 将可持续性原则（详见第 6 章"可持续供应链"）与社会责任相结合（www. ism. ws/SR/content. cfm？ ItemNumber＝18497&navItemNumber＝ 18499）。表 5 – 3 展现的不同社会责任原则是公司之本，各公司的社会责任原则具有特殊性。

表 5 - 3　ISM 社会责任原则

社会责任原则	描述
商业行为	寻找指导供应链活动的伦理哲学。本质上而言，道德行为是一个关键因素，能影响个人、供应商和政府相关方。
社区活动	支持社区社会责任。
多样性和包容性	以供应为主，提升外包流程和决策制定的多样性和包容性。对劳动力而言，通过扩大多样性和包容性以吸引员工留存，支持公司在多元背景、多样习俗、不同社区的业务运营。
财务责任	套用财政概念来完成资金配置、精准报告和风险管理。
健康和安全	制定流程措施来保护相关方利益，规避受伤、危险、失败、失误、意外、损害或损失。
人权	不分地域保障人权或公司合法地位。

资料来源：整理自 ISM website：www. ism. ws/SR/content. cfm？ ItemNumber ＝ 18497&nalvtemNumber＝18499. Retrieved October 27，2011。

5.4 社会责任绩效考评

这包括为落实社会责任制定相关原则，同时也需要确保这些原则的落实。部分公司通过整合外部信息资源来判定社会责任计划是否奏效。例如，CRO 杂志（www. thecro. com/contet/cr-announces-100-best-corporate-citizens-list）每年会公布最佳企业公民名单，表扬那些提供良好的企业公民权利的公司。出现在这本杂志上也被视作公司在相应领域社会责任地位的一种荣誉认可。道德村协会（Ethisphere Institute，致力于优化道德、企业社会责任和反腐败运动）获得了 200 多个企业的支持。同时，其出版了一份享誉全球的刊物，该期刊就各公司在各自领域所践行的社会责任和道德行为进行排名，公布"全球最具商业道德企业"榜单（http：//ethisphere. com/）。

为了协助社会责任计划落地，我们可以采用不同的绩效指标（见表 5 - 4）。这些指标均能反映出生动有趣的信息，帮助结果导向型企业改进日常工作，更好地践行社会责任。

表 5 - 4　社会责任绩效指标

指标	描述
企业责任指数	用来对企业责任表现进行标记。这个指数有利于内部融合，企业可以通过管理、测量和汇报商业对社会环境的影响，在运营过程中更好地履行社会责任。(http：//www. bitc. org. uk/cr ＿ index/)
富时社会责任指数（FTSE4Good）	可用来识别 FTSE 全球资产系列的日本公司，这些公司努力践行企业社会责任标准，发展同利益相关者的良好关系，支持并维护普世人权。(www. ftse. com/Indices/FTSE4Good ＿ Index ＿ Series/index. jsp)
ECPI 道德指数	通过主流量化财务分析法，对环境、社会和管控开展调查。
道德村协会	基于公司道德实践，划定不同等级。(http：//ethisphere. com/)

资料来源：整理自 ISM Website：www. ism. ws/SR/content. cfm？ ItemNumber＝16738&navltemNumber ＝ 16739；www. ism. ws/SR/content. cfm？ ItemNumber ＝ 4755&navltemNumber ＝ 5511. Retrieved on October 27，2011。

表 5 - 4 中的指标体现了一家公司为践行社会责任所需付出的努力，但社会责任计划的管理需要我们持续性把控项目进度。办法之一是通过纳入审计流程，及时反馈经理和个人在特定领域的社会责任。表 5 - 5 截取

了针对社会责任热门的审计方法。

表 5-5　社会责任审计方法

审计方法	描述（网址）
供应管理的可持续性和社会责任：评估要素和标准	一个自我评估指南，主要调查员工如何就社会责任概念和供应网络来决定自身现状。（www. ism. ws/Files/SR/Assessment. pdf）
社会责任成熟度指标	一种量化分析工具，用来测评企业社会责任的现状。其能对企业社会责任目标的实现过程进行审计。（www. ism. ws/files/SR/SRMatric. xls）
公平工厂票据交换所（Fair Factories Clearinghouse，FFC）数据库	FFC 是一个非营利组织，通过共享工厂审计信息来实现合规性。其目标是提供低成本网站信息，推动发展买方采购能力。为达成该目标，FFC 提供了一个安全的全球信息库，来维系工厂合规审计信息，使零售商和客户品牌能获取工厂现状信息。该系统推动了公司信息的共享，同时也保护了公司信息的机密性。（www. fairfactories. org/）
全球环境管理倡议（Global Environmental Management Initiative，GEMI）	这是一套全面的交互工具和策略，旨在通过商业促进全球环境、健康、安全的卓越化。其网站设有一个论坛，用来促进企业领导团结一致地工作，通过活动促进相互学习，与同行进行基准测试，创造共享新工具。（www. gemi. org/）
信息与通信技术（Information and Communications Technology，ICT）供应商自我评估	通过这种自我评估工具，公司能更好地介绍社会和环境期望，开展供应链的工厂层级的管理。该工具包括多项选择问卷筛选工具，有助于识别劳动力、道德、健康、安全或环境问题，并对此进行深入测评。（www. gesi. org/Questionner. htm）
社会责任国际（Social Accountability International，SAI）SA8 工具	SAI 是美国非营利组织，致力于推动社会责任标准的发展、实施和监管。它们发展完善了国际工作场所标准、SA8、相关 SA8 认证系统，改善了工作环境和工厂环境。企业也可以借助 SA8 工具将这些准则应用于实践工作场合。SA8 包括八个核心要素：健康和安全、工作时间、童工、强迫劳动、歧视、结社自由和集体谈判、薪资、纪律。其可用于监测第三方供应商的工作流程。（www. sa-intl. org/index. cfm? & stopRedirect = 1）

资料来源：整理自 ISM Website：www. ism. ws/SR/content. cfm? ItemNumber = 4755&navItemNumber=5511. Retrieved on October 27，2011。

5.5　其他社会、道德和法律话题

5.5.1　立法：《加州供应链透明度法案》

《加州供应链透明度法案》（California Transparency in Supply Chains

Act）要求各公司公开披露在供应链上是否存在强制劳动力和人口非法交易问题。该法案于 2010 年通过，2012 年开始实施，用以解决人口非法交易涉及的人权问题。该法案基于公司的社会责任预期，以此来评估和解决那些有损人权的活动。为了支持该法案，联合国人权理事会（UN Human Rights Council）于 2011 年通过了《商业和人权指导原则》（*Guiding Principles on Business and Human Rights*）。

《加州供应链透明度法案》限制了加利福尼亚州公司的运行，这些公司年均收益高达一亿美元。该法案也适用于各零售商。只要这些零售商在加利福尼亚州的销售额不低于 500 美元，或至少占总销售额的 25%，也需要履行该法案。

该法案要求各公司在网站上发布一张清单，需包括下列信息：

● 评估和解决供应链的非法人口交易和强制劳动力问题。

● 从供应商处获得声明，证明产品原材料符合法案或所在地其他法律规定。

● 指导供应商开展审计工作，评估公司是否遵守法案要求。

● 保持员工和合同方的责任标准和流程标准。

● 培训员工和经理，减少人口非法交易和强制劳工风险。

目前，政府正在规划相似的联邦立法，因此相关供应链经理应该尽早履行相应责任。Altschuller（2011）提出供应链组织应实施下列步骤，以配合立法行动：

● 评估强制劳工和人口非法交易相关的供应链风险（如产品消费风险、服务风险、供应商活动风险等），以识别潜在问题。

● 评估内部组织策略和标准，严禁强制劳动力和人口非法交易，推动合规进程。

● 评估外部组织供应链伙伴（上游和下游）的组织策略和标准，严禁强制劳工和人口非法交易，推动合规进程。

● 评估审计流程，决定是否需要独立的社会合规审计。该步骤应该充分考虑供应链的特性和范围、运营中强制劳工和人口非法交易风险以及现存的审计流程是否能确保合规。

- 评估责任结构，确保员工和合作商充分践行合规工作。
- 评估培训项目，支持合规活动。

该法案要求信息公开化，使客户能更好地做出公司相关的采购决策。客户至上的公司需要付诸额外努力，以更好地践行法案，形成客户竞争优势。

5.5.2 替代诉讼的方法

任何合同的履行都伴随着风险。多数采购员和供应商的合同能顺利履行，但有时也会出现法律问题，需要进行法律修正。诉讼是最常见的手段，用来化解法律问题，也是解决多方争端的好办法。不过，法律和法庭的活动常常耗费了大量成本，有时也会对名誉造成巨大的损害，给商业关系带来不利影响。更糟糕的是，许多合同并没有对争端解决流程做出具体规定。问题浮现时，合同双方只能面面相觑，不知所措。

Evans（2011）等学者提出，调解、仲裁及判决等替代性纠纷解决措施（alternative dispute resolution，ADR），为诉讼提供了有效的备选方案（见表 5-6）。ADR 流程存在于如印度、澳大利亚和美国等多国，并持续在发展和实践中发挥出领导力作用。

表 5-6　**替代性纠纷解决措施**

替代性纠纷解决措施	描述	核心点或特征
调解	第三方、调节方作为推动者。该措施促使各方相互协调，共同商议问题。有些调解人会就公平合理的解决方案提出看法，但唯有获得全员认可，该调解人方可进行评估。	调解补充了普通协商缺失的结构、时间线和多变性。 调解过程是私人化和保密的。 调解人是关键要素。 调解是非强制性的。 调解时各方签署的应对纠纷的协议，也许会对各方产生约束力。 调解人必须具备客观性。 纠纷方可以在纠纷发生时邀请调解人，如商业、法律、外交、工作场合、社区和家庭事务。

续前表

替代性纠纷解决措施	描述	核心点或特征
仲裁	获得纠纷方同意，或立法批准后，该步骤通过客观的仲裁人来解决争端纠纷，进行最终判决和约束。	常常用来解决商业纠纷，尤其是国际商业交易问题。 常用于客户和雇佣问题。通常在这些问题中，雇佣或商业合同强制规定了仲裁手段。 可以是自愿的或是强制的。 同调解最大的区别在于，一个调解人致力于帮助各方各退一步，形成妥协，找到折中妥协点。而（非强制的）仲裁方完全独立于纠纷问题，仅提供责任划分决议（即：在某些情境下，指明需要支付的赔偿费用）。
判决	在这个法律流程中，仲裁人或法官会评估由被告人和当事人提供的证据和论断，包括法律原因陈述等，由此做出最终决定，宣判双方的权利和义务。	是一个快捷的寻求解决方案的步骤。 可能被仲裁和诉讼推翻。

资料来源：根据 Evans(2011)整理而成。

　　ADR 使得双方在纠纷解决过程中既能保持商业关系又能保持控制权，尽管存在这些分歧，但仍能保证业务的正常进行。国际合同常常发生在不同国家间，增加了法律判决的难度。因此，仲裁对国际事务而言尤其重要。对那些具备相关领域和学科技术知识的人来讲，仲裁也十分关键。例如，在伦敦发生的一起国际仲裁案例中，仲裁员可以是来自世界各地的，也可以由双方对其履历和专业度进行评估，从而确定仲裁员名单。此外，仲裁比法庭更加灵活，获得了与时俱进的理论支持，因而更加高效低耗。

　　在过去 15 至 20 年间，调解已飞速发展成了一种有效解决纠纷的方式。正如 Evans（2011）所言，调解能快速找到解决方案，并且低价高效，通常成功率高于 80%。通过调解，各方达成一致意见，维持了稳定的合作关系。该方法着眼于各方利益，而非各自法律权益。由此，其他因素如商业压力，也能纳入考虑范畴。

　　判决常用于建筑业，由于其回应速度快，因此很受欢迎。协调人常是相关工业的行家，如建筑师、调研人或工程师。1996 年，美国颁布的

《建筑法》（Construction Act）也在建筑合同中增添了强制判决的选项。尽管仲裁或诉讼机构可以推翻这个结果，但这仍是一项经济型举措，能在最短时间内解决长期存在的建筑或项目纠纷，包括供应链项目纠纷。

ADR 在支持和建立长期关系上具有很高的价值，这是采购的关键成功因素。我们可以把 ADR 纳入合同，由此建立起一个完整框架，搭建起更优质的问题处理机制。当然，对于单个合同而言，争端解决条例需要匹配合同需求，且不同组织间存在差异性。

纠纷解决措施无须大规模或高价投入。对于小额合同，事实证明，企业应该将重心放在避免争端的解决措施上。这些手段可能包括在谈判技巧上加强员工合作和训练。合作是充满正式感，并且井然有序的。一份正式合同的构成需要提前开展合作训练，并进行团队建设演练。换言之，合作关系可能只是一种积极的前期警示手段，用来协调合同争端。简言之，ADR 的所有步骤用于对问题做出区分、调查和解决，提前化解问题，避免恶化成纠纷，最后沦为昂贵的诉讼。

5.6　未来走向

根据 Monczka 和 Petersen（2011）所言，致力于可持续性与企业责任的增长战略是大势所趋。在调查中，他们发现主要驱动因素包括：（1）这是正确的事情，同负责任的公民历史保持一致；（2）同时符合客户、消费者和其他供应商的预期。

全球化背景下，企业责任落实过程中的一个大难题是如何实现管理透明化，以监测项目进度（Arnseth，2012a）。当前各大公司加快塑造领导力，更好地管理社会责任项目，同时对其他公司施加压力，共同践行企业责任。其中一个例子便是国际商业机器公司（International Business Machines Corporation，IBM）的全球供应社会和环境管理系统（www.ibm.com/ibm/responsibility/report/2010/supply-chain/index.html）。在该系统中，同 IBM 开展业务往来的一线公司需要建立并遵循 IBM 的管理系统，践行公司责任和环境责任。IBM 的供应商需要做到以下几点：

● 定义、实行和确保管理系统，履行公司责任，包括供应商行为和环境保护责任。

● 考评业绩，并设立自愿、量化和环境层面的目标。

● 对公众实现透明化，公开自由意志下的环境目标执行结果及其他环境方面的管理系统实施情况。

作为项目的一部分，IBM 也希望一线供应商能遵循上述要求；同时希望，一线供应商能对其下属的与 IBM 存在生产和服务往来的供应商提出同等要求，使得该项目能实现全球化普及。参照当今供应链道德和社会责任发展趋势，IBM 发挥了榜样先锋作用。

▶▶ 第 6 章

可持续供应链

■ Sustainable Supply Chains

故事概述

术　语

ASPI 欧元区

首席可持续发展官（CSO)

道琼斯可持续发展指数

电子货运倡议

生态能值

能值可持续发展指数（ESI)

能源之星

绿色倡议

供应管理协会（ISM)

国际空运协会（IATA)

国际标准组织（ISO)

生产和运营管理协会（POMS)

反向物流

供应商可持续性计分卡

供应链可持续性

可持续性

美国绿色建设委员会

▶▶▶▶▶▶▶▶

　　可持续性含义丰富。于我而言，可持续供应链维持了供应商网络的正常运行。无须考虑环境或商业变化，供应链能够生存和发展，因为它们的使命如此。可持续供应链的关键在于理解并给予供应商和客户公司价值。

　　艾伦是小型引擎部门的副总裁，他给我打了个电话，向我咨询一个他正在遭遇的问题。他说："比尔，去年我部门的供应商达成了可观的交易额。他们中的许多人仅仅是交易供应商，但我们确实失去了许多核心战略供应商。我对流失的这部分供应商进行了调查，发现他们同我们的竞品公司达成了合作协议。这事我已经和塔克莎（Takisha）讨论过了，她是供应链部门的主管，很关注这件事造成的损失。不过，我们还有许多备选供应商，所以这件事情也不是非常紧急，但我们流失的供应商数量已经超出了全年的预期。"

　　我询问道："艾伦，你有没有访问过这些供应商，来确定他们离开的原因？"

　　艾伦回答道："当然了，比尔，我做过这件事。但是，得到的回应，你应该也能猜到。他们说主要是因为价格，他们觉得价格不公。其他人也反馈说是因为缺乏沟通，抱怨我们没有很好地参与到他们公司的活动中去。也有一些人反馈说是因为我们的买方态度不佳。"

　　我继续询问："对价格感到不满是他们终止合作的好借口。那平心而论，你觉得他们得到的价格对应他们的产品质量是合理的吗？"

　　艾伦回答："当然合理了。事实上，比尔，价格不能再高了。我也知道他们并没有从竞品公司处得到更好的价格。"

　　我追问道："艾伦，那问题就不在于价格，而是其他方面的。你怎么评价塔克莎在管理供应商关系上的表现？"

　　艾伦回答道："对此，其实我们制定了严格的标准，目前我们查看了她制定的供应商数量和合作时长。去年，我们没能达成这个数值，这不是一件好事。我知道塔克莎也迫切地想解决这个问题。"

思考片刻，我评价道："供应商关系管理需要更多的知识，而绝非单纯追求数量。你需要向她和她的买家灌输这个概念，那便是维系供应链网络需要构建起具有双向价值的合作关系。我们应该从供应商的角度出发，而不是从产品出发。我的意思就是，如果我们把供应商价值简单视为产品价值，那我们从任何地方都可以得到这个产品，也就是说，除了价格，在双方关系中不存在其他附加价值。倘若竞争对手向他们提供了更具有吸引力的条件，包括价格、私人关系或沟通方式，或者当经济遭遇危机时，供应商可以自行离开。在一段关系中若是没有附加价值，那很难形成可持续性供应链。双向价值其实就像牢固的水泥，能确保供应链的可持续性。在所有供应商之间搭建密切的合作关系应该成为供应链部门主管的首要目标，因为只有在这种关系的维系下，附加价值才会显现。例如，2008 年经济危机，导致铁资源的采购枯竭，部分交易供应商选择减少对客户公司的供应或大幅度提高价格，却始终以合理的价格为我们供货。这是为什么呢？并不是因为我们是他们的主要客户，而是因为在多年合作中，我们已经达成了共克难题的共识。我们帮助他们构建系统，以促进良好沟通，从而为双方创造了价值。他们牢记我们所做的努力，因此，在危难时刻，仍竭尽全力维系生产和供应链的正常运作。如果你想要创建可持续供应链，你就必须搭建起长期的合作关系。"

艾伦继续追问："比尔，我不想让别人觉得是我把塔克莎送回学校，让她去温习基础的供应商关系管理合作技能。你觉得我该怎么做呢？"

我提议道："艾伦，我建议你当面问问她，看看她有没有意识到自己的买家是否按照要求妥善地处理了各自的供应链伙伴关系。如果她没有什么想法，你可以跟她实事求是，告诉她亟须改善现状。如果她有一批信誉好的买家，那就劝她用这批买家来推动与其他买家的交流合作，由此推动买家间消息的传播，达成良好的供应关系。然后，你再同塔克莎相互配合，制定长期规划，着眼于供应商的重要地位，力争通过这些活动共创价值。此外，我们也可以为供应商提供调查测量手段，这样一来，他们及时的信息反馈也能推动我们工作的成功。"

6.1 必读材料

在过去几十年内，商业理论不断发展，人们纷纷提出公司应该由负责人管理生产和货物运输的资本、生态和人力资源。这个理论也称作可持续性理论，即强调了公司需要满足人类需求，不能威胁后代生存（Christopher，2011：241）。可持续性常用"绿色"代指，如绿色倡议或组织绿化。供应链可持续手段需要上游供应商和下游经销商与客户配合，共同分析内部运营流程的原因，来更好地定位机遇，寻求可替代的、环境友好型方式，来生产运输产品和服务（Mollenkopf & Tate，2011）。这也意味着将管理扩充至生产各生命周期，即从初始期至衰亡期。Krajewski 等（2013：442 - 443）提出可持续性包括三大要素：财务责任、环境责任和社会责任。正如表 6 - 1 所示，供应链管理者可以在下列三个模块有所作为。

表6-1　可持续性要素

类型	解释	供应链应用
财务责任	指股东、员工、客户、商业合作伙伴、金融机构和其他为生产提供资金的机构。	供应链能通过改善流程来提高效率，有助于增加资产收益，从而提高公司幸福感。
环境责任	指地球的生态需求和公司对生产服务资源的管理。其目的是节约自然资源，造福后代。	供应链的设计和整合可降低资源消耗。资源循环和再制造有助于提高可循环资源的使用率。固定线路配送可以减少燃料的使用，通过供应链网络提高配送效率。
社会责任	指公司具备社会道德和博爱期望。	来自供应链伙伴的财政捐助和采购商品时的道德行为，对供应链参与者而言十分重要。

资料来源：根据 Krajewski et al.（2013：442 - 443）整理而成。

部分公司在运营层面坚持绿色倡议（如减少物品损害、旧库存新制造），许多公司正在把制定实行可持续性计划视作战略推进。对于一个制造商或服务组织而言，这有利于供应商团结一致，以实现供应链可持续发展。该合作可以促进更多传统供应链产品和信息流的转型。同第 1 章

图1-1的传统供应链相比，图6-1的"制定供应链战略"可持续性修订版本更能体现出产品和信息流在供应链的进退起伏。譬如，我们可能要求客户归还产品用来回收，尤其是可能对环境产生不利影响的产品（如铅电池、含有有毒成分的产品）。如图6-1所示，实现可持续发展的理想策略包括各供应链成员需要分享必要的信息和产品。

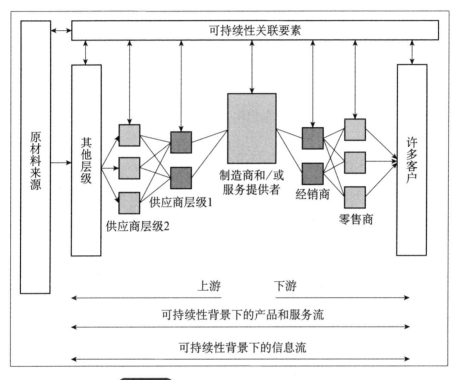

图6-1 可持续性背景下的供应链网络

资料来源：根据 Schniederjans and Olson(1999：70)之 Figure 5.1 整理而成。

6.2 可持续供应链的管理

6.2.1 可持续性发展的原因

为了更好地管理项目，需要对其存在原因有更加充分的理解和认同。一个组织内可持续性和绿色倡议的推动因素造福供应链所有成员。Mollenkopf 和 Tate（2011）提出，各公司推动可持续战略至少基于三个理由，分别是：

● 风险管理：风险管理包括降低商业各领域的风险。如定位商业运营中可能形成的对公司不利的风险（如在产品生产过程中使用有毒或有害材料，导致对该公司提起法律诉讼）和降低或消除这些风险。（风险管理是一门重要的学科，第 11 章 "风险管理" 会细述这个概念。）

● 政府规章：倘若没有美国联邦规则，那么汽车将不会设置安全带来保护人员健康，也不会有催化转化器来减少大气污染，也无法提高里程数来节约地球资源，以及拥有其他普遍节能的功能。通过对政府规则进行预测，许多公司先于政府落实绿色倡议，挖掘能源长期节约方法，而非补偿初始运营系统的耗能。的确，我们在循环经济上付诸的努力能为企业组织带来更多的经济效益（Kuhn，2012）。

● 供应链影响：客户期望企业能创建一个环境友好型记录，在生产要求中明确环保标准（如减少包装浪费）并且对其设施的可持续性进行投资。客户和其他供应链伙伴对节约成本和环境保护怀揣着浓厚的兴趣。供应链某一领域的参与者能够影响其他合作商，从而提高可持续发展的参与度。现今，多数公司支持并遵循不同的国际标准组织（International Standards Organization，ISO）指南，以提高商业发展竞争力，形成从业标准。根据 Mollenkopf 和 Tate（2011）所言，客户目前挑选的供应商须遵循 ISO 14001 认证，履行环保责任。事实上，在 ISO 14001 指南中，可持续性关系有 4 个方面：（1）公司的环境意识；（2）公司是否愿意履行环境责任；（3）公司减少或消除不利影响的期望度；（4）公司履行环保责任的实践力（Haklik，2012）。

6.2.2　落实可持续性项目

可持续性项目类型多种多样。为了发起一个可持续性项目，一家公司可以先简单定位公司内部制造工厂的环境社会责任或机会，再扩展至整条供应链。每个项目都应该严格评估不同类别的环境友好型方法，提升可持续性水平。对此，公司可以规划内部生产或服务流程，并扩展到外部供应链功能。同时，公司应该仔细考虑经济和社会效益，选择最理想的行动方案。一旦选择或实施了项目，公司要立即开展持续性业绩考评，以确保活动能实现环境和社会的平衡。

　　反向物流项目便是可持续性项目的一个例证。反向物流是一个包含规划、实施和控制产品流、物料流和信息流的高效、经济的流程。反向物流始于消费，以退回、修理、再制造或循环的模式回归至制造点或源点（Krajewski，et al.，2012：444）。Krajewski 等（2012：444 - 445）建议重新规划供应链，如此一来，如果供应链能规划产品全生命周期，便能更好地践行环保责任。这可能是种闭环规划手段，考量了产品全流程存在的可能性。该可持续性项目的特征详见于融合顺逆流程的物流供应链（见图 6 - 2）。这条闭环系统中，一个产品及其部件需要历经的重复步骤取决于供应链合作商的产品和参与度。

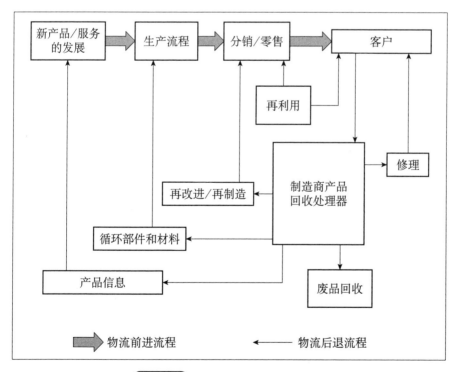

图6-2 可持续性闭环供应链

资料来源：根据 Krajewski et al. (2013：445)之 Figure 13.2 整理而成。

6.2.3 可持续性落实的阻碍因素

Mollenkopf 和 Tate（2011）提出了部分常见可持续性干扰因素，包括：

● 财政花销：加大投资以减少浪费和产品重建，可促进生态友好发展。但是，在部分行业，这种投资是巨大的，致使一些公司望而却步。但从短期来看，可持续生产反而加大了成本，忽视了长期经济利益。因此，我们需要确立长期眼光，规划分析产品生命周期。电脑制造商也发现，对旧电脑开展再制造和循环发展可以产生巨大的利益，也保护了环境。

● 公司结构和文化：正如前几章提到的，功能筒仓可能会成为项目变更（如可持续性发展）的阻碍因素。因此，我们应该对公司的内部结构进行调整，使其更加平级化，而不是着眼于功能性。各公司应该成为可持续性项目的先驱者。

● 供应链影响：倘若一个客户不愿意支付额外费用来落实绿色倡议，这种抗拒感对客户导向的供应链是影响巨大的。因此，公司应该给客户传输环境友好型生产和服务的益处，共同克服障碍。

● 产品和流程：产品的性能、设计、内容和生产流程可能与能源耗费和产品持久性层面的环境目标相冲突。产品生产应该易于回收。产品规划各生命周期设计应便于循环背景下的产品再利用。

● 沟通问题：由于可持续性术语和定义不一致，可能出现翻译错误。如果我们不明确定义环境问题的有效手段和沟通方式，就会导致理解混乱。如果我们没有及时跟进项目进度，便很难对可持续性项目进行控制，最后也会导致项目失败。制定系列易于理解的环境术语和指标，有助于供应链各层级的参与者高效实现可持续发展目标。

6.3 可持续性模型

Nirenburg（2012）解读了不同文献，并发现了供应链实践的共性。

他把这些共同点融合在一起，建立了可持续性模型。同上一个模块讨论的问题相似，Nirenburg（2012）发现三要素（驱动力、障碍和能力者）的统一构成了一家公司典型的可持续性供应管理项目的框架。如图6-3所示，三种要素的结合能产生多种优点。

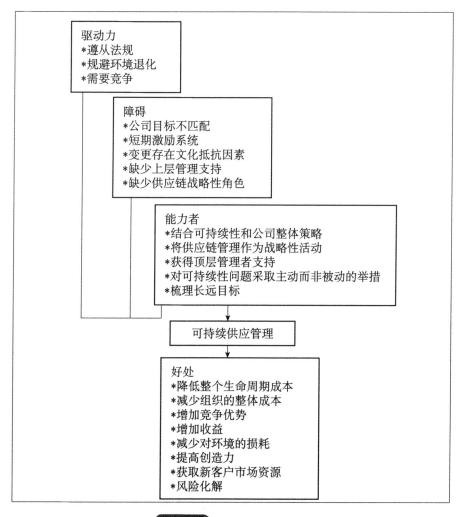

图6-3 可持续性模型

资料来源：根据 Nirenburg（2012：30）整理而成。

上述图表梳理了成本最小化之外的其他可持续性驱动因素，包括来自员工的压力、创始人承诺、高层经理的捍卫感。障碍包括项目成本、在落实项目过程中员工技能和知识的差异度、缺乏测量和报告，以及缺乏稳定的标准和实施方案。该研究也对能力者进行了定义，即推动可持续性项目发展的员工。这里，可持续性项目包括加强同供应商的合作，而这些供应商是乐于合作的，且值得信赖。不仅如此，能力者也会致力于构建透明顺畅的交流渠道，搭建高效的供应商奖惩评估系统，充分调动交叉职能团队，并且在创新和流程改善领域开展合作。

为了更好地借助该模型落实可持续性项目，Nirenburg（2012）提出了如下步骤：

1. 定位可持续性领跑者：不管他们是谁，或处于组织的哪个层级，充分通过他们的工作激情来调动并推动项目进行。

2. 制定自我监管驱动力：那些能驱动可持续性的特别因素，应该成为项目的重点候选对象，用以验证项目的正确性，赢得更多支持。

3. 找到缓解障碍的办法：定位障碍并探索解决方法，以此来更好地应对或克服任何阻碍可持续性项目进行的潜在因素。

4. 调动其他能力者：定位任何潜在能力者，达成可持续性项目。

该部分呈现的模型提供了可持续性项目建立的标准框架。我们也应考虑其他因素，确保项目的成功。稍后，我们会对部分问题进行讨论。

6.4 可持续发展的其他话题

6.4.1 实现绿色供应链的策略

物流和绿色供应链的可持续发展包括许多因素，涵盖包装和加工过程。就供应链而言，时间就是金钱。因此，我们需要寻求高效的分销模式。就空运和快速陆地货运而言，我们应该坚持能源集约，更好地服务客户。生产制造的及时性模式对速度提出额外需求，常常会造成能源浪费。那么，物流运营系统该如何避开燃料量上升引发的成本上涨，并提高配送速度呢？Kaye（2011）提出，平衡配送速度和燃料量的最佳方式是去除低

效耗能的物流实践。现存的各类问题包括信息滞后、关于海运地位的数据
不完整或丢失、在必要时无法获得数据、无法完善记录海运信息、海运文
件不充分、不合理货运路线造成巨大且不必要的燃料浪费、需要快速但耗
能的运输方式以应对延期交付。如果你遇到卡车司机，他的引擎都发动
了，却还苦苦等着签署货运单，那你就明白了：因为文件签署不及时也会
造成燃料浪费。

为了克服上述难题，Kaye（2011）提议基于绿色准则的供应链必须要
具备完善的信息，内容需包括规划燃料效率、整合并优化运输方式和运输
路线，从而减少运输过程中的燃料耗费和碳足迹。这些信息有助于形成最
新路线和货运安排，也全面地考虑了各种因素，包括气候因素和最新海运
调整。对这些因素进行充分考虑有助于规避天气和其他原因造成的物流浪
费和延期。从供应商到客户的整个供应链，我们应该采用电子追踪系统来
监测产品。这也需要我们创建一个完整的数据库，记录供应链各步骤现
状。在生产者、运输方和代运人三者间构建该电子联系，有助于提供交叉
监测，以确保海运的顺利开展。

借助前沿电子追踪系统，制造商可以确保准时交货并保证产品质量。
该手段实现了对海运的全面控制，利于提高燃料使用效率。电子追踪系统
的其他优势也包括消除各种低效现状，比如路线和货物识别号的物理键控
或写入错误，导致本不必要的回溯和搜索。

Kaye（2011）报道了国际空运协会（International Air Transport As-
sociation，IATA）颁布的电子货运倡议，该倡议简化了文件程序，减少
了燃料和资源浪费。IATA 电子货运项目致力于用电子文件取代 20 份纸
质货运标准文件，通过减少纸质文件，提高转换速度，争取在物流业年均
节约 50 亿美元。到货前以电子方式寄送运输文件，可以有效缩短平均 24
小时的运输周期（Kaye，2011）。如果由工厂落实该项目，那还能免去测
算和追踪工作，从而定位错误运输，实现灵活路线，按时到货，节约能
耗，化解运输难题。相应地，可持续性供应链节约了燃料、能源、资源和
时间，并借助最新电子技术，为参与者创造了竞争优势，同时也缩小了生

态足迹。

6.4.2 如何发起可持续性倡议

根据 Polansky（2012）所言，可持续性倡议应由核心供应商协作发起，从而加强供应链运营所得，减少环境印记。这包括采购能源节约的产品或减少包装浪费，以提高产品采购中可循环原料的使用率。然后，应该从主要物料采购团体中，筛选出核心供应商名单，这些供应商须乐于支持可持续性倡议。例如，从全球化可持续角度而言，水管工可能建议生产出节约水资源的卫生器具，当地电子公司可能会建议通过多种方式来降低能耗。就公司内部可持续生产而言，市场部和建筑部可能会建议通过不同方式在包装上减少浪费。

一旦可持续发展的理念被提出或转化为目标，我们应该挑选合适的供应商来支持目标的实现。这个筛选过程应该基于自主意愿，调动大家充分参与，为组织可持续性目标提供更多的支持。

Polansky（2012）提出，一旦目标就位，供应商也乐于充分融入公司的可持续性倡议，那公司应该考虑制定供应商可持续计分卡，根据可持续标准来评价各供应商的业绩表现（Kuhn，2009）。这些计分卡可以基于主观标准（如可持续创新理念）或客观标准（如在包装上节约的费用）。计分卡的出现便于采购组和供应商对活动进行识别、追踪和评估，由此来实现公司的可持续目标。

不变的是，比较价格和价值是一切采购项目的焦点。通常而言，价格对供应商决策起着关键作用，但在可持续性项目中则并非如此。在可持续供应链中，尤其就长期发展而言，我们要更加关注节能补偿、税收激励、生命周期和维护成本、降低回收成本、减少浪费和提高生产力。

同可持续性项目的案例类似，各合作商需要充分理解更为重要的成本需求。成本会衍生出系列问题，而处理这些问题最佳的办法便是提供充足的信息，确保绿色决策的制定。Polansky（2012）提议，采购专员应该就任何关于成本效益分析、生命周期成本和循环选择的问题同核心供应商进行充分讨论。供应商必须明确说明，且能解释自身产品和生命周期成本。通过深耕供应商成本耗费和环境选择相关信息，采购经理能够获得新知，分析可持续性采购的底线影响，以及潜藏的可能引起产品淘汰、危险品处理和总能耗减少的效果。在这些讨论中，采购专员更能识别优秀供应商，这些供应商能够积极配合公司落实绿色项目，也能帮助我们定位和优化绿色运营项目。

供应专员也应该建议合伙商开展内部绿色实践或项目。同执行可持续策略的供应商合作，有助于确保供应商充分了解客户需求。最后，也有助于提高行业可持续参与度。例如，一家公司可以成为位于华盛顿州的美国绿色建设委员会（U. S. Green Building Council，USGBC）的成员，该机构是基于 501（c）（3）的非营利性组织，致力于通过成本节约和能源节约，构建繁荣可持续的未来（www. usgbc. org/DisplayPage. aspx？CMSPageID＝124），或者可以获得绿色星级证书，这是美国环境保护局（U. S. Environmental Protection Agency）和美国能源局（U. S. Department of Energy）共同发起的活动，目的是通过节能型生产实践，降低成本，保护环境（www. energystar. gov/index. cfm？c＝cbd＿guidebook. cbd＿guidebook＿apply＿3）。那些乐于同可持续立场坚定的公司开展合作的供应商，更趋向于走在行业前端。

简言之，选择合适的合作商和构建关键行动标准有利于构建高效、可持续的供应链。而密切的合作有利于造福各方。一旦采购经理明确了供应商对自身的帮助，他们便可以构思更多方法，促进自身发展（Polansky，2012）。

6.4.3　可持续性建立的影响因素

Slaybaugh（2010）发表了关于波士顿阿伯丁集团的一项更大的研究的文章《可持续性生产：为了植被，为了地球》，他研究了超过 230 家企业创意的可持续性计划。在这些企业调查中，有的上级管理层采取了可量化措施，实现了可持续性生产。他们发现，在设备有效性（一项综合衡量可行性、性能和质量的指标）方面，每台设备的平均效率超过 80％，在节能减耗方面超过 20％，与上一年相比，至少减少了 30％的排放量（在生产流程能源集中标准下，年度生产量影响了年度排放，由此进行测算预估），并且几乎超过了公司经营利润目标的 20％。此外，一流制造商被授誉为首席可持续发展官（chief sustainability officer，CSO）的可能性是一般制造商的三倍。

阿伯丁集团的研究也提出了使公司成为一流企业的方法。对此，他们提出了四大重要原则：

● 对能源管理和环境管理加大投入，寻求能源和排放数据的可行性。例如，构建公司供应链管理责任团队，如德尔蒙特（Del Monte）公司创建的一样，由各功能团队的副总裁和主管级别的管理人员组成。该公司也正在规划建设绿色工厂。

● 规划公司的可持续性项目。一流公司更应该制定和落实标准化商业流程，实施三大可持续性倡议：能源、环境和安全。

● 建立数据收集框架以增强可持续性。一流企业更应该自动收集能源数据，将其储存在中心区。例如，德尔蒙特投资了一个项目，该项目每月收集可持续性项目信息，并同公司基准进行对比。

● 建立执行者领导力框架。成功的可持续性倡议需要行政领导力支持。一流企业更应该由首席可持续发展官来执行推动项目，并更负责任地推进倡议的成功。

6.4.4　可持续性测量

在 2011 年，采购网（www. propurchase. com/green _ supply-chain. html）的报道监测了生产运营的绿色化。他们发现，人们更加偏好绿色环保的供应链，但是缺乏测量手段对这些倡议进行支持。在这份调查中，超过 80％的供应链专员回应道，他们更乐意帮助那些从事绿色商业活动的供应商，但只有 25％的供应商设有碳足迹检测流程。为了弥补不足，供应链组织如供应管理协会需要制定系列指标和度量手段，来更好地对可持续性进行测量。ISM 负有企业可持续发展的社会责任。ISM（2012）指南提出下列指标可能是有用的测量手段：

● ASPI 欧元区（ASPI Eurozone）（高级可持续表现指数）是一种欧洲化指数，面向那些公司和投资者（他们期望投身于可持续发展，并承担基于欧元区的 120 家最佳企业那样的企业社会责任）。

● 道琼斯可持续发展指数（Dow Jones Sustainability Indexes）是全球首个在世界范围内追踪前端可持续性公司财政表现的指标。其向经理提供了可信赖和目标化的基准，来管理可持续性投资组合。

ISM 也提议实践者选择和发展指标时的考虑因素。ISM 规定了指标的应用领域，包括：

● 决定是否颁布供应商资质和证书。

● 生产设计、再设计和工作陈述。

● 组织相关培训以确保充分了解采购、循环等决策。

● 内部开发、量化，并根据财务和其他与不符合或缺乏可持续性措施支持相关的风险做出决定。

● 追踪企业可持续性报道。

● 各层面的测量、追踪和汇报机制。

● 同供应商合作，落实终端产品管理政策和内部流程。

此外，ISM 建议中层管理人员应该充分融入公司事务，以确保管理结构就位；他们也提议公开首席可持续发展官合同信息。同时，他们也提出对可持续性的周期性报道应该在公司内部公布，同时在市场公布，来推动可持续性活动的透明化。

在可持续性指南的标准下，我们采用了量化手段进行测量。Brown 和 Ulgiati（1999）提出了理论性手段，他们出版了一本量化可持续指数（sustainability index，SI）的公式书。该指数是生态能值（用 m 表示，该词包含能源，不单单指能源）产出率（emergy yield ratio，EYR）同环境负荷率（environmental loading ratio，ELR）的比值：

能值可持续指数（ESI）＝生态能值产出率（EYR）/环境负荷率

（ELR）

能值可持续指数（Emergy Sustainability Index，ESI）也称作可持续指数，其包含产品、回报率、环境负荷率。"这是生态能值产出率和环境负荷率的比值。"

许多可持续发展的量化指标包含下列测量值：

● 购买可持续原料的比值。

● 从垃圾填埋场转移的废物百分比。

● 建筑绿色化带来的节能。

● 废料回收率。

● 供应商从事可持续性项目的比值。

● 废料减少范围的百分比。

● 可持续培训、项目、倡议等投入的美元。

其他关于可持续发展的信息以及测量手段：

● 绿色办公指南：www. greenbiz. com/toolbox/reports _ third. cfm/LinkAdvID＝22121www. greenerchoices. org/eco－labels。

● 责任采购网站：www. responsiblepurchasing. orgwww. engerystar. gov/。

● 美国绿色建设委员会：www. usgbc. org。

● 美国梦中心：www. newdream. org/procure。

● 特定化学用品和替代品：告知（www. informinc. org），绿色印章（www. greenseal. org），计分卡（www. scorecard. org/chemical－profiles/index. tcl _ ）。

6.5 未来走向

并不是所有的公司都重视可持续发展，但似乎它们都会在未来慢慢认清可持续发展的重要性。调查结果显示，在超过 700 家大公司的董事长中，90％以上都坚信可持续发展是未来公司的关键成功因素（"A New Era…"，2010）。大约有 90％的董事长认为他们应该将可持续性贯穿于供应链发展，但是只有 50% 的人相信他们可以实现这种融合。占比差异折射出供应链组织传播可持续性理念的高难度。不过，当前可持续性项目的发展势如破竹。CAPS 研究已成为高层供应链经理的指南，其指出了环境可持续供应链对普及未来价值和提高业绩表现的关键作用（Monczka & Petersen，2011）。有的学术组织如生产和运营管理协会（the Production and Operations Management Society，POMS）也探讨了可持续性制度化发展。POMS 还创立了可持续性运营学院，该学院就可持续话题举办了年度会议，制定了教纲，并提供其他项目教育支持。其他许多组织也投身于可持续发展。也有些常见的公司网站专攻可持续发展，包括构建更好的世界（Business of a Better World）（www. bsr. org/）、商业创新和可持续性网络（Network for Business Innovation and Sustainability）（http：//nbis. org/about-nbis/profiatble-sustainability/）和绿色商务网站（GreenBiz. com）（www. greenbiz. com/section/business-operations）。

第 7 章

供应链与客户需求周期相统一

Aligning Supply Chains to Meet Life Cycle Customer Demands

故事概述

术　语

附属合资企业	定性预测方法
协同规划、预测和补货（CPFR）	定量预测方法
共识预测手段	回归分析法
德尔菲法	模拟分析法
需求规划	战略同盟
电子卖点（EPOS）	供应商调整
股权战略同盟	供应商整合
合资股权交换	供应链同步化
合资企业	同步制造
市场调查	技术交换
平均偏差（MAD）	时间序列分析方法
均方误差（MSE）	自愿跨产业商业标准联合会
不平等战略同盟	工作共享协议

▶▶▶▶▶▶▶▶

　　调节供应链能力，以满足产品生命周期需求，对供应链的成功至关重要。产品生命周期的客户需求阶段和供应链能力不匹配会导致资源浪费和成本耗费。客户需求和供应链能力的配对要素可在需求管理领域中体现出来，我们也称之为销售和运营规划（sales and operations planning，S&OP）。

　　杰西卡是工具、硬件和建材部门的副总裁，她给我发了封邮件。在邮件中，她提到我们的一些特许硬件商和外部零售客户，已纷纷开始减少产品的售卖量，相应地也在减少零售库存订单。尽管订单的削减量并不明显，但对生产和供应链规划已经产生了影响。因此，我给杰西卡打了电话，讨论相关事宜。我询问道："杰西卡，目前经济态势良好，所以我很好奇订单缩水的情况是不是跟产品生命周期有关。我们最近一次检修销量下跌的产品是什么时候？"

　　杰西卡回答："比尔，我在这家公司工作了快十年，从未见过产品甚至包装发生过什么变化。这都已经成了产品线的一个标志了，而当你得心应手地进行生产时，总是看不见改变，直到如今销量大幅度下跌。市场部的同事认为目前产品是稳定的，不需要改头换面。"

　　我询问道："杰西卡，你有没有实地考察过用户家庭，单从装修或墙纸来看，这些房子看起来有20多年的房龄。"

　　杰西卡回答道："比尔，事实上我真的考察过。我曾经也居住在这种房子里，因为我没有时间来更新家里的墙纸或者粉刷一下房子。"

　　我解释道："我理解，我知道你定是忙于公司事务，不能抽出时间来装修自己的家。我之所以提到旧物的影响，是因为我们的客户不想在自己家的柜子上搁着看起来陈旧的物品，尽管这些物品的质量很好。有时候，对产品或包装做出一些改变，能让产品焕然一新，可以使产品更引人注目，从而提高销量。市场部的同事建议将产品退回生命周期的较早阶段，以提高销售的活力。此外，对零售客户而言，焕发活力的产品更为崭新，由此调动各店铺增加本产品的铺货。截至目前，这些听起来都尚可，但也可能不是我们所需要的解决方案。事实上，除非我们清楚产品所处的生命周期阶段，否则我们便无法调整生产和供应链来支持产品生产。例如，我们没有尽早确定衰退期的趋势，进而陷入库存过度的局面，导致劳动力和资源浪费。在其他场合中，我们预测了产品的衰退期，及时控制了产品量。"

杰西卡继续追问："比尔，我们通常在每月的 S&OP 流程中规划产品生命周期，是吗？"

我回答道："对的，杰西卡，每个部门做的事情都有所不同，因为各部门的产品线上都需要合适的人员在 S&OP 流程中相互协作。我知道，每次开会你都会邀请销售和运营团队的人员，但你也应该邀请产品设计人员、工程师和市场人员。如你所知，倘若某次活动对下月公司发展作用巨大的话，我们也应该邀请董事长来主持会议。聚集你的员工，让他们就下月生产进行规划，并达成共识，使得产品能有序地度过成长期、成熟期或衰退期。由此，我们能预测需求信息，指导需求管理系统的发展，从而推动部门运营。在会议中，我们可以通过大家的讨论、谈话或争论，得到更多关于数据、判断或市场治理的看法，也有助于大家制定未来 30 天的发展规划。进而来推进计划并且在接下来的时间内调整计划。但愿我们不需要对计划做出重大变动。最后，S&OP 可以推动供应链发展，进而同客户需求对齐。"

7.1 必读材料

市场预测难以洞察需求波动，这对供应链高层来说是个长期的挑战。在产品生命周期的初始期，客户需求处于风险中，尤其对暂无预测历史可追溯的新型产品而言。在产品生命周期的成长期，风险为零。有时，需求的快速增长预示着积极的发展趋势和产品的成功。不幸的是，增长速度过快可能对供应链造成不利影响。当供应链实际能力难以满足客户过快的增长需求时，若要满足客户需求，公司将面临巨大的挑战。此外，当一个产品步入成熟期时，供应链规划常常是稳定的；但当需求缩减时，降低成本增加销量变得不易。倘若产品销量呈现出衰退期的趋势，在产品规划期就会展现出不稳定的复杂因素。供应链经理需要整合资源，满足产品生命周期各个阶段的特殊需求。这些资源越是同客户实际需求相贴合，供应链效率就越高。

导致需求出现意外变化的诱导因素诸多。促销行为（例如，降低价格和供应特殊产品）、竞争者行为（例如，提高产品价格）和新引入产品效益低于预期（因为无参考信息可供预测），这些都会导致客户需求的意外变化。

需求规划是指从规划至实际需求变动的提前规划工作。需求规划是为了满足客户需求。从供应链管理的角度而言，这包括了掌握客户产品需求的内容、时间和地点；这也包括借助预测来引导客户需求和控制举措的落实，以确保客户真正获得所需产品和服务。从本质上而言，需求规划可以分成三个功能：结构、流程和控制（见表7-1）。规划结构时，应熟知产品需求时间范围，以便需求的每个阶段（产品生命周期）都能与供应链的能力相匹配。这也要求对分布于供应链合作伙伴（进出口制造商、分销商等）的地理区域的需求进行考量，也包括基于物流因素对聚合产品线（例如，通过单一产品线装运整车各品类产品）的供应链的考虑。

表7-1 需求规划功能

需求规划功能	衡量因素
规划结构	• 时间维度：预测需求的时间范围 • 产品维度：产品类型、生产和配送产品的供应链能力、将其组合或分散为单位需求的能力 • 地理维度：按地域、供应源（如配送中心、制造商）进行需求组合，按照核心客户账户进行组合
规划流程	数据预测 判断预测
规划控制	预测精准度指标 整合资源，应对预测异常

资料来源：根据 Kilger and Wagner(2008:133-160)整理而成。

一旦熟悉产品和需求的地域分布，我们就需要选择相关流程来做出预测。我们可以将预测方法分为两大类别：定量预测方法和定性预测方法。

定量预测方法是基于数字公式。通常，定量预测方法包括时间序列分析、回归分析和模拟分析。常见的定性预测方法通常基于判断、意见、经验、共识和其他主观措施，也包括市场研究和德尔菲法。时间序列分析是定量预测方法，通过使用历史数据来预测未来趋势。时间序列分析法多种多样，包括移动平均线、加权移动平均线、指数平滑、回归分析、博克斯-詹金斯方法等。回归分析法试图建立需求和诱导因素的数理关系，并对关系加以说明（例如，竞争价格和经济）。模拟分析法常用于风险状况下的决策制定（例如，预测）。在风险状况下，影响客户需求的变量遵循概率分配（例如，经济繁荣期需求高，经济低迷期需求较低）。模拟分析法鼓励预测者对影响客户需求的环境因素进行假设。市场研究属于系统化预测手段，通过实地调研或其他研究方法，来决定客户需要及想要购买的产品或服务，并区分新市场和客户源。德尔菲法是指专家团队组织问卷调查，从而获得深刻的见解和观点，达成预测共识。

方法论流程取决于决策环境要素和规划任务的特殊性。例如，不同方法可能适用于产品生命周期的不同阶段。在产品初始期，德尔菲法或市场研究预测法可能更加适用于分析预测需求趋势。在生命周期的成长期，通常需求快速增长，短期预测的定量手段（例如，平均法或指数平滑法）是合适的。不过，市场生命周期的成熟期可能需要回归模型来预估市场趋势和长期循环性变动。当客户需求预测用于决定供应链库存时，预测视野常常是短期的，历史性内部数据也会加以运用。反之，当客户需求预测用于对工厂或机器的资本投资决策时，预测视野是长期的，而且是定性分析而非定量分析。在这些场景中，供应链经理常常结合定量方法和定性方法。

一旦这些预测准备就绪并开始应用于行政管理，规划控制也应该即刻就位。这包括在稳定需求的基础上来调控预测价值。这些精准预测的手段指的就是将简单多样化数据充分融入管理信息系统或企业资源规划（ERP）系统。常用于预测精准指标的数据组包括平均偏差（mean average deviation，MAD）（指实际需求和预测需求之间的平均差异）和均方误差（mean square error，MSE）（指实际需求和预测需求之间的平方差）。许多公司建立了简单的单位差分阈值（即：表示问题或证明产品继续生产所需的最小单位需求），来推动正确的流程。基于由供应链经理运营的产品，信息系统会借助上述手段生成报告，传输给对应的经理或合适的外部供应链合作商。倘若从规划预测中已得知异常现象的飞速增长，我们需要采取行动，并调整供应链能力，以满足市场需求。

7.2　需求规划流程

在供应链经理整合资源以服务客户前，他们首先应该明确客户的需求。图 7-1 对这些需求规划过程中的需求信息进行了说明。

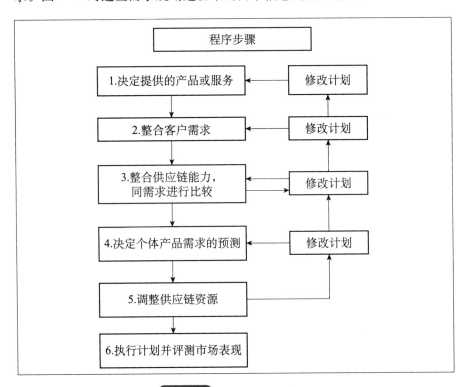

图 7-1　需求规划流程

此过程中的步骤具体描述如下：

1. 决定提供的产品或服务：需要考虑的因素包括产品和产品线，位于产品周期初始期的新产品和衰退期的其他产品难以持续或消失。在供应链中，同样的服务也会提供给合作商。该步骤致力于决定产品或服务类型，主要是从战略规划扩展或公司合约中衍生，整合客户需求的规划始于产品或服务总供给的增长比或降低比。该步骤取决于市场锐度和行政决策，进而引导公司择取新产品，这些产品可能成为未来的大赢家，旧产品会失去市场。

2. 整合客户需求：基于初步的数据预测，公司对总预期需求做出判断并进行预估。我们的想法是，对产品和服务总需求提出一般预期，来引导公司长期决策发展（例如，办公室和设备租赁要求、总劳动力需求）。这可能是公司的总体需求计划。

3. 整合供应链能力，同需求进行比较：该步骤要求对供应链总体能力进行估测。这是基于同供应商的合同历史，公司对供应链进行审核。第1章已经详细讨论了该步骤（见第1章的图1-7）。图7-2展示了该步骤的相关要素，确保了决策与计划相匹配。对决策进行规划，如增加员工数或收购新工厂，可以通过流程各阶段的信息加以支持。这是非常有必要的，当能力有限时，我们需要随之降低需求，减少公司计划供应的产品量。粗略的产能规划可用于比较总需求与总产能（Jacobs，et al.，2011：244-253）。

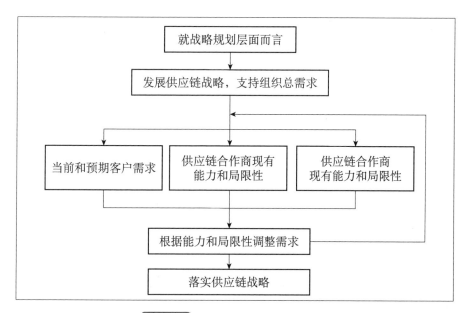

图7-2 确定供应链能力计划

4. 决定个体产品需求的预测：对任何产品的未来需求进行规划需要

分散到各个产品线上的单个产品。鉴于产品生命周期的特性会影响产品需求。正如第1章所言（见图1-5），产品总需求由位于不同产品生命周期的不同产品构成。为了调整供应链资源，产品预测需要针对产品需求的个性化。这里，我们也常借助电脑对数据进行预测。此外，主观性手段也常用于更新和调整客户需求的数据预测。对预测需求的判断调整需求越大，我们越是需要投入更多的努力以确保准确度。在这个步骤上，共识预测手段（即：一个专家组就预测需求值发表意见）并不少见。所有这些预测的结果都是单个产品和产品线客户需求的必要预测值。

5. 调整供应链资源：该步骤始于从第三步分解总供应链能力，并且进行关联和分配，以满足第四步产品需求。该调整需要对那些依靠供应链规划者的各步骤进行修正，以满足个别客户的需求。具体如何调整供应链资源，将在本章余下模块展开讨论。

6. 执行计划并评测市场表现：在分配供应链资源以达成特定目标后，需要落实计划以满足客户需求。此外，我们也需要建立短期指标，持续性收集数据，监测结果，就实际效果和预期效果进行比较。

该需求规划的实行周期取决于公司规划政策和产业需求的流动性。我们建议供应链经理应该和销售及其他运营经理常常组织会议（某些公司可以每周召开会议），来讨论市场需求和容量规划调整问题。

7.3　调整供应链资源

整合供应链资源可从公司内部和外部着手。整合一家公司的内部供应链资源，指的是对公司内部资源进行整合。通常，我们预期的是供应链经理会进行调整，以提高自身运营效率。在多数研究中，供应链资源调节主要集中于供应链外部合作方——他们构成了公司运用的供应链网络。公司内部和外部组织调节十分重要，我们的讨论主要聚焦于外部供应链，因为其会对内部供应链组织产生持续性影响。

7.3.1　调整与融合

根据 Siegfried（2011）所言，供应商调整被定为供应组织与供应商的使命、目标和战略，用以确保方向和目标的可持续性。供应商整合是一次管理活动，结合了资源和核心供应商的供应管理能力，用来实现竞争优势。当你同时进行调整和整合时，你就能获得竞争优势。那些能将自身公司的商业战略、愿景和目标同供应对象相协调的供应商，他们常常能完成目标。随着供应管理公司的成长，其供应商也会日益发展进步。此方案的针对性战略包括搭建关系、路径图技术调整和寻找同供应商的契合点。

● 搭建关系：合作协议（即：供应商同意生产产品，该产品可以在聘用的供应管理公司间进行转化）对发展调整和融合的战略十分重要。通过密切共享生产和工程信息，劳斯莱斯这类公司就会将自身的生产能力和长期商业战略对齐，为未来合作搭建可行的基石（Siegfried，2011）。劳斯莱斯深深地明白，并和部分供应商开展合作，来应对周期性工作。这使得劳斯莱斯能在需求的起伏期协调供应商工作量，以此提高工作效率。这对劳斯莱斯而言十分关键，因为有些产品的生产周期长于大多数产品，通常这些产品需要长期的生产能力。

● 路径图技术调整：倘若供应商要服务于客户，他们需要紧密实现技术融合和调整的承诺。对于那些想要对齐供应管理公司的供应商而言，他们应该通过技术投资来加强交流，从而践行责任。这也需要供应管理公司确保供应商的商业模型和对标的商业战略。以此，供应商才具备稳定的经济实力进行投资。供应商需要履行诺言，对供应管理客户提供支持。Siegfried（2011）指出，劳斯莱斯通过和供应商取得密切联系，达成了技术合作计划。供应商调整包括为各个伙伴提供技术投资路径图，以确保信息共享，明确公司在技术投资模块的发展方向。

● 寻找同供应商商业模型的契合点：部分供应商寻求在交易基础上实现产品的快速周转；还有一些致力于深耕长期性商业模型，充分挖掘经济利益，确保关系的稳定。一些供应商投资一次性模具并用于单次生产，然后将之丢弃。其他供应商投资的模具成本更高，并且设计可持续数十年。一家供应管理公司的商业模式应与供应商的商业模式保持一致，以满足所需的产品和服务类型。供应管理公司及其供应商需要有妥善的商业模型契合点。

将供应管理公司和供应商进行整合是耗时的，不过好处多多。优点包括改善配送流程、消除浪费、创新进步、降低能耗、提升供应商稳定性、改善质量和进行更好的风险管理（Siegfried，2011）。

7.3.2 整合供应链资源的技术手段

软件技术可以支持沟通交流，是按时推动供应链整合的关键手段。协同规划、预测和补货（CPFR）（见第 2 章"供应链设计"）用于整合供应链合作商，包括其客户（Jacobs，et al.，2011：46-52）。自愿跨产业商业标准联合会（Voluntary Interindustry Commerce Standards Association）（www. vics. org/）将该手段用于应对需求的快速增长，以提高零售商在成本和配送方面的竞争意识。CPFR 寻求通过组织调整来削弱个体产品的供需多样性。软件技术力图依靠发展新型商业流程，实现预测信息日常化，以此改变客户和供应伙伴的合作方式，进一步增强沟通协作。该软件使得商业伙伴能协同工作，减少预测错误，通过供应链同步化增强产品流通性，以保障库存。除了在供应商间构建信任，该软件也能降低库存，增强积压产品的流动性（Sherer，et al.，2011）。为了更好地落实该系统，供应链各方需要合作完成各环节，包括规划、信息共享和协同作业战略。软件实际上推动了各方协作。通过这一手段，及时性信息共享成为可能，各方能积极调整资源、整合资源，更好地服务贯穿供应链各环节的客户。

通过采用 CPFR 技术，及时的信息共享使得供应链伙伴能更新库存信息，有利于补货、节约销售、提供更优质的配送服务，而供应链各方也能更加高效地调整库存资源。此外，预测需求的稳定跟进和协作能力有助于创造贯穿供应链的有价值的共识预测。这使得各方能更好实现生产和供应商的调整或再调整，由此避免生产浪费或不必要的库存。

7.3.3　供需同步化

Goldratt 和 Cox（1984）提出了同步制造的概念，指生产流程需要同公司利益目标保持一致。这个概念的大致意思即：当一家完整的制造工厂及其生产流程保持同步时，重点便会落在全面的系统表现上，而非单个组件的优化上，而这会优化设施的整体性能。

供应链同步化意味着构成一条供应链的所有要素相互连接、协调合作来规避浪费，按时满足各方需求（Christopher，2011：141）。正如两个人一起跳舞一样，供应链各方也必须相互协作，才能共同实现工作目标。在供应链中，各公司通过信息共享保持密切联系。其中，共享的信息包括客户需求和供应商产能信息。为了实现一定程度的信息的可视化和透明化，我们需要大量流程来整合技术信息，也需要各方能主动参与活动，共享上游和下游的信息。

这里，我们可以运用不同策略，来落实同步化供应链策略：

● 提前确定运输和补货需求。

● 采用小型船只，提高灵活度。

● 寻求更多方法，巩固国内运输。

● 依靠技术支持，落实快速反应物流（quick response，QR）［例如，条形码、激光扫描的电子卖点（electronic point of sale，EPOS）系统］，以此来加快从客户到制造商和其他供应商的信息流动。

同步化供应链需要对客户和供应商同时做出反应。当客户获取产品时，该策略可以降低库存总量，并且提供及时性信息，快速定位供应链需求，更好地服务客户。

7.3.4　战略同盟和统一

战略同盟可定义为两家至多家组织间的临时性合约，它们对完成具体项目有着共同利益驱动点。它们通过资源整合，做出具体任务分析。战略同盟是一个通用阶段，包含了多种形式的合作关系。尽管诸多关系并不能严格地归为同盟（例如，供应商和采购商关系），但当双方出现不同类型的风险（例如，经济损失、质量口碑风险）时，它们会成为战略同盟，同其重要战略利益紧密相连。战略同盟意味着灵活的合约关系（几乎是关联的而非合约制的），以鼓励双方相互合作，协力应对某个问题或事件。它们也能区分不同类别的商业模式、政府，甚至参与财物、技术、流程和人事资源竞争的对手，以更好地研究共同性问题、事件或复杂性问题。

战略同盟分两类：非股权战略同盟和股权战略同盟。非股权战略同盟涉及少许财政股权投资。例证主要包括两家公司加入研发合作或协会（例如，为两家公司设计新的产品），进行技术交换（例如，公司拥有专利，但不想支付特许权使用费，那公司之间便可进行技术交换），达成产品发展合约或形成非正式战略同盟，并从双方公司召集员工，共同研究供应链问题。

股权战略同盟是一个更为正式的协定，包括各方对股权大量的承诺（例如，财政、技术和财产）。其通常更为持久，且专注于结果。这些同盟的结构常由复杂的法律和合约协定构成。股权战略同盟包括合资企业、联合股权互换和分支机构。合资企业多是临时性伙伴关系，其由两家或多家组织构成，形成了分散的新型商业股权。新商业的法律形态可能是一种新的组织或仅仅是有时限的合同实体。联合股权互换同合资企业类似，不过并没有生成新的企业。分支联合企业比联合股权互换的正式股权交易要少得多。此前，一方仅占小部分股权。例如，20 世纪 80 年代，当三菱同意为克莱斯勒的 E-Car 开发和生产发动机时，克莱斯勒购买了三菱汽车25％的股份。

供应链管理者使用战略联盟的优势包括：

● 加强组织技能：战略同盟为组织学习提供了大量的共享信息和机会。供应商可以与供应管理公司进行相互学习。

● 改善经营：战略同盟可以降低系统成本和减少循环次数。公司能相互协作，形成不同行业的公司联盟，以更好地利用淡季优势。

● 增强经济优势：同盟公司可以共同承担行政成本，减少花费，提高利润率。这也能提高两方公司的财政地位。

● 促进战略成长：新的伙伴能获得更多高准入的商业机会。同盟的形成也使得公司能整合专家和资源，克服发展阻碍，并且探索新的机会。

● 改善市场渠道：合作方可以扩大市场渠道，尤其当合作方市场不互补时。

7.3.5　视供应商为合作伙伴，满足客户需求

供应商可以通过对接现有或新的商业模式来改变供应管理公司，更好地满足客户需求。当一家供应管理公司由于引进新的商业渠道或旧渠道难以满足现有发展时，亟须改变商业模式。此时，供应商可以在这次转型中充分发挥其作用。协作安排的一个例子便是 Wehkamp. nl，这是荷兰最大的家居用品、技术和服装在线零售商。据 Cooke（2011）称，近年来 Wehkamp. nl 结合了线上销售和传统销售模式，引发了一些问题。每周次库存订单和补给（对目录业务而言效果很好）造成线上销量下降，原因是客户不愿意等候订单。Wehkamp. nl 需要从每周次补给向每日补给系统转变，从推动模型向客户回拉模型转化。

为了完成转化流程，他们求助于 ETC，这是一家批发商（Cooke，2011）。两家公司同意进行项目试验，ETC 负责在 Wehkamp. nl 的仓库中保留正确的物料，以履行卖方管理的库存角色（vendor-managed inventory，VMI）。此外，为了完成日常补给，供应链合作商需要获取软件资源，来精准确定库存等级。该软件根据客户的需求来计算库存水平，并为供应链计划人员提供有关库存水平的战略、运营和技术信息。

该项目享有巨大的成功性，短短三个月，Wehkamp. nl 已将其视为长期性商业模型。加强的库存补给系统促进了高增长率，为公司提供了额外产能来应对线上商业的发展。此外，该模型通过向客户在合适的时间提供恰当的产品，大大提高了产品销量，同时也降低了总库存和安全库存。库存的降低也大大增强了资本的流动性，实现了 Wehkamp. nl 在产品线的扩张。

7.3.6　产需平衡，优化产品生命周期

在产品生命周期的上下游阶段，生产需求每天都会发生改变。因此，供应链中产品的潜力占据了价值空间和经济资源，直至产需匹配，或者损失抵消的常态化。正如精益专家所指，供应链中任何未进入的产品正在造成巨大的浪费（Myerson，2012；Schonberger，2010）。借助该产需策略，公司得以减少资源浪费。

正如图 7-3 所示，供应链组织采用的库存策略和产需策略之间存在差异。总差异便是产需促进了客户和各自制造商对应配送中心的信息共享。根据 Schutt 和 Moore（2011）所言，这些交易减少了库存浪费。为了更好地践行该策略，我们需要对生产活动进行微调（Schniederjans，1993；Schniederjans & Olson，1999），其中包括及时的调度（例如，从每日到每时的时间框架）、更小的生产量。我们要从供应商着手，协调管理库存。

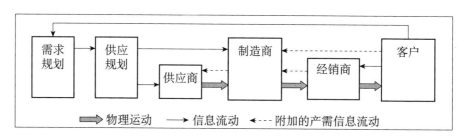

图 7-3　按库存生产和按需生产系统的对比

资料来源：根据 Schutt and Moore(2011:56-57)之 Figure 1 和 Figure 2 整理而成。

按库存生产的诸多公司能够改变或至少朝着产需策略变化。为了判定一家公司是否适用该手段，Schutt 和 Moore（2011）提出了下列四要素：

- 生产技术：随着公司转向产品的短周期生产，需要可靠的生产技术。我们也需要可靠的信息使需求准确地满足生产能力。生产能力的灵活性和高效的准备也是必然要求。

- 产品特性：有些产品比其他产品更适合按需生产。从决定生产产品到产品可以发货的周期越短，证明产品越好。其他产品包括大批量（例

如，造纸）和组件很少的产品。长周期（例如，发酵）的产品不是理想的
业务选择。理想情况下，必须有必要的原材料和修饰元素（例如，包装）。

● 供应链组织：供应商应承担维护库存的大部分责任。为了快速响应
需求，各方要形成战略型和协作型相结合的采购关系。

● 信息可视性：同经销商共享客户信息，制造商和供应商（见
图7-3）可以实时向工厂调度员显示客户需求和成品库存。

在这些预选条件的基础上，Schutt和Moore（2011）提出按需生产的
候选企业需要面对，并且时刻准备应对各方变动，包括生产能力、生产可
靠性、转换时间和成本、跨产品合理化、供应商关系等，以及支持实时客
户订单和库存信息的技术。此外，按需生产的潜在客户应该充分考虑下列
四个要素：

● 改变生产计划和规划流程：主生产计划（master production schedu-
ling，MPS）更改包括：对较低的成品库存目标进行调整，增加小批量生
产，较少规划时间。这使得主生产从明确的计划发展为按需生产的策略。
此外，工厂规划方需要日常化照看客户订单流，并且再次发展短期计划安
排，使生产能更好地满足需求。

● 库存策略再思考：减少库存是该策略的主要目标，其中包括重新计
算安全库存、循环库存指数、工作进度水平（work-in-process，WIP），
以及物料库存策略，来更好地缩短交货时间。

● 加强供应商的沟通：加强同供应商的沟通十分重要。生产所需的大
批量库存货品，且这些货品对终端货品而言具有独特性，需要通过加工厂
进行密切管理，尽可能减少运输时间（Schutt和Moore提议不超过一
天）。为了达成紧密的库存管控需求，良好的软件工具不可或缺。在共享
网站上发布的面向通信的电子表格，显示了每日或每小时的交付要求以及
当前实际物料状态，建议以此作为加强交流的手段。同样的信息可通过手
机或其他通信设备进行共享，以增强传输速度。

● 统一组织：为了落实按需生产策略，我们需要对制造商组织再度进
行调整，使其从低成本、以部门为中心的战略定位转向供应链主导。在制

造主导的公司内，每单位的生产成本成了主要指标。在按需生产的公司内，每单位成本始终是用于评估的核心指标，但更大范围的经济信息也反映了供应链环境。成本指标包括库存、仓储、运输成本，以及超额和陈旧库存的处置费。新指标也适用于评估并追溯供应商、工厂材料、WIP 加工品、工厂制成品、配送中心制成品的库存材料。

可见，产需平衡不要求公司必须完成按时按需生产的目标，而是说：一家公司的战略应该努力推动公司朝着理想的方向发展。公司发展越是坚持一对一（即：单位需求对应单位生产或运输），供应链的浪费就越少。一些最伟大的目标设定研究人员发现，为了实现最佳的公司业绩，公司应该根据既定目标及其践行标准，再次明确申明奋斗目标（Johnson，2012）。

7.3.7   以学术观点看待统一观念

知名学者就供应链资源调整战略提出了诸多建议。Lee（2011：1 - 19）建议在供应链与客户需求不协调的情况下，管理者不应尝试调整供应链，而应从头到尾重新思考。重组后的供应链组织会将较新的核心问题（如可持续性）纳入其中，而不仅仅是简单补充。

你从何时付诸如此艰巨的努力？Slone（2011：195 - 214）提出一致性或调整策略。这些策略始于客户，逆着供应链而行。策略的起始点是客户对产品、配送和价格的需求。基准线是找到对应客户需求的市场竞争力。从分销渠道向制造商和多渠道供应商挪动，并评估了信息技术、流程、管理角色和人才。最后，公司可以按照需求结交新的合作商，满足新增客户需求。

这种策略听起来很简单，但执行起来也煞费苦心。此处提到的经验是取得一致性的重要指南。简言之，不必力争对供应链做出细小的改变，这纯属浪费时间。相反，我们应该对供应链进行全面重塑，并且聚焦客户需求。

7.4 其他统一性话题

7.4.1 应对产品生命周期的初始期和成长期爆发性增长的策略

在产品生命周期的初始期和成长期，有些公司会就客户需求加大产品供应量。在这些阶段，早在其他公司没有机会推出具有竞争力的产品之前，该公司产品在市场上基本上是单独存在的，因此，可以充分考虑产品利润。不过，一旦竞争开始，价格和利润便会下降。苹果电脑这家公司，其处于早期独家高利润期时，能在制造和分销上投入更多成本，将更多产品投入生产线（Turbide，2011）。对策之一便是在现有的系统中提高供应链能力，来预测激增的需求增长。例如，一家公司可以在产品初始期签订大规模的航空运输订单。航运成本更高，但可将运输时间缩短至一天，而不必耗费几周开展运输（例如，航运货物）——这种长时间的运输也会折损公司利润。在急剧变化的市场上，慢速模式是无法存活的。苹果公司不仅具备生产能力，同时锁定了供货量有限的某些组件和材料的供应。这一策略抑制了竞争者所具备的组件生产优势，削弱了它们的市场竞争力。

7.4.2 如何应对季节性物流增长

快递货运公司是许多公司供应链的主要合作伙伴，物流必须满足客户季节性或节假日的增长需要。各公司可以套用联邦快递处理服务需求波动的方法，通过调整供应链资源以应对客户需求的激增。

联邦快递预测 2011 年的感恩节和圣诞节运输量将超过 2.6 亿件订单，相较 2010 年增长了 12%（Strategic Sourceror，2011）。联邦快递的国际运输枢纽位于洛杉矶国际机场，聘用了上百名员工在几米长的运输线上处理包裹。将包裹从机场运输至分拣仓库，均采用了最新的物料处理技术。为了确保各个包裹位置的准确性，联邦快递对高新技术检测设备开展大量投资，这使得公司能充分利用飞机和货车的每一寸运输空间。就资本投资而言，激增的需求增长远超过正常的员工能力。为了应对需求增长，联邦快递在每条运输线上新添 20 000 名员工来加强自身的员工能力，更好地应对需求的增长。为了处理成千上万只箱子，联邦快递按照具体任务，将员工分成了不同的组别。例如，有些员工专门区分寄件地址信息不完整的包裹，其他的员工对运输飞机和卡车进行卸货。

劳工具体化和物料分拣技术的运用，大大提高了运输效率。临时增加员工数量也是应对需求激增的良策。

7.4.3　增长策略的应急预案

将实体工厂和产品未来增长或整个供应链相统一，是应急计划的重要构成。增长是必然趋势，因此提高供应链效率十分关键。斯凯奇（Skechers USA），这家主要的制鞋公司在 2011 年对配送中心做出的改进是较好的例证。

该公司起家于五个位于南加利福尼亚州的配送中心，工厂占地面积达15.79 万平方米。不同工厂具备不同设施，并且负责不同的订单需求流程。此外，随着订单进行中额外需求的增加，一件产品需要在不同工厂间进行转移，这提高了生产成本。该产品在一座厂房被接收，在另一座厂房被分拣和打包，并可能出现在第三座厂房。将产品从一个地点运输至下一个地点，直至产品到达合适的位置，这一过程需要付出诸多努力。斯凯奇希望在一个地点完成所有运营步骤，同时也希望保留北美配送中心的地位，而不是发展分销网络。地域性配送中心的存在，使得西海岸需要在东部海岸区建造库存区，反之亦然。

为了促进产品增长，他们设计了一个占地面积为 16.91 万平方米的工厂，该工厂位于加利福尼亚州长滩港口以西约 129 千米处。从这儿，斯凯奇出口所有的鞋类和运动装备。加工厂力争践行两大重要战略目标：巩固运营，实现持续性增长。新的配送中心实现了高度自动化，且能处理位于北美的所有鞋类公司的分销活动。新的配送中心由三个不同的工作区构成，每个区域占地面积约为 5.57 万平方米。其中两个区域各有 3.72 万平方米的储存区；中部空间满足了订单和运输需求。

新工厂是加利福尼亚州最大的配送中心，并计划成为最有效的配送中心。该工厂实现了全自动化物料处理系统，实现在接收和运输之间每双鞋处理次数的最小化，且库存量可达 70 000 双，库存单位和加工约为17 000 双每小时。从前的五个租用配送中心每小时处理 7 000 双，如今为了应对需求增长，处理效率超过了 14 000 双每小时，且仅需原有员工数的一半。工厂及其自动化系统的设计体现了高度灵活性。例如，这两个自动存储（automated storage，AS）或检索系统（retrieval systems，RS）单元都是可扩展的。斯凯奇做了周密的考虑，它还购买了一块巨大的邻地，以备新工厂扩建之用。

7.5　未来走向

社交网络（即：依靠网络或移动技术，在组织和个人间制造互动交流，发起并交换用户相关内容）广泛应用于市场和人力资源商业运营。社交平台种类繁多，包括"社会流"（Social Flow）、"强度"（Attensity）（均用于评估社交媒体）、"中央桌面"（Central Desktop）及"创造"（Creately）（用于协同合作）。

Casemore（2012）提出社交媒体将遍布各个商业运作，发挥出日益重要的作用，包括在供应链管理中心占据重要地位，并说明了四个方面的潜在益处：

● 有助于创建知识网络：使用社交平台如脸书和推特，一家公司可以快速获取并反馈客户意见。社交媒体可用于获取供应链实时信息，包括内部信息（如库存、仓储和采购部门等）和外部信息（供应商和合同商）。例如，一家客户公司产生了物料和设备需求，其可通过脸书来建立供应商网络。在该网站上，其可以发布需求细则，包括物料或设备的图片和视频资料，并注明投标截止日期及其他相关信息。供应商和客户公司可以通过移动技术做出后续跟进，网站也记录了要求、供应商的选择和表现，以及任何相关的问题。

● 加快决策制定流程：许多社交平台支持视频、音频和文字在大型供应商网络中及时进行传输，大大增强了供应链决策制定中的敏捷性和灵活度。

● 便携式信息：在移动设备上对信息便携性需求的增加，要求具备及时获取信息的能力。社交媒体可提供必要的平台。

● 同社区合作方式的转变：供应链经济中需求的透明化需要加强核心供应商之间的关系。搭建供应商网络，对核心信息、机会和发展思想及时进行共享和落实，为各组织创造了竞争优势。此外，通过社交媒体充分调动供应商也能促进供应链创新。社交媒体为这类社区提供了理想基础。

■ 谈　判

■ Negotiating

术　语

倡导方法	多代理系统
人工智能（AI）	谈判
自主代理	谈判策略工作表
谈判协议的最佳替代方案（BAT-NA）	粒子群优化算法（PSO）
	失速
遗传算法（GA）	工作说明书（SOW）
强硬策略	第三方供应商
智能代理商	输赢策略
知识查询操作语言（KQML）	双赢策略
最低可接受的解决方案（LAS）	零和博弈
最大支持性解决方案（MSS）	

▶▶▶▶▶▶▶▶

　　我们在供应链管理中所做的一切都离不开谈判。供应链经理带给该专业领域的知识、技能和天赋决定了供应链的发展方向。同供应商进行谈判，达成互惠合作，是所有谈判的目标。

　　我和中型引擎部门副总裁巴拉克每个月都会通电话。这次，他同我分享了对首席采购员的担忧。而这个采购员直接听命于供应链部门总管托德(Todd)。巴拉克说："比尔，您和我的业务经验丰富，深知同供应商谈判的重要性，这也要求我们不断地发展工作技能，以便更好地开展工作。但托德手下的首席采购员，他似乎存在工作失误。我觉得有一份必须签署的合同涉及的金额过高。我询问了托德合同内容、谈判地点和时间，却发现这份合约签署过程中涉及的谈判次数很少。事实上，这笔交易仅用了一天就完成了。我手上都没有关于采购流程的详细信息，只能看到价格。我发现，以其他供应商的合同价格为基准线，该合同价格是虚高的。我坚信，我们的谈判能力绝不止步于此。"

　　我接着问："巴拉克，根据您作为买方的经验，很可能在您第一次与供应商谈时，不必非得签订合同。倘若这样，您在谈判过程中所受的压力可能没那么大。您的首席采购员需要在一天内完成合同谈判，这也对托德亮起了危险的信号，因为他没有充足的时间对谈判内容进行深究。通常，谈判过程是反复的，需要多个来回，收集更多信息，谈判双方需倾注大量的时间和精力。那么请问，您的部门同供应商开展谈判前，会做多少准备工作呢？"

　　巴拉克解释道："基本上，除了对三个供应商进行定价，他们还对我们所需物料进行报价，并综合衡量其他服务。此外，正式谈判前无须太多的预热工作。只要首席采购员关注了当前市场价格，就足以顺利推进谈判流程。"

　　我对此十分诧异，追问道："您特意找我，跟我讨论这个问题，看来是明智之举。我以买方身份开始了供应链管理的职业生涯，且深知在谈判过程中该如何与供应商协商建立供应链网络。巴拉克，您所提倡的首席采购员法并不妥帖。我们相信您的部门能代表公司，与供应商达成百万美元的合作。在未来的谈判中，我们需更加谨慎、包容地对待谈判，尽力而为之，更好地支持公司的供应链活动。"

巴拉克提问道："那么，比尔，你有什么建议呢？"

我解释道："谈判过程中，首先要落实基本概念，确保双方的合作践行互惠互利原则。谈判的结束并不意味着合同的签订。有时，我们会因为无法达成共识而放弃合作。我们应努力创造双赢大结局，使双方均能从中受益。我们不希望看到自己的供应商因向我们提供赔本合作，而濒临倒闭。这和可持续供应链发展背道而驰。实际上，我们应该更加重视供应商为公司运营带来的其他惠利，如世界一流的配送服务。您的下属应该知道他们所要争取的是有利的条款和条件，努力获得最优待遇。与此同时，您仍需要控制重要款项的总成本。总成本不仅仅包括价格，这也包括供应商提供的额外的具有价值的服务。否则，倘若您与其他供应商开展合作，可能在该环节需要支付额外费用。在谈判环节中，最关键的是让对方知道我们的关注点，也让对方列出他们的关注点。务必牢记，不是所有的谈判都能确保最终合约的签订。谈判是您试图同供应商明确沟通条款和条件的过程。当然，部分谈判也能收获合同签订的完美结局。现在，您的下属需知道，如果我们在合同谈判上让步，跟供应商妥协，顺着他们的想法走，那样绝不会生成可持续的供应链。律师负责订立合同，这确实为组织提供了一些规避风险的保护措施。但当前供应链各方关系日益依赖化、密集化，合同显得过于笨拙，反而无法形成良好的合作关系，促进供应链发展。理想情况下，我们希望供应商能支持我们的生产工作，如在设计阶段帮助我们挑选材料，使得产品尽可能地符合需求，实现高效合作。以上就是部分供应商为我们提供的额外服务，这也是我坚持价格不是谈判的唯一目标的原因。"

巴拉克继续问："比尔，你在这里提到的理论框架听起来不错，但我必须让我的下属与供应商坐下来，面对面讨论合同内容。就谈判战术，你有什么可以与我分享的吗？如此一来，我也能跟他们分享谈判期间该如何开展互动。"

　　我点评道:"巴拉克,谈判就像一支双人舞,时而由一方领舞,时而由另一方领舞。舞蹈是反复的、来回的,充满惊奇、神秘和趣味性的。当您的谈判团队坐在您对面的桌子上时,不要让他们期望对方团队会真诚地吐露出自己的心声。他们可能会故意说些假话,来从你身上套取信息,进行挑衅。您的团队也必须这样做。国际谈判有时是独特的。例如,我发现,若您对那些母语为非英语的外国谈判者施加的压力越大,他们会越快地丢掉英语技能,深陷英语迷雾。不过,这仅仅是一种谈判战术。谈判战术包括诸多方面。例如,在一些谈判团队中,我带了两个人,而对方带来了20个人。进行谈判时,您必须明确期望从供应商那里得到什么,以及您此次谈判的底线。如您所知,这被称为谈判协议的最佳替代方案(best alternative to a negotiated agreement, BATNA),或者是抛开达成协议,我们将做些什么(备用计划)。您的首席采购员需要收集有关行业定价,并且该价格应基于三个以上的供应商而得到。该价格属于行业级信息,包括我们从供应商处寻求产品相关的全部信息,包括行业、政府和该产品的市场动态。此外,您的首席采购员还应收集有关供应商的交货性能、生产能力和技术能力方面的信息,以确保他们具备出色的商业经验和能力,来满足我们的需求。如果您知道某个组件当前或先前的价格信息,并且掌握了用于制造该组件的原材料的价格趋势,那您便能预测该组件价格的上涨或下跌趋势。就供应商所能提供的额外服务而言,您应该将其同其他供应商进行对比,以对该供应商的附加值进行衡量。按照您目前的做法,您应该与至少三个不同的供应商进行谈判。当完成上述步骤,您就可以与供应商抗衡。对于重要合同,谈判团队必须包括您、您的供应链部门主管和首席采购员。有时候,我们也需要配合完成一个小游戏,例如'有的人唱红脸,有的人唱白脸',以推动谈判进度。在某些情况下,谈判进度可能过快。这时候,我们可以通过召开决策会议或离开会议室,前往其他地点,继续讨论谈判事宜,以此来放慢谈判速度(就像玩游戏时,别人对你撒谎)。我们可求助的支持团队可能包括谈判团队、产品工程人员和质量经理。当然,您可能会觉得筋疲力尽,且需要中断谈判进行休整。当您重回谈判场时,即刻需要代入游戏角色。您不能被对手猜透心思，也不能受其言辞的影响。幸运的是，随着时间的推移，您与该供应商的了解不断加深，谈判过程会变得更加轻松高效。"

巴拉克说："谢谢你，比尔。你说的这一切都令我受益，我会将这些话转述给托德和部门下属。"

最后，我提议道："巴拉克，我也建议您可以充分利用如 Karrass (www.karrass.com) 这样的谈判培训组织，来培养团队的谈判技巧。公司的另两个部门正在使用外部培训机构，来为其经验丰富的新买家和管理层提供优质服务。在这个至关重要的供应链技能领域，调用谈判培训师是保证组织与时俱进的好方法。"

8.1 必读材料

任何产品在生命周期的各阶段都会出现需求变动，进而同供应商的关系也会发生变化。在产品生命周期的各阶段，由于产品需求的变化，我们需要就新合同或协议进行谈判或重新谈判。对于致力于发展供应链管理事业的人才而言，谈判技巧是必备技能。

以深奥的语言释之，谈判是人与人或团体间发生的对话模式，力求达成谅解，解决分歧或推动双方达成行动方针共识。谈判旨在两方之间达成妥协，而每一方都企图在对话结束时取得相对优势。

供应链谈判通常遵循倡导法，即技巧高超的谈判官视为一方的发言人（例如，买方），试图从对方（例如，供应商）处获得最惠条件。（在本章中，我们将展现买方和供应商的关系范式。）在此谈判过程中，谈判者（常为律师、合同专员、采购代理、业务主管，或在复杂情况下，可能是配备所有人员的一个团队）会试探对方（例如，供应商）愿意做出的让步，并相应地调整买方需求。在这种情况下，倘若谈判者能够赢得我方预期的全部或大部分谈判成果，则意味着谈判的成功。谈判也被称为输赢策略，这种叫法源自一种假说，即一方的收获意味着另一方的损失。该情境仅存于谈判条件最有限的状态，即双方开始零和博弈（即：一方获利，一方失利）。

表 8 - 1 描述了供应管理协会提议的典型谈判过程。如表 8 - 1 所示，在多数谈判开始前，买方和供应商需要对此展开大量分析，最大化发挥各自作用，为各自所属公司谋利。就像为辩论做准备一样，双方力图寻求让步空间，获得胜利成果。在实际的面对面谈判前，双方需要设身处地了解对方需求，清楚可以采取哪些措施来满足需求。

表 8 - 1 ISM 谈判过程概述

ISM 谈判过程中的步骤	描述
1. 定义目标	定义同供应商协商的内容。此步骤涉及的因素包括产品或服务的定价（即：买方公司所需成本）、交付的及时性、满足组织的基本需求（例如，长期安排）、对合同的管控（例如，说明不符合项的取消程序）以及达成互利协议的愿景。
2. 收集事实并分析数据	双方都能够影响谈判过程。收集并分析数据，以更好地了解市场力、买方和供应商的实力，这些力量将影响谈判流程和最终合同的签订。产品的可替代性越大，所需该产品的供应商越少，则供应商在谈判过程中的话语权就越大。由此可见在特定行业中销售产品对供应商的重要性，买方内部生产产品的能力以及向供应商提供大额合同，均有利于买方获得谈判主导权。买方对所需产品的准入壁垒、供应商在解决问题中的创新能力以及供应商对产品的独家经销权都有利于供应商开展谈判。其事实数据包括影响市场趋势的因素（例如，行业的发展或衰退）、价格指数（例如，批发价作为未来零售市场趋势的预测指标）和文化维度（例如，在谈判过程中，预期的社会行为不会给任意方带来消极影响或产生侮辱性行为）。
3. 计划筹备，着手准备工作	采用正确的谈判理念，这样双方才能在谈判过程中为各自争取合适的利益，取得理想结果。这要求一方考虑与供应商的所有谈判历史（不论好坏），或者可以从同供应商开展业务往来的其他公司处收集相关历史数据。这种理念应该包含合作意愿，并要求双方之间进行深入互动。其应该规避对立或对抗立场。ISM 建议在供应商所在地进行谈判（请注意，本章稍后会指出例外情况）。其他可以为谈判奠定基础的因素包括建立一支进行谈判的团队、制定双赢战略、预测供应商会采取何种策略谋求成功（也就是说，双方应进行互相预测，以此制定预期的战术和策略，由此签订互利合同）。

续前表

ISM 谈判过程中的步骤	描述
4. 分析买方和供应商的谈判立场	双方应该进行全面分析，以识别各自的优劣势，从而在谈判中增加话语权，并避免受制于对方。此阶段的分析应该包括技术和购买信息、市场信息、服务和产品相关的建议，以及技术和价格信息。其他因素，例如供应商对合同的期望或需要、供应商在其行业中的声誉和供应商的财务实力之源，均是该步骤应该考虑的因素。对于买方而言，优劣势源于其谈判技巧和权威性。持续性、洞察力、智慧、机智、灵活性、言语清晰度和倾听能力等因素对谈判团队的成败发挥着关键作用。其他因素也包括谈判所需的时间、成本和定价的可接受性，以及买方根据交易需求接受替代方案的能力。
5. 建立谈判的锚点	谈判必须始于某个要点，抑或某个初始点（锚点）。在该要点上，买方可以根据收集的信息，提出谈判重点和对供应商的期望。通常，买方在后续谈判中会贴近这个锚点。锚点是基于买方对自身需求的考量，以及对价格、质量和其他因素的仔细分析得出的。除协议条款外，这还取决于供应商能做什么和愿意做什么。谈判协议的最佳替代方案是最常见的锚点发展表达方式。在多数组织中，BATNA 的特点便是，当买方无法与供应商达成协议时，可以将其作为备用方案。可见，BATNA 是一个后备计划。BATNA 可以作为低端基准，以帮助买方寻求更高水平的服务或产品。它也能推进谈判进程。
6. 参与谈判	谈判的参与，衍生出战术和策略。策略的制定取决于买方的谈判能力。当买方同唯一的供应商进行谈判时，可能会削弱其话语权。此时，专注于供应商同买方做生意的好处（例如，签订长期合同以及这对供应商的意义）可能是一种成功的谈判策略。抑或是，当买方为财团或合作社，能为供应商提供大量潜在业务时，买方处于有利地位，因此可以使用更强硬的策略。可以使用的策略千千万，每种策略都有各自的优势和风险。例如，采取"接受或放弃"这类强硬策略，买方可以快速得到接受或完全拒绝的答复。后者意味着谈判的完败。"目标战术"，即买方明确指出除价格外的所有要素均符合其需求，然后提出目标价格，以迫使供应商就某一条款做出让步。因此，该战术有助于促进谈判的顺利开展。

资料来源：根据 Cater and Choi(2008:149 - 183)整理而成。

8.2 谈判协议的指导原则

在谈判理论中，对于供应链管理者而言，有两件事情非常重要：我方想要什么，以及该如何满足我方的需求。买方想要与供应商达成一项协议，以最大程度地满足供应链需求。同样，供应商也希望有一个成功的协议来满足其需求。想要在谈判中达成协议，双方需熟悉正确的谈判战术和策略。

8.2.1 成功的协议

如今，成功的谈判协议往往是透明的、详细的，并全面陈述了双方的所想所要。有许多达成此类协议的方法。表 8-2 中列出的指南是供应链管理者需掌握的常规性入门框架，包含于采购协议的制定流程中。

表 8-2 采购协议谈判的指导原则

谈判原则	描述
明确说明产品或服务的战略意图	谈判协议应向供应商明确买方在使用产品或服务时的战略目标，以便供应商可以朝着成功的必要方向努力进行建设和发展。
明确说明目标、目的和期望	谈判应尽可能详细地定义买方所有目标的预期、地点、人员、事件和时间。这些期望最好是可以量化的，包括详细的指标，以后可用于监测业务完成度。工作说明书（statement of work, SOW）是一种通用文件，其概述了供应商或承包商应提供的特定服务。当前有四个 SOW 文件：设计 SOW、工作量 SOW、性能 SOW 和功能 SOW［详情请参看《ISM 术语表之关键供应管理条款》（*ISM Glossary of Key Supply Management Terms*），第 4 版，2007 年；www. ism. ws/glossaiy/? navItemNumber = 7800］。
建立清晰的时间范围	在一份协议中，倘若采购协议设有固定的时间范围，其明确道清所有安排的时限，以便供应商知道预期情况。对于那些协议尚未规定时限的款项，应设有一个固定的审核期限，便于各方重新评估协议。即便是进行调整，也不会受罚。
定义供应商的服务或产品范围	买方应尽可能详细地说明供应商的职责范畴。这可以通过提供服务的小时数或生产单位来定义，也可能涉及质量控制问题和其他带有主观色彩的任务。
买方公司对供应商的帮助	协议中应明确说明买方可以为供应商提供的财务、系统、人力资源和技术支持，由此供应商也能清楚明白自己可以从买方处寻求哪些帮助。这应包括时间范围、具体金额以及买方公司计划提供的服务。
定义转换角色	在协议启动阶段，应定义各方的职责并明确达成共识，避免混淆各方应扮演的角色。协议初始，各方需要付出诸多努力，以确保所有成员的表现均符合预期。

续前表

谈判原则	描述
定义管理和控制活动	协议中应明确指定某个采购团队或经理，以由始至终地管理和控制采购过程。这可能是采购团队负责人和供应商需要共同践行的任务，但必须明确每个人的角色和任务分配。由于设计、实施和后续活动对采购的成功至关重要，所以各阶段都应设有经理，负责监督和控制整个流程。
定义沟通和报告要求	必须明确定义买卖双方之间的报告工作，以便每个人都知道该向谁汇报工作，以确保所有人都熟知管控功能。关于采购协议进度的报告应说明正在执行哪些任务、该任务是如何满足预期基准的以及信息该传达给谁。
实现协议双赢	该协议不应有所偏袒。双方都应该能从协议中看到短期和长期优势。它必须是互惠互利的，不该拆东墙补西墙。
制定条款，明确奖惩，对违规者进行惩罚	我们应该建立一种奖励制度，以激励供应商达到甚至超越买方公司的预期目标。同样，当供应商未能按时履行合约时，供应商（部分或全部）应向买方支付成本费用。我们必须建立并传达奖惩措施。
建立评估供应商绩效的指标	双方必须以书面形式，明确申明定义合规性和供应商成功的指标。也应该确定如何落实这些评估（即：评估方、时间、地点以及向谁汇报工作）。
建立定价条款	合约应清楚说明进行价格控制和限制的领域。这不仅包括供应商同意向买方公司收取基本服务或产品协议的费用，还包括在加班或收取额外服务费上具有的灵活性。这也可能包括第三方供应商，即供应商从其他分包商或供应商处为买方公司购买物品。
建立协议终止条款	协议应明确定义任何一方可以终止协议条款。协议中应明确定义双方不履约行为的表现，以及纠错调整的合理时限。它们应由双方共同商定，并与绩效指标挂钩。
制定规定，应对额外贡献	在任何合作关系中，任何一方或双方都可以开发或创造新的想法、技术、流程或产品。协议中应明确声明如何共享所有权。也许还需要说明使买方公司受益的新流程。而在该流程中，供应商有理由获得额外补偿。
制定规定，应对意外情况	在任何关系中，意外情况（例如，市场消失、财务问题、劳资纠纷和战争）的爆发可能阻碍协议的达成。没有一份协议能全面覆盖所有情况。因此，我们需要构建一个系统，能妥善应对所有情况，避免落入诉讼或协议终止的僵局。我们可以邀请高管或专家小组对情况做出判定，并向双方提出公正的建议，避免法律纠纷。

资料来源：根据 Schniederjans et al. (2005:62-63) 整理而成。

8.2.2 谈判策略与战术

目前，供应链管理变动太快，以至于双方在制定协议上倾注了大量时间，而公司的底线方案可能不会改变。这并不是说，供应链管理者的谈判工作对公司的底线方案毫无价值；但是，长战线的"游戏"正在慢慢被时代淘汰。不过，有些游戏可能会使买方从供应商处获得最佳交易。老派的强硬做法（例如，"白脸和红脸"或"掩人耳目"之举）对谈判于事无补。

那么，成功的谈判策略从何得知？据观察，有些谈判者具备并使用某种特定谈判方式。一名谈判者可以套用多种谈判风格，每种方式均有利弊（见表8-3）。对迥异风格的了解，可以帮助供应链管理者区分那些影响协议谈判的潜在行为。例如，如果供应商的谈判风格属于融洽型，则买方的谈判者可以利用氛围的敏感性削弱对方优势，从而在谈判中获益。

表8-3 谈判风格

谈判风格	描述	与他们打交道可能采取的策略
包容	此类谈判者希望通过解决另一方的问题，以维持良好的人际关系，寻求包容性氛围。调解人会尤其关注对方的情绪状态、肢体语言和口头信号。	谈判时，当对方不重视双方关系时，便可充分利用包容型谈判者的弱点，或可以使用假的肢体语言来操纵谈判者。
回避	此类谈判者只在不得已的情况下进行谈判。谈判时，这类谈判者更愿意退后，避开谈判雷区。	谈判时，对方可以制造对抗性局面，对谈判者施加压力。为了避免谈判的持续，谈判者会做出更大的让步。
合作	此类谈判者很喜欢谈判，喜欢以创造性的方式解决燃眉之急。合作者擅长通过谈判来了解对方的关切点和利益点。	谈判时，双方为了快速完成谈判任务，可能会损害当事人的乐趣。他们可能会选择延长谈判时间。他们要是想拖延谈判时间，定会把简单问题复杂化，进行拖延战。
竞争	此类谈判者非常享受谈判，因为谈判为他们提供成为胜利者的机会。竞争型谈判者对谈判各方面都有很强的直觉，常为战略博弈者。	作为称职的游戏玩家，他们很容易酿成无意和无休止的谈判。在这些谈判中，拖延时间和其他压迫行为反而利于买方。不仅如此，他们往往在讨价还价过程中占主导地位，而忽略了关系的重要性。

续前表

谈判风格	描述	与他们打交道可能采取的策略
折中	此类谈判人员渴望通过对参与者公平以待,以完成交易。当交易时间受限时,此类谈判法非常奏效。	拖延战术可能会破坏这类谈判者的节奏,将其击败,从而使买方在交易中占上风。折中者常会不必要地匆忙进行谈判,并快速让步,让买方有机可乘。

资料来源:根据 Shell(2006:112 - 145)整理而成。

在谈判过程中,没有任何一种方案或单一策略适用于所有情况。制胜策略的最佳办法便是制定一种囊括所有特征的谈判策略,由此开展商业谈判。表 8-4 描述了诸多制胜策略的标准。为了进行校对,表 8-4 中提到的建议可以帮助供应链管理者避免谈判策略制定中的疏忽。

表 8-4 制定谈判策略的标准

赢得谈判的策略准则	描述
在所有重要因素上发展商业智能	为了更好地同供应商打交道,买方需要对供应商非常了解。谈判不是在信息的真空中进行的,而应基于对与谈判关联因素完整透彻的分析。买方应该知道供应商提供服务或产品的能力,以及自身业务的熟悉程度。双方应共同研究并明确供应商可能面临的风险、声誉和短期或长期的业务能力。
使用肯定的陈述	买方需要充分了解供应商的观点,并让供应商知道自己对其观点持积极态度,这能向对方传达出渴望持续并进一步合作的先发意愿。
巧妙使用问题	在正确的时间,用恰当的问题否定不利条件或转移批评,以此来避免双方达成不公协议。
安全性	如果谈判中可能出现不道德行为,则应在买方所在地进行谈判。这能降低差旅成本,并确保买方的团队处于正常的工作环境中(即主队优势)。
有效倾听	买方可以通过聆听对方用词、语音语调,抑或在谈判过程中收集相关肢体语言信息,以洞悉供应商的立场和目标。
诚实守信	"诚实守信"不失为谈判良策,因为这是信任的基础。没有信任便难以建立成功的长期合作伙伴关系,甚至难以达成短期协议。
透明度和开放性	此处的透明度和开放性是指共同明确谈判方向,但并不意味着共享各方考虑的所有目标和宗旨。谈判的透明度指双方所有成员就采取的各类行动保持同步。透明度的实现可通过记录每日的协商工作并将之与参与者共享。谈判的开放性意味着信息共享,但仍旧坚持在谈判过程中使用相关策略或战术。

续前表

赢得谈判的策略准则	描述
懂得拒绝	无论投入多少时间或精力，我们都应该拒绝签订不可接受的协议。当协议内容对买方而言存在风险，且供应商催促合约的签订时，买方须谨慎对待，拒绝签约。
学会体谅	买方对供应商保持尊重，有助于建立商业信誉，也能减轻谈判场上的敌对情绪。
回答问题具有全面性	买方准确真实地回答供应商的问题，可以帮助供应商勾勒目标，并加快对方回应速度，从而减少谈判耗时。
分析每个报价	买方应仔细分析供应商的每个报价。无论报价有多么诱人，买方均应衡量供应商的报价动机和交付能力。此外，买方也需要分析合作中长短期机会和威胁。
表现出耐心和宽容	某些协议需要长期的谈判流程。买方应该耐心等待供应商表露目标意愿。每当供应商提出不合理的要求时，买方应秉持宽容的态度，这不失为促成合作的成功策略。
尊重文化和性别差异	在全球范围内开展的谈判，需要双方深入了解文化差异（包括性别、种族、民族），这对任何谈判策略而言都至关重要。

资料来源：根据 Fawcett et al.(2007:361-368)、Carter and Choi(2008:178-181)整理而成。

一旦制定了总体策略，就需要进一步确定实施战术。谈判过程中可以套用多种战术。表8-5描述了一些更常用的战术。具体的战术抉择取决于谈判团队的偏好、所选策略的性质以及谈判过程中买方的首要目标。

表8-5 常用谈判战术

谈判战术	描述
依照事实	谈判基于事实。如此一来，可以避免出现真相揭开时买卖方信誉受损的情况。这也增加了买方的话语权，且在某些情况下，它使得供应商在谈判过程中处于防御状态（例如，如果事实直击供应商的弱点）。
最佳和最终报价	这是一种"要拿就拿，不拿拉倒"的战术。如果谈判者不愿意放弃谈判，并强制执行合作的话，这可能需要参与者冒着信誉折损的风险快速做出决定。
最佳初始报价	提供强有力的初始报价有助于买方在供应商心中树立其对待业务认真的形象，可推动后续谈判的高效开展。
提供优惠报价	倘若一方知道要做出让步，就应该在谈判伊始，提出非常优惠的报价。
维持主动权	尽早建立主动权，并通过调查对方立场维持主动权。当对方要求谈判主动权时，我们可以要求对方提供合理的支持文件来证明主动权偏离的理由。

续前表

谈判战术	描述
缺少团队成员	如果谈判团队无权做出最终决定，则该团队可以在谈判未按预期进行的情况下中止谈判。
高优先级问题	故意先讨论最高优先级的问题，并快速解决这些问题。这会成为亟待解决的重要问题的核心，并让供应商明白买方在谈判中期望快速达成的目标。
低优先级问题	故意先讨论低优先级的问题。首先，买方需要明确供应商希望稍后再处理更高优先级的问题，此时提前讨论低优先级问题便是一种有用的策略。
安排休息时间	在谈判中安排休息时间，便于双方对评估谈判进度、收集信息并重新衡量是否需要修改策略和战术。
限时提供	一方提出合作时可以威胁对方，除非现在接受，否则过期不候。典型的双输谈判，而一方若是频繁使用此战术，也会降低其信誉。不过，该战术可以迫使供应商快速做出决策，从而节省谈判时间和精力。
转移	倘若买方不希望将谈判重点放在某些问题上，超时等转移注意力的方式可以帮助买方避免暴露或讨论不利问题。
沉默	就某些条款来说，买方的沉默能使供应商感到紧张。买方无须提出特别要求，供应商便会主动让步，并讨论其他话题。
运用因果关系	休息时，采购团队可以重新分组并讨论谈判进度。这可能中断了供应商的势头，并有助于买方重新进行定位，开启谈判新气象。
缩小差异	在谈判过程中，买卖双方难免出现差异。集思广益可能是一种有用的战术，可用于减少双方的分歧，并推动谈判朝着折中的方向发展。

资料来源：根据 Fawcett et al.(2007:366)、Carter and Choi(2008:178 – 181)整理而成。

8.2.3　选择最佳实践

总的来说，供应链管理者在业内同事推荐的各种最佳实践中寻求慰藉。这些最佳实践会随着时间的推移而改变。Robinson 和 Harkness (2011)建议，暂且不看谈判团队的成员构成，或者谈判对象为某个产品或服务，个别最佳实践对谈判策略具有很大的借鉴意义。

● 沉默是金：当谈判正在进行时，请勿与供应商进行场外沟通。虽然这没有违反透明和公开性原则，但是某些供应商会试图通过外部通信获取对手信息，并且在合同谈判过程中利用该信息，从而压制买方。

● 保持预算批准的机密性：各方不可透露有关批准的预算的信息，也不可泄露特定项目中内部计划的投资额，也不要表露该项目是买方公司的一项重要举措还是必要举措。这其中的任何一个信息点都可以成为供应商的谈判优势，使得买方处于劣势地位。

● 安排充足的时间：让买方公司有足够的时间来完成谈判，并与各方进行充分沟通。业务期限不应决定谈判策略和执行方式。

另一项关键的最佳实践存在于谈判初期。当任何谈判开始时，供应链经理应严格管控与会人员。每个参与者都应明确角色担当和预期目标。在制定谈判战略的会议期，公司全体员工应参与讨论，并从中挑选谈判团队的候选人。一旦确定了谈判团队中值得信赖的候选人，供应链经理便敲定方案，来组建谈判团队。所有内部参与者必须牢记自身角色，这一点至关重要。同时，他们应充分了解谈判过程中供应链领导者的终极策略。

谈判力求双方达成最终协议，实现互惠互利。谈判购买协议时，所花费的时间和精力常与协议对双方的重要性成正比。本章提到的建议仅是谈判的皮毛，为谈判过程提供了大体的思路指导。而在实际谈判过程中可能会发生诸多问题，我们必须妥善处理疑难杂症，方可顺利达成协议。在下一部分，我们将讨论其中的一些问题。

8.3　其他谈判话题

8.3.1　克服谈判障碍

Robinson 和 Harkness（2011）提出，如果预计的谈判策略未能成功达到预期结果，那么邀请执行领导加入谈判是正确之举。确定他们加入团队的时间点，充分了解其角色作用，是此策略的关键成功因素。

不管是否经验丰富，谈判者通常可以区分供应商何时会停滞不前，或者采购协议谈判进度何时减缓或停止。有时，谈判的进展推动合作的发展，在该阶段买方公司会发表声明，以示对谈判工作的重视。行政监督是打破僵局的一种策略。当高层管理人员参与谈判时，会向供应商发出明确信息，表明谈判对采购业务至关重要。这可能是一条有效信息，传达了买方公司的一致性要求，并为各方提供了公平的解决方案。当聘请高级供应链专业人士参与谈判时，谈判通常会引起更多关注。

一旦高层管理人员决定参与谈判，他必须像其他谈判成员一样，明确定义自身作为管理人员的战略角色，这一点很重要。根据 Robinson 和 Harkness（2011）的说法，只有当协议即将完成时，或者当谈判僵局的打破只能诉诸讨论或改变内部政策时，才需要管理层的介入。例如，当协议即将完成时，可能会有部分最终的高级项目作为必谈项纳入合同中。Robinson 和 Harkness 认为这正是高管介入的良好时机。如果高管认为条件符合要求，则可以最终达成谈判协议。

Robinson 和 Harkness 还提到，其中关键的一点是，一旦邀请供应链高管加入谈判，他必须要充分融入谈判活动，因为领导者如果中途退出，就会削弱谈判团队的气焰。供应商可能会误以为该特定高管掌握最终决策权，最终谈判结果需征询他的意见。这也进而削弱了买方团队其他成员在供应商心中的地位，降低了团队达成谈判的可能性。

我们应始终坚持精准地将高管人员带入谈判中，从而实现具体目标。当供应链高管介入时，谈判流程随之发生变化。因此，高管应遵循两项关键指导方针，对谈判战术加以引导。

● 在谈判中专注于解决问题：这要求高管关注核心问题，例如长期战略远景、研究与设计计划，以及长期合作战略伙伴关系。高管应避免只盯皮毛问题，这样反而会削弱其在对方眼中的地位。

● 向供应管理团队学习：进入谈判领域前，供应链高管应充分了解谈判的关键挑战和竞争格局。

在谈判过程中，来自高级管理人员的支持可以帮助供应链组织攻克谈判难点，促进双方达成协议。时机合适时，一位高管人员倘若以明确角色参与其中，可以催化谈判进度，帮助双方顺利达成购买协议。

8.3.2 拖延战术

根据 Jensen（2011）的说法，拖延战术能激发对手的不安感和怀疑。在需要进行额外研究或内部讨论时，或者当谈判者担心在工作中掺杂私人情绪（即他们需要自我冷静时间）的情况下，可以使用拖延战术来争取更多的时间。

像其他方法一样，使用这种协商策略也存在风险。例如，供应商可能会认为突然缺乏沟通或拖延讨论进度是买方挑衅的一种表现。拖延可能使买方承受更大的压力，而不是赢得更多的时间。往往，受到忽视的供应商可能会撤回报价。

我们如何知道供应商是否停滞拖延？这里，我们可以通过若干方法进行判定。例如，谈判相关必要信息均已就位，而此时他们要求进一步查看文件，这种行为可能是拖延战术。同样，如果供应商的谈判团队突然提出他们没有资格进行谈判，那么这可能也是一种拖延战术。此外，若他们反复讨论同样的问题或观点时，请保持警惕，因为他们可能在使用拖延战术。

对此，最实用的对策便是采用相同的策略。Jensen（2012）建议，买方应充分利用供应商谈判团队花费的时间成本，物尽其用，使其成为买方优势。当供应商决定再次谈判时，买方需再次花费时间成本对供应商进行分析，以做更充分的准备。最理想的做法是，在谈判伊始便设置时间表和敲定结束时间，以此来规避谈判拖延的情况。如果买方期望供应商采取拖延策略，他们应确保一旦重新规划时间，供应商能够满足买方预期。

最后，买方应该意识到，供应商谈判团队的摇摆不定并不是一种策略，而是一种自我防御。如果谈判者看上去不想做决定，或者不想使用过于正式的语言或触及模糊的程序问题，则他们可能会简单地减少谈判内容或放缓谈判速度。

8.3.3 供应链谈判的预热

对于买方而言，制定清晰的谈判策略至关重要。此策略应确立与供应商谈判小组共同解决的目标。策略还应有助于买方确定就各谈判要点的解决方案的可接受程度，例如最大支持性解决方案（maximum supportable solution，MSS）和最低可接受的解决方案（least acceptable solution，LAS），以及在谈判不成功的情况下，明确谈判协议的最佳替代方案。策略的制度对于买卖双方进行谈判准备至关重要。谈判专家建议，准备工作应占谈判总时长的75%。这些准备活动具体包括对供应商数据的收集和分析，以及买方谈判团队策略的制定和成员学习。同买方相比，供应商谈判团队在谈判前所做的准备往往会更充分。

根据 Trowbridge（2012）的研究，如表8-6所述，谈判者可以遵循诸多行之有效的步骤进行谈判准备，以便与供应商开展复杂谈判。

表8-6　谈判成功的准备步骤

准备步骤	描述
1. 买方应熟悉供应商组织	买方应倾注时间，以多种方式对供应商进行研究（包括访问供应商网站，加深了解）。买方也可以通过深入了解供应商的历史及其正在扩展的业务，获取高价值信息。通过网络，买方还可以查询到供应商的主客户。而这些客户可能会共享信息，并有助于买方收集有关供应商业务表现的信息。供应商的销售和获利能力相关信息在谈判中也十分奏效。在这种情况下，买方的协议可能会使供应商获利，增强财务实力。除了网站信息之外，买方可以通过购买库存获取信息或使用 Charles Schwab 或 TD Ameritrade 之类的在线服务，以此来进一步了解供应商的财务实力和业务稳定性。实践证明，上述方法有利于互惠合同的达成。
2. 确定供应商的时间表	即使是在谈判开始前夕，买方谈判团队仍应设法收集有关供应商团队及其战略的信息。谈判前，买方要求供应商提供谈判人员名单和要点清单有助于买方知晓重要参与者（例如，律师或高管）是否参与本次谈判。这也能提前透露谈判要点，使得买方团队在谈判期间不至于对未知议题感到手足无措。但通常，买方很难从供应商处得到此清单。
3. 了解供应商的谈判团队	从步骤2中，买方得到了供应商谈判团的名单，收集了有关各参与者的信息。如果可能，买方应该进一步搜寻每位参与者的简介，以了解他们的可信度、教育程度、年龄和其他有助于加深对其了解的背景信息（例如，兴趣爱好）。像领英或脸书这样的社交平台，便是获取此信息的好渠道。

续前表

准备步骤	描述
4. 查看供应商的业务表现	获取买卖双方业务来往信息。供应商选择计分卡，可作为评估其业务表现的可靠依据。买方有必要知晓供应商与其他买方公司是否出现过合作失败的情形或供应商是否存在业务不达标的情况，这同买方利益十分关切。就某些供应商的薄弱领域，买方可以预想协商对供应商的罚款，以抵消价格风险或潜藏的质量问题。
5. 挑选、筹备买方谈判团队	买方挑选谈判团队成员时，应根据个人的领导力和谈判力进行抉择。他们是高能力决策者，可以从容应对谈判各要点，并且构成了跨职能团队，一齐为谈判做准备。此外，他们应熟知谈判缘由和目标。如果某些成员因政治或职位因素受限不得不退出，那么在筹备环节，应该多招纳贤士，并分成不同的队伍，切分成员的角色任务，这是确保最佳团队战绩的高效策略。团队组建后，应为每个成员分配职责。除了共同职责，还应为每个成员分配其他职责，以促进团队的平稳运行。例如，我们应该指定专人记录谈判进展，使用电子表格进行财务核算，观察并向成员汇报对方的肢体语言等。
6. 学习并准备非口头信号	供应商团队的非口头信号透露了他们对谈判的看法。买方应使用非语言信号，来敲定何时停止说话或何时转变谈判方向。这里重要的是，买方应熟知自己的信号，以和成员共享非语言信息。买方应对这些信号进行反复排练和调整，以确定最佳信号。在谈判中，买方也可以根据实际需求，用手机短信来交流信息。
7. 沟通策略	买方谈判团队需要以书面形式制定策略，以确保团队成员能充分理解和支持该策略。正式谈判开始前，买方谈判团队应预先熟悉结构化的战略制定流程。这可能包括审查对内分析。因为在这些分析中，买方列出了自身谈判目标，列举了谈判要素，厘清需求层级（例如，这些需求究竟是必须达成的，还是希望达成的）、所需解决方案以及其他谈判相关因素（例如，BATNA计划）。虽然在会议前夕，双方就应掌握上述信息，但一份完善的谈判策略单能帮助团队在正式谈判前对谈判目标和内容进行仔细检查。在任何情况下，买方都不得将此单透露给供应商。谈判时，双方可使用平板电脑等电子工具，安全可靠地显示战略信息。

资料来源：根据 Trowbridge(2012：46–51)整理而成。

8.4 未来走向

目前，谈判理论愈发成熟，也不断出现在学术文章中。许多新学说是基于行为理论的，由于其理论性质未经证实，因此短期之内没有太多应用价值。谈判实践的发展趋势之一是使用了自动化技术来推进谈判。

如 Ito 等（2012）所言，谈判可以利用技术，允许（或不允许）信息透露，从而制定决策。在谈判中，一个重要的新兴领域是使用自主代理（即：至少具备部分自主权的软件）和多代理系统［即：由智能代理组成的 MAS（multi-agent systems），这些智能代理是具有算法和其他功能的软件应用程序］。MAS 可以使用知识查询操作语言（knowledge query manipulation language，KQML）（一种用于搜索答案的软件编程语言），实现信息共享。自主代理和 MAS 无须人工干预，便可进行自我组织和自我指导，以控制谈判范式的运作。自主代理可以支持自动化或模拟复杂谈判，并且可以提供有效的讨价还价策略。为了实现这种复杂的自动谈判，我们可以采用人工智能（artificial intelligence，AI）技术（即逻辑和数学算法）、遗传算法（genetic algorithm，GA）（即模仿自然进化过程的搜索启发式技术）和粒子群优化算法（particle swarm optimization，PSO）（即通过迭代步骤优化给定方案的计算方法）。

▶▶ 第 9 章

构建敏捷柔性的供应链

■ Building an Agile and Flexible Supply Chain

故事概述

术　语

敏捷供应链

敏捷性

自动导引车（AVG）

可承诺量（ATP）

商业分析

单元式制造

变更管理

组合业务服务

需求管理

管理展示板

柔性制造系统（FMS)

柔性供应链

交互式货运系统（IFS)

知识管理

知识管理技术

例外管理

里程碑

项目生命周期

项目管理

交货证明（POD)

快速响应制造（QRM)

销售和运营规划（S&OP)

面向服务的架构（SOA)

故事概述

▶▶▶▶▶▶▶▶▶

实现供应链的敏捷性和柔性必须具备迅速适应变化的能力。相比其他任何商业领域，供应链更需具备敏捷的适应能力，从而满足客户和行业需求。预估敏捷性和柔性需要满足哪些要求，从而构建相应的体系，是构建敏捷柔性供应链的最佳方式。

在和小型引擎部门副总裁艾伦聊天时，我谈到了灾难如何影响供应链的话题。2011 年日本地震和随后的核反应堆问题就对我们的供应链造成了影响。小型引擎部门的许多小型电子模块都是在日本生产的，而日本的那场灾难切断了许多制造引擎必备的元件的供应。延迟交货给我们造成了数百万美元的违约金损失，也给了我们惨痛的教训。

回溯 2011 年日本地震及核泄漏事件给艾伦所在部门造成的影响后，他问我从这个事情中得到了什么教训，企业应该或计划采取哪些措施避免重蹈覆辙。我说："艾伦，不管出于什么原因，我们的供应链敏捷性和柔性很重要。日本地震对我们的供应链造成的影响正好提供了一个很好的机会，让我们重新审视敏捷性和柔性。"

艾伦问道："比尔，在强化大型灾害供应链敏捷性和柔性的规划会议上，我们概述了一些重要的准备计划，但强化敏捷性的代价呢？"

我回答道："是的，艾伦，代价肯定是有的，建立系统的敏捷性需要付出很高的代价。但我发现提前规划强化供应链敏捷性能带来诸多益处，不仅可以弥补投入，还可以帮助我们实现供应链体系的其他目标。如果你试着构建敏捷性来应对十年甚至二十年才发生一次的罕见灾难，那么这项投资可能不会有回报，必要性不大。但构建供应链的敏捷性，应对发生频率更高的短期灾难，则可以帮助减轻全面灾难发生时的影响。"

艾伦问道："比尔，你能介绍一个最新案例说明你切身体会到建立敏捷性和柔性的益处吗？我想和部门同事分享。"

我解释说："当然！最近有家供应商遇到了麻烦。中型引擎部门的汽化器一直独家外包给一家供应商。2012 年初，快到建新车模型的时候，90%计划生产的产品要做最终决定。正当我们规划需求时，唯一的外包供应商厂房着火了，烧成了灰烬。因为那款汽化器需要特殊加工，当时我们需要的那款汽化器又没有其他的供应商，因此必须迅速应对这场危机。应对措施是，我们把全公司的工程师集合起来，组成一个智库，开始思考如何能够保证新的汽化器供应。工程师研究了生产这种汽化器所需的特殊工艺类型。然后，我们利用我们的供应商网络找哪个供应商有特殊设备可以加工处理。同时，供应线上还有一些存货和材料。接着，我们开始东拼西凑，重新分配在不同地方的材料给供应商。我们将这些东西东打包一份、西打包一份，每个区域的供应商获得的材料都是刚刚好。仅仅几周的时间，我们就有了所需的汽化器供给。现在看来，这些措施不过是危机处理，但这给了我们一个机会检测整个供应链体系的敏捷性。我们发现，有些地方需要建立新的物流及运输模式，才能确保应对效率和速度。我们必须想办法迅速解决问题，而不仅仅是应对危机，这样才能构建敏捷性和柔性。经历了这次的供应商危机，我们新开发了三个将来能生产这个重要引擎部件的供应商。有利之处就是我们的供应商来自全球各大洲，可以避免部分地区材料紧缺或劳动力罢工等问题带来的风险，从而创建更加全球化的供应链网络，强化了供应链体系的敏捷性和柔性。由于我们的供应商在地理位置上离国际市场更近，供应商分散在全球有助于增强物流的敏捷性，可在不同的区域及时满足客户需求，从而支撑企业的增长目标。"

艾伦继续问道："比尔，我不是要强辩，但有时候供应商太过分散会导致质量参差不齐，这也是敏捷性的代价之一。"

我补充道："你说的对，艾伦，的确可能这样。但为了避免那样的风险，深化敏捷性计划，我们必须确保产品采用相同的质量标准、同样的原材料规格、同样的工艺、同样的生产设备，确保操作设备的员工受到同样的流程训练。我们将所有东西都标准化，每个地方都有两个外包工厂作为备份，防止其中任何一个出现问题。这能确保产品质量一致，建立高度敏捷柔性的生产体系，可靠应对客户需求。作为附加措施，我们已经根据灾害场景审视潜在的意外状况，开始了灾害规划，避免供应商出现问题或者受到地震等自然灾害的影响。"

9.1 必读材料

9.1.1 敏捷柔性的供应链

可将敏捷性定义为整合组织结构、信息系统、物流过程和理念定位的泛商业能力（Amir，2011）。随着市场中顾客需求波动性不断提高，作为一个正在发展的概念，敏捷性为应对这一情况而发展成为一项市场应对策略。当需求水平不稳定时，顾客对产品种类的需求不断上升，只有不断强化敏捷性才能满足这些需求。敏捷组织的重要特征就是柔性和适应性。为应对需求波动性挑战，这个组织需要集中精力实现更高的敏捷性，这样才能在更短的时间内既能应对数量变化又能适应品种变化。根据 Amir（2011），敏捷性作为一个商业概念的起源与柔性制造系统（flexible manufacturing systems，FMS）［比如，可在生产线间快速转换的自动引导车（automated guided vehicles，AVG）等自动系统］有关。最初，自动化可实现平稳迅速转换，减少起步时间，从而实现制造柔性和适应性。这也提高了应对产品组合变化和生产数量变化的响应能力。

柔性供应链可迅速响应市场需求，及时为客户提供产品和服务。Nagel 和 Dove（1991）将制造柔性扩展至其他商业领域，从此，敏捷性作为组织定位的概念产生了。Yusuf 等（1999）提出了一个敏捷性的定义，包括通过整合可重新装配的资源和知识，企业顺利提供以客户为导向的产品和服务，在千变万化的市场环境中，根据速度、柔性、创新性、质量和营利性探索其竞争基础。

敏捷供应链是独立法人组织的联合体（比如供应商、设计师、生产商、物流等），体现为柔性、适应性以及应对不断变化市场的响应能力（Rimiene，2011）。敏捷供应链采用提高响应能力和柔性应对客户需求的策略。虽然敏捷性注重提高响应速度（如送货速度）和产品或服务的柔性，但缺点就是成本高昂。比如，特快邮件等快递服务的成本要比平常的普通邮件要高。顾客重视响应速度，因此通常由顾客承担这些成本。但在竞争激烈的环境中，这些成本通常由销售方承担，销售方必须审视如何减少供应链的总成本。敏捷的供应链通常从生产体系的上游或者从供应商处寻找缩减成本的方法，从而在离客户最近的下游提高敏捷的响应速度。通常在敏捷供应链中采用的一个成本缩减策略是应用精益管理原则（Borgstrom & Hertz，2011）（精益供应链管理将在第 12 章"供应链管理中的精益策略和其他削减成本的策略"重点讨论）。精益管理通常与供应链敏捷性密切相关，在削减成本（通过精益管理）和提高响应速度（通过敏捷性和柔性）之间取得平衡。

持续采取措施，驱动组织朝着敏捷性和柔性前进，是建立供应链柔性和敏捷性的唯一方式。通常这个过程的每一步都需要设置管理项目。系统性管理这些项目的过程则被称为项目管理。

9.1.2 项目管理

第 8 章"谈判"探讨了谈判这一话题。执行谈判后的一系列活动构成一个项目。选择供应商，规划新产品，制定预算安排，都是典型的供应链管理项目。为管理这些项目，一个综合学科领域诞生了：项目管理。项目管理涉及实现特定目的（如制定交通运输新政策）或目标（比如削减生产成本）的规划、管控、指导以及临时活动安排等。比如产品的项目生命周期就涉及在一段时间内采取一系列举措明确项目中的工作内容。表 9-1 的示例既体现供应链项目生命周期又体现了项目管理。

表9-1　供应链项目生命周期的步骤

项目生命周期的步骤	介绍
1. 定义项目	明确项目和目标。审视现有的供应链策略，分析不同时段给供应链带来的潜在效益和成本等，从而理解与新项目的关系。成立项目团队和管理组织（即：团队领导和协调人员）。决定并分配实现目标所需的资源，包括可行性研究、计算项目成功概率和明确相关概念，确保从一开始就具备项目可行性。

续前表

项目生命周期的步骤	介绍
2. 制定解决方案	明确、记录和沟通项目范围，确保可行性。界定可能的解决方案或想法，设计方案解决目标问题等，从而实现目标。详细介绍哪些供应链过程、组织和系统将受该方案影响。策划项目启动发布会或展示期限。这一步也可用样品检测方案可行性。
3. 重新定义方案细节	将第二步的具体日期、成本和所需人员等具体化。确定执行团队成员和组织。这一步可作为变更管理的演练（即：正式介绍和批准项目变更过程，转换或转变个体、团队以及组织，同时帮助利益相关方应对千变万化的商业环境）。这一步也涉及培训项目，让每个人适应执行变更所需的新流程或行为，以及制定并检验提出的政策、过程、流程或产品。
4. 实施方案	项目执行过程中设置项目里程碑（要求完成特定行为或任务的时间点），从而确定和监控项目进程。根据前面几步制定并执行方案，获取必要的股东授权，制定执行计划，编制资源预算。这通常需要规划资源要求，理清所需物品，确定项目风险从而尽可能降低风险。也可基于里程碑评价项目进展。
5. 跟进方案及闭环	评估项目（即：对比最初预期和最终结果）。根据项目时长跟进项目；但如果已实施项目解决方案，就不用后续跟进。可能需要监控其他项目的进度或进展。无论哪种情况，都需要确定项目结束的时间点，一旦过了这个时间点，该项目就正式结束。

资料来源：根据 Wetterauer and Meyr(2008：325 - 346)、Matthews and Stanley(2008：24 - 69)整理而成。

供应链经理需要处理多种多样的项目，即使表 9 - 1 中已概括了步骤框架，但也只是简单审视了任何项目管理中都会考虑的基本要素。几乎所有项目都需要一个项目经理和项目团队来支撑运作。项目经理将承担以下角色（Krajewski，et al.，2013：52）：

● 协助者：具备解决个人或部门之间冲突的能力，分配项目必需的资源。

● 沟通者：具备与股东沟通新资源需求和汇报项目进程的能力。

● 组织者和决策者：具备相关能力组织团队会议、建立团队决策规则，确定向高层管理者汇报的方向和时间。

选择项目管理团队的标准应当包括如下要求：

● 技术实力过硬：团队成员需具备项目所需技术能力。

● 敏感性：团队成员需要有敏感性识别团队决策过程中的人际关系问题，比如高层管理者对年轻团队成员造成的影响。

● 奉献精神：团队成员应为完成项目全心奉献，能够处理可能影响多个部门的问题。

9.2　敏捷的供应链

在长达 20 多年的时间里，与单纯的市场响应速度相比，敏捷供应链的概念内涵已经更加丰富（Rimiene，2011）。今天，敏捷性的特征包括快速响应顾客需求、响应任何组织的需要、交付产品或服务的柔性、交付速度/时间、成本效率、产品或服务质量、与顾客合作（组织内外部）、接受变更各类关系的能力、果断行动抓住新的市场机遇的能力以及运用知识管理（即：结合组织内的计算机技术，利用策略和实践，采用已知观点与经验识别、创造、体现、分配和赋能）支撑决策（Rimiene，2011）。

一个组织如何评估自身供应链的敏捷性？根据供应链相关文献设定的标准，管理者应当审视并强化以下被视作敏捷供应链体系的组成部分（Harrison & Van Hoek，2008）：

● 响应客户需求的敏捷性：能够根据顾客需求而非公司预测快速响应市场变化。

● 敏捷的合作伙伴体系：与合作伙伴的共同目标包括快速响应顾客需求。

● 商业流程：认为供应链是商业流程体系而非单独流程，供应链可从时间、成本和质量方面给全体系造成不利影响。

● 敏捷的信息技术：购买方和供应商有着同样的信息技术，可创造一个基于信息而非存货的虚拟供应链。

Christopher（2）提出了另一套可评价企业供应链敏捷性的标准。这套标准背后的理念是假设竞争存在于供应链与供应链之间而非企业与企业之间。企业能更好地构建、协调和管理供应链体系中的合作伙伴关系，只有这样的供应链才是成功的，才能与顾客更敏捷高效地交流沟通。

Christopher（2）认为以下四个特征或标准是敏捷供应链必须具备的：

● 市场敏感性：供应链能理解和响应真实需求。许多组织一直采用预测的方式，评估前几年的销售和供给量，从而将这类信息转换为库存而非真实需求。如今，利用先进技术，企业几乎在顾客消费的瞬间就可以从固定销售点的数据中识别实际的顾客要求。可口可乐自由式（Coca-Cola Freestyle）自动售货机就是这样一个例子，该售货机将提供日常的顾客人均实际需求、饮料产品信息等，可口可乐公司可利用这些信息制订顾客需求计划。

● 虚拟供应链：购买方和供应商之间利用电子技术交换信息而非存货。

● 过程整合：这涉及持续强化购买方和供应商之间的合作，共同生产，共享系统和信息，整合供应链中的所有合作伙伴。

● 网络结构：由相互关联的合作伙伴组成联盟建立供应链体系，从而实现所需的功能。

为什么敏捷性战略如此重要？根据 Goldman 等（1995），敏捷计划中有四个经典的关键原则：

● 增加顾客数量的必要性。

● 管控供应链环境中的变更和不确定性的必要性。

● 加强合作从而强化企业的竞争力的必要性。

● 管控供应链参与者及信息和技术的必要性。

Lin 等（2006）发现，敏捷的企业生产成本更低、市场份额更高，能够更好地满足顾客需求，加速新产品更新迭代上市，避免没有附加值的活动，这些都将增强企业的竞争力。此外，实证研究一致认为敏捷的供应链往往能提升企业的业绩（Vickery, et al., 2010）。

需要区分敏捷响应顾客需求与高效响应顾客需求，这两种需求与产品生命周期的不同阶段相关，因此可以加以展示。从图 9-1 中可以看出，敏捷响应和高效响应顾客需求（即：成本最小化）几乎是恰恰相反的关系。敏捷响应说明需要在产品生命的供应链规划中考虑产品生命周期。如果从产品生命周期角度考虑的话，敏捷响应并非总是任何产品在任何情况下的最佳策略。敏捷性应当与产品和产品生命周期的需求匹配，从而尽可能提高企业业绩。

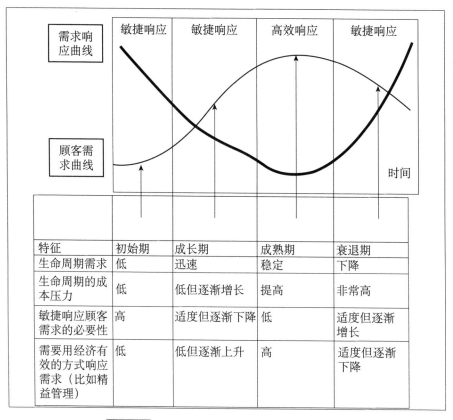

图 9-1　产品生命周期阶段和敏捷/高效响应

资料来源：根据 Davis(2011)整理而成。

采用哪些具体的策略可影响敏捷的供应链呢？可根据组织的类型和应用范围，采用许多一般性的策略与供应链结合，增强敏捷性。本章已经提及部分标准，这些标准有助于增强敏捷性，但具体情况具体分析，要对应执行具体策略。表 9-2 介绍了部分具体策略。

表9-2	敏捷供应链的战略定位
战略要素	建议敏捷性定位
产品	增加产品种类满足不同的需求，确保产品线的供应链体系服务广阔。
价格	价格不是越低越好，适度即可。敏捷供应链可确保快速响应，因此这一服务增加了产品的价值，所以在竞争组合中定价不及服务重要。在产品生命周期的初始阶段产品交付速度比竞争者更快，企业就能在市场中获取更高的利润和价格。
促销	大力投入开展促销活动以获得新顾客。制定计划构建供应链能力，预测需求波动性，应对高峰时段需求暴涨的情况。
个性化	增加投入满足顾客对产品种类的需求。企业可根据顾客需求和建议开发新产品。供应链体系可迅速调整以适应那些提供独特的个性化服务的供应商。
市场感知度	运用商业分析方法研究市场趋势，指导产品和服务的新方向。利用商业分析度量标准以及趋势，分析支撑供应链投资决策。
创新	加大投入，支持从研发和顾客角度探索开发新产品。将供应链人员纳入创新规划，从而充分发挥他们的价值（比如，削减成本、迅速响应），为新产品或服务创造附加值。
风险	与供应商签订的合同和其他安排中需要提高风险限度，从而支持创新和新产品开发。制定风险规避战略，将潜在风险最小化（第11章"风险管理"中将讨论）。
采购	根据柔性和应对能力选择供应商，而不一定看谁价格更低。
顾客服务	确保供应链能为顾客及时提供服务。
顾客完成度	确保供应链可迅速应对顾客需求。为确保按时交付产品，可在必要情况下增加供应链缓冲存货。
供应链容量	确保额外准备充足的供应链容量（即：备份供应商、存货缓冲、生产能力、信息支撑等），以应对顾客需求变动。

资料来源：根据 Gattorna（2010：234 - 235）、Gunasekaran et al.（2008）、Krajewski et al.（2010：342 - 343）整理而成。

采用什么策略可不断增强供应链敏捷性？在供应链管理者的管控下识别敏捷变量，增强敏捷性，这是增强供应链敏捷性的出发点。根据 Agarwal 等（2007），为增强供应链敏捷性，管理者可改变以下 15 个变量或责任范围：识别市场敏感性、交货速度、数据准确性、新产品引入、集中规划和合作规划、过程整合、IT 技术应用、缩短交货时间、提升服务水平、成本最小化、顾客满意度、质量优化、降低不确定性、构建信任、提高变更灵活度。

一些研究提出了以下战略，用以增强敏捷性（Gunasekaran，1998；Rimiene，2011；Yang & Li，2002）：

- **虚拟制造**：通过外包等方式可避免产品制造的大量物质成本，从而整合核心实力，实现企业在敏捷的环境中高效运营。

● 敏捷产品设计：在产品设计中构建柔性能使企业适应不断变化的消费者要求（比如，采用模块化的产品设计方案）。

● 运用知识管理：利用知识管理技术（即：文档管理系统、专家体系、搜索提取语义网络、关系型和物品导向的数据库、模拟工具和人工智能），从而制定和施行设计制造过程中的创新性方案。

● 大众个性化：重点在于，运用新型创新技术为顾客提供个性化的产品和服务。

9.3 柔性的供应链

敏捷性和柔性之间有着诸多差别。Gunasekaran 等（2008）比较了敏捷型的供应链和响应型的（即柔性的）供应链。他们发现，相比敏捷型的供应链体系，响应型的或柔性的供应链更加关注供应管理和成本最小化。供应链柔性通常与其他柔性和敏捷性方案相关。比如，快速响应制造（quick-response manufacturing，QRM）强调供应链内部（即：分配和制造）和外部（即：供应商和其他商业伙伴）缩减时间的柔性方案。缩短交付周期，供应链可削减成本，避免没有任何附加值的浪费行为，与此同时，可通过更好更快地服务顾客，提升该组织的竞争力，获取更大的市场份额。在快速响应制造中，供应商要协商缩短交付时间，因为交付时间长将影响存货，匆忙运输将增加运货成本，可能新增变更方案和存货过期等成本。应对需求变化的柔性也会降低。在以顾客为导向的组织中，快速响应制造以时间为基础的框架，因此与柔性策略相适配。由于交付时间缩短，企业可以更加迅速地应对顾客需求，尤其是在需求波动大的市场中。

迅速服务顾客这一追求驱动着柔性供应链的发展。柔性供应链可通过多种工具实现。需求管理（即：为更好地理解和管理需求波动性，企业平衡需求供给采用的不同工具和流程）是柔性管理工具之一。协同规划、预测与补货（CPFR）（见第 2 章"供应链设计"）等软件方案可实现这种平衡。销售和运营规划（S&OP）是另一种重要的柔性和敏捷性工具。这个商业过程持续平衡供给和需求。根据 Simchi-Levi（2010：144），S&OP 整合销售、营销、新产品引入、制造和分配为一个单一的规划，本质上是交叉功能的。可承诺量（available-to-promise，ATP）为另一种可协助匹配供给和需求的商业过程工具，可承诺量根据资源可获得性回应顾客订单咨询。基本上，该过程会告知所咨询产品的可用数量以及交货日期，方便顾客提前了解（让企业供给产品满足顾客需求）。可承诺量过程由计算机技术组成，通常是企业资源规划（ERP）管理软件包中的一部分（见第 2 章）。

　　不幸的是，即使用最好的需求管理系统，顾客需求仍可能发生巨大变化，从而造成高昂的代价。仅仅是产品生命周期改变就可能给制定需求计划造成巨大挑战。企业增加供应链柔性是一项应对意料以外的需求波动的策略。不同的供应链需要提升柔性的地方不一样，但有几个地方通常是切入点，如检查三个组成部分：产品、过程和系统。表 9 - 3 介绍了一些在这些领域提升柔性的建议。表 9 - 3 的评论中也提到，一个企业提高柔性的程度应根据预期收益和成本支出确定。

表 9 - 3　供应链中可提高柔性的领域

构建柔性的领域	描述	规划供应链的考虑因素
产品	在产品设计中考虑供应链功能性。在产品开发阶段，考虑产品原材料的可用性以及获取过程中供应链的潜在优势。在产品制造阶段，在可能减轻存货压力和降低供应链要求的地方采用模块化方式和标准化组件。	考虑因素包括以下三方面： ● 评估需求不确定性和变化情况。 ● 生产、分配和交通环节的规模经济。 ● 国内外的交付时间。
过程	为使供应链更具柔性，考虑劳动力所需的技能和过程。交叉训练劳动力，从而使在生产过程和供应链领域中柔性更强。运用精益管理理念（见第 12 章），避免浪费，提升劳动力技能，应对变化。引进使用先进的生产技术，实现柔性最大化。这包括单元式制造（即：人员、过程和技术在生产单元中的分类）和柔性制造系统 (FMS) 技术等过程（比如，自动引导车对柔性生产线）。	考虑因素包括以下三方面： ● 减少供应链设备和人员中的机器、人力和工作流程变动。 ● 通过交叉训练使劳动力技能更加平均，从而全面最大化生产。 ● 识别所有供应链过程中的变动原因，尽可能避免变动。

续前表

构建柔性的领域	描述	规划供应链的考虑因素
系统	考虑如何设计供应链体系才能最好地纳入柔性。供应链及时交付措施可确保材料和产品交付满足需求。重新设计生产和分配设施,从而支撑供应链交付、载货和卸货的功能。放弃以预测为基础的生产体系,采用以顾客为基础的体系。利用先进的顾客沟通和互动交流系统,感受顾客需求的变化,而不是根据预测生产[例如,客户关系管理(customer relations management, CRM)软件]。	考虑因素包括以下三方面: ● 供应链的成本收益分析。 ● 服务顾客所需要的柔性程度。 ● 需求变化环境中的能力和收益。

资料来源:根据 Simchi-Levi(2010:133 – 171)、Schniederjans et al. (2010:51)、Bowersox et al. (2007:160)整理而成。

9.4   其他与敏捷柔性的供应链相关的话题

9.4.1   敏捷性与国际商务

从端到端角度来看,运营全球供应链是大势所趋,但也具有挑战性。Butner(2011)建议,构建敏捷的供应链属于经理人经营全球供应链策略,降低管控难度。Butner 认为,建立敏捷的供应链运营不仅能够响应客户需求,还能够应对冲击和变化以及供应生产和物流中的问题。促销活动可导致需求冲击和变动。受到落后的物流或广告太成功等多种因素的影响,需求可迅速大幅上下波动。不管什么原因,一个敏捷的供应链要能迅速响应国际市场的需求。

供应链要足够敏捷才能在国际背景下应对需求变化带来的问题,为实现这一目标,Butner 提出如下几个方法应合并到全球供应链中:

● 将可视化和供应链管控捆绑起来,同步纳入像管理展示板这样的门户中(即:收集、分析、展示和发布规划与作业数据的计算机技术)。

● 整合全球价值链中与顾客、分销、制造相关或涉及多层供应商的任何供应链事件。

● 运用例外管理(即:注重限制违反规定的例外行为而非日常监督或

流程管控的管理方式）提醒并纠正不当行为。

● 利用互联网与供应链合作伙伴开展合作。

● 利用面向服务的架构和快速整合多个数据来源的复合业务。面向服务的架构（service-oriented architecture，SOA）是一种信息技术架构，可支持转变业务为一套相互关联且在检查整个全球体系时可拆分和评估的服务。复合业务服务是整合客户现有的计算机应用并提供特定业务方案的服务集合。

● 运用商业分析手段（即：结合数学统计模型和数据挖掘等计算机软件系统）指导决策。

● 利用最新的计算机和交流技术监控协助管理全球供应链的各个部分。

9.4.2 同步供应链实现敏捷性

根据《商业日报》（*Journal of Commerce*，2012），为实现组织的敏捷性，必须密切同步六个核心商业过程，否则将影响全球供应链充分发挥潜力。

● 销售和运营规划（S&OP）：S&OP 应是一个持续的过程，管理者可在此过程中查看和输入数据，从而协调短期需求预测和长期的组织目标。S&OP 必须同时包括运营和执行层面，将闭环规划流程中的观点聚合起来，从而凝聚共识。S&OP 过程应当约束包括组织中的供应链在内的各个部分，从而确立监控节奏，同步需求、生产、供给、存货和财务计划。

● 需求规划：应用商业分析，确保根据同样的预测实现采购、生产、存货、运输和分销功能最优化。商业分析方案可预测未来 24 个月甚至更长时间的情况并制定其他决策，其中每个要素都可转化为供应链各个部分的特定行动、目标和影响。该分析也应考虑促销和外部事件的影响，因为这些事件可能影响全球供应链。

● 存货管理：利用先进工具，根据消费模式、重要性、速度和其他关键的产品属性制定高度个性化的存货管理设计方案。根据之前列举的其他关键特点，细分产品生命周期中的产品。根据例外事件管理存货水平，实现时间和成本效率最大化。在可能的条件下，晚点做决策，以尽可能降低财务风险。采用先进的技术方案，考虑现有的、多梯度的网络复杂性、交付时间、交付成本和限制条件以及供需变动，确保存货计划与全球供应链的其他部分相匹配。比如说，交互式货运系统（interactive freight systems，IFS）可用于寻找成本最低的货车运输路线，交货证明（proof of delivery，POD）和货运发票对账等环节可实现实时运输跟踪（Supply Chain 2020，2012）。

● 总体规划：每日回顾、分析和更新供应链计划，尽可能提高顾客满意度，同时保护利润。采用问题为导向的方法，规划者应监控供应链体系中的问题和例外状况。采用分层管理方法，管理者可将业务目标排序，明智地权衡取舍。运用清晰的可视化手段查看造成问题的根本原因和限制条件，规划者应积极地改善限制条件，调整业务规则，从而持续优化整体业务表现。虽然全球供应链体系复杂程度高，但先进的技术方案可将复杂的事项模型化，从而研究和解决供应链体系的问题。

● 工厂规划和调度：根据商业分析制定详细优化生产计划，应根据需求数据向后调度，同时考虑材料和容量限制，为工厂、部门、工作单元和生产线制定切实可行的计划。应采用先进的计算机软件方案，自动分配日常任务，精简匹配生产控制、制造和采购计划团队的活动。采用以软件为指导的方案，分时段提供工厂关键指标报告，这样规划者可根据短期和长期规划及时纠正。采用例外管理的方式，可以减少不必要的工作，尽量减少规划，并在意外发生时评估各种不同的情况。

● 协同供应规划：在典型的全球供应链中，利用先进的计算机信息系统从分散在全球各地的不同供应商处购买部件和组件。毫无疑问，这些部件的交付时间不同，需求概况和存货策略各异，但可通过制定个性化的商业规则和政策，根据独特的部件特征跟踪例外情况管理这些部件。管理展示板、例外事项汇报和预警系统等技术可在供应问题影响全球系统之前识别和解决供应问题。今天这些技术可跟踪采购部件的整个生命周期，如果发生延迟交货或其他影响总体制造流的事件，组织可利用这些技术调整预测、生产计划和物流计划等供应链活动。

9.4.3 敏捷性和 S&OP

最近供应链洞察（Supply Chain Insights LLC）（www. supplychaininsights. com/）调研了 100 位高管，这项调研将供应链敏捷性定义为面临市场供需波动重新调整规划并以同样或可比的成本、质量和顾客服务交付产品的能力（Cecere，2012a）。这项调研将敏捷性认定为所有供应链必须具备的三大关键属性之一。其他两个属性为柔性和灵活度（即：变更供应链的能力）。这项调研还提到，过去 S&OP 主要关注在供应链中构建灵活度而忽略了柔性和敏捷性的影响。并且，在 S&OP 流程方面经验丰富的企业也成功地增强了供应链的敏捷性。虽然调研对象纷纷认可敏捷性的重要性，但他们认为敏捷性产生的效益非常微不足道（也就是说，敏捷性重要，但目前敏捷性带来的成效并不重要）。因为成功运用 S&OP 的企业似乎从敏捷性策略中受益良多，所以从这个问卷的结果中可得出五项建议，帮助企业根据 S&OP 的用途在企业供应链中改善敏捷性：

- 根据供给需求未来的变化情况在供应链中增加敏捷性设计。
- 利用 S&OP 规划计划外的需求，理解内在的权衡取舍，根据市场需求探索模拟备选决策。
- 利用员工在模拟中的参与度，思考如何强化供应链的可靠性。
- 根据场景探索、预测和模拟潜在的供应链问题。
- 执行 S&OP 规划，而不是纸上谈兵。

9.5 未来走向

2012 年，由于全球经济衰退，企业增长陷入瓶颈，供应链成本上升。根据 Cecere（2012b），由于成本不断攀升、供给波动性上升以及供应链越来越长，90％的企业深陷困境，供应链更长增加了企业面临的风险。大宗商品波动性达到了 100 年来的最高水平，材料稀缺，社会责任要求不断提高，产品生命周期更短，以及顾客的期待更高、在产品和服务中对个性化的要求提高，这种种因素都导致供应链环境在未来五年时间内将面临更严峻的挑战。此外，企业的国际化程度加深，面临的供应链越来越复杂，需求波动性越来越大，供给的不确定性也在上升。

敏捷性和柔性被认为是应对当前和不久的将来供应链挑战的最佳策略。在 Cecere（2012b）开展的一项调研中，117 名受访的供应链高管中，有 89％的人表示敏捷性在供应链中占据重要地位，尽管这些高管中只有三分之一把敏捷性列为竞争中的先决条件。这些受访者纷纷希望赶上并缩小敏捷性要求和能力之间的差距，显示出重视敏捷性将是未来的趋势。

柔性供应链不仅更受关注，范围也在扩大，也被认为是未来的又一大趋势。根据 Miller（2012），如果上市的时间比成本更重要，那么柔性的流程和系统将会是获取竞争优势的重要策略。

▶▶ 第 10 章

开发供应链合作伙伴

Developing Partnerships in Supply Chains

故事概述

术　语

基本联盟	采购方和供应商开发（PSD）
商业联盟	关系管理（RM）
商业分析	信息请求函（RFI）
协作增长模型	征求建议书（RFP）
能力信任	战略联盟
合同信任	供应商绩效管理
跨企业问题解决团队	供应商协作
跨组织团队	供应商管理（SM）
优先客户	供应商绩效评估（SPM）
开发合作伙伴	供应商关系管理（SRM）
经验丰富的能力	供应商关系管理强度连续体
善意信任	供应基础合理化（SBR）
关键客户管理（KAM）	供应计分卡
关键绩效指标（KPIs）	交易型
运营联盟	信任
合作伙伴关系	供应商管理库存（VMI）

故事概述

▶▶▶▶▶▶▶▶

供应链是否顺利运行取决于采购企业与其供应商之间的关系。开发合作伙伴从而推动建立牢固的关系是供应链管理者的首要任务。与供应商发展合作伙伴关系，不仅有利于采购企业，也有利于供应商自身。如同相互信任的友谊关系，当意外情况影响着供应链活动时，这种关系就是一张安全网。

作为一家大型制造企业的运营副总裁，我负责的事务很多，包括组织年度会议，将四个部门的副总裁及管理人员召集起来，进行内部关系建设。我选择了"在供应链中建立合作伙伴关系"作为这次会议的主题。为此，我认为我应当给每个人一个案例，说明建立供应链中的合作伙伴关系如何给我们组织的运营带来了积极的影响，从而在所有四个部门中树立开发合作伙伴关系的观点。

在场的听众大约有 50 人，我一开始说道："大家好，在开始常规的会议之前，我想跟大家分享一些有关我们公司以及公司和供应商建立合作伙伴关系所做的努力。以我个人的经验来看，开发供应商合作伙伴关系有两个词至关重要：协作和绩效评估。采用正确的协作方式，可以使双方互利共赢。你们大多数都知道公司的大中型引擎部门的一个重要供应商和我们是同行，但幸运的是，在我们销售的产品市场上我们并不是竞争对手。当我们逐渐了解他们并且与他们共享我们的需求信息时，我们也可以了解他们的需求。我们与他们建立了一种独特的关系，分享的信息不仅限于交易需要。比如说，他们与我们的产品设计团队合作，帮助缩减成本和提高产品引入的效率。当然，他们卖给我们的产品和服务越来越多，他们受益，但我们也从这种协作中受益。我们与他们的工程师交流，从而使供应链的同事能够观察到他们如何管理供应链和存货规划。他们的企业规模比较大，因此我们能够学习最佳的新实践，从而可以应用到我们的供应链运营中，提高我们的效率。我们在精益管理方面具有更丰富的经验，因此，作为回报，我们帮助他们更全面地实行精益管理。将供应链的最佳实践与精益管理结合起来，我们能够将精益管理实践往供应链的上下游延伸，更加全方位地与我们的供应商、分销商和零售商对接。此外，我们就像亲密的合作伙伴一样。几年前，我们面临货品短缺时，他们帮我们在全球范围内找到了这个货品的新来源。这些协作帮助我们建立了同舟共济、长期互利共赢的合作关系。"

在听众席上，大型引擎部门副总裁佩德罗脱口而出："嘿，比尔，并不是所有的供应商都像你所说的那样有用和有益。"

我解释说："你说的对，佩德罗，那正是为什么协作必须与绩效评估相结合。即使是最亲密的合作伙伴也希望我们能够监督他们的表现，满足我们的需求，而我们也希望这样做。我们收集供应商的信息，根据部门需求制定评价标准。但很明显，准时交货、定价和共同解决问题等都是我们非常重视的绩效评估标准。大部分供应商有自己的绩效评价体系，关注的是他们认为比较重要的方面，比如我们向他们支付款项等。他们会跟踪我们是否按时交货、电子连接、服务质量和定价等。此外，他们也会密切关注行业内的成本和定价，因为这些都可能有助于以后讨价还价。这些共同收集的信息非常宝贵，因此当我们与他们协商的时候，可以有理有据地商讨如何更好地服务顾客。为更好地实行这些绩效评价措施，我们将采用供应商计分卡，计分卡上列出了每个部门制定的评价供应商的重要标准，我们可凭借这些标准给供应商的表现打分。对应的部门副总裁将与供应链部门共同拟定这些计分卡。采购经理和负责这家供应商的采购者或商品管理者以及负责日常文书工作的助理等在内的采购团队，将会收集相关信息为供应商打分。各个部门将会配备一个供应质量工程师，提供技术支持，帮助设计这些计分卡。这些计分卡将有助于我们和供应商更好地展开对话，建立诚实互信的关系。"

10.1　必读材料

10.1.1　供应商关系管理介绍

沃尔玛这样的大型企业依赖供应商，因为只有这样企业才能够在其全球运营中提供大量的商品。美国家得宝公司等其他企业需要供应商提供不同品牌的产品，才能够在竞争中脱颖而出。供应链采购企业必须与合适的供应商建立恰当的关系或合作关系，这样才能够与其他世界一流的供应链竞争。

在供应链中开发合作伙伴关系不仅涉及从供应商处购买商品的流程，还涉及合理安排供应商体系。建立供应商体系的目的是服务采购方管理供应商、管理双方的关系、巩固发展双方的关系以及评估供应商的表现（Banfield，1999：223－252；Carter & Choi，2008；Monczka，et al.，2011）。根据需求和关系密切程度，采购方和供应商之间有时只需要几天、有时则甚至需要几年的接触才能完成整个流程。这种合作伙伴关系可团结双方，共同实现一系列目标。从简单的交易关系到真正的商业伙伴关系需要耗费大量的时间和精力。在理想的情况下，双方的接触互动可形成互信，从而帮助双方建立伙伴关系，在各自的行业中赚取利润、获得商业成功。这既是建立和发展供应链合作伙伴关系的意义所在，也是本章介绍的主要对象。

10.1.2　供应商关系类型

采购企业一开始就决定双方的关系类型，这是开发供应商合作伙伴关系的内容之一。供应链领域相关文献认为，根据供应商关系管理强度连续体，采购企业和供应商之间的关系至少可分为五种不同类型。然而，并非所有关系都能干脆利落地归为某一种特定类型（见图 10－1）。

一些关系可能是混合类型，居于两种类型之间或者是两种类型的结合。通常这些关系类型可归为以下几类：

● 交易型：产品或服务的短期、临时性的联盟或合同交易。有时，这类供应商的特征为"保持距离"，暗示着供应商与采购企业之间有着关系距离。交易型供应商只单纯为采购方提供产品服务，获得经济利益。采购方常常用这种关系检验一个供应商能否可靠地以最低的价格提供产品或服务，从而决定该供应商是否值得继续深化合作。

关系类型	交易型	基本联盟	运营联盟	商业联盟	战略联盟
关系强度	极低	低	中等	高	极高
资源共享	极少	少	一些	多	重要投资
高层管理人员参与度	极少	一些	多	多	每个阶段
沟通开放性	极少	少	一些	多	透明度高
联合规划	极少	少	一些	多	持续开展
收益共享	极少	少	一些	多	平均分担或另作协商
定价的重要程度	极高	高	中等	中等	低（除非价格是成功的关键因素）

图 10-1 不同供应商关系类型的特点和供应商关系管理强度连续体

资料来源：根据 Carter and Choi(2008:238-241)、Fawcett et al.(2008:347)、Ellran(2)整理而成。

● 基本联盟：采购方和供应商之间签订协议，规定供应商不仅以固定的价格开展货物交易，还包括参与执行采购企业的额外任务或服务〔比如，供应商管理库存（vendor-managed inventory，VMI），由供应商监控库存水平〕。这种关系类型中的许多供应商会相互竞争，因此风险水平低，对采购企业的总体价值构成有限影响。采购方和这种类型的供应商需要分享信息，但供应商并不能获得太多采购方的信息。双方都清楚自己的定位。这类关系可应用于任何供应商，这也是供应商关系管理连续体中深化发展关系的前提条件。

● 运营联盟：这包括基本联盟的所有内容，但合作关系更加紧密，合同期限为一至三年。在运营联盟中，供应商将提供增值服务或额外的产品。双方可能共同解决问题，但没有常规的跨组织团队（即：来自不同部门和组织功能区域的为制定决策而建言献策的人）。信息共享更加重要，因为必须共享日常经营信息，联盟才能顺利运转。

● 商业联盟：与前两种联盟不同，采购方希望供应商提供独特的或特定的产品或服务，双方都认可互相依赖程度加深，采购方希望供应商能够投资额外的资产、专业人员或技术。然而，采购方将大幅缩减基础采购，从而确保在更长的时间内从供应商处采购更多。采购方从增值服务中获益，而非对企业业务具有战略或核心价值。双方可能会共同开展工程或技术开发活动。此外，双方可能会成立临时的跨组织团队共同开发或解决问题。

● 战略联盟：该联盟主要涉及对采购方业务有着战略重要性的产品或服务，双方长期战略要保持一致或相互适配。通常供应商会参与新产品或服务的流程概念开发，采购方和供应商认可双方的长期持续的关系。在这种关系类型下，双方通常还会共享产品、分销渠道、制造能力、项目资金、技术转移、资本设备、知识、专业技能或知识产权等资源。还有一个特点是，双方通常会签订协议，规定双方各自承担的风险、享有的奖励以及分配方式。战略联盟常要求成立长期的跨组织团队，并要求高层管理者参与。

如图 10-1 所示，根据双方所需要的关系强度，这五种关系类型遵从供应链管理强度连续体。图 10-1 的不同特征只是供应链文献中提到的趋势。虽然所有供应商关系都重要，但有一些需要采购企业格外关注和倾力支持（即：战略联盟）。在连续体的另一端，交易型供应商通常只是在特定时间段以固定价格提供某一特定产品或服务的企业。也许，如果供应商表现格外突出，采购方会考虑提高它在供应链连续体中的地位，让其承担更重要的角色。

很显然，供应商关系类型是可以选择的。除非双方的相互利益都有迫切需要，否则不一定将每个供应商都从交易型发展成为更紧密的联盟。此外，随着市场的变化，与特定供应商的关系也会改变。战略联盟需要双方的高层管理人员定期积极参与、支持和跟进。然而，与供应商建立合作伙伴关系可能只需要采购方确定供应商在连续体中的战略重要性。这些考虑对开发供应商合作伙伴关系至关重要。

10.2 供应商关系管理实施模型

实施供应商关系管理项目需要实行一些全面整合，从而为成功开发合作伙伴关系项目提供长期基础。这些要素已在图 10 - 2 中列出。图 10 - 2 中的实施模型是根据这一领域的文献（Monczka，et al.，2011；Carter & Choi，2008：191 - 199；Matthews & Stanley，2008：295 - 315；Fawc-ett，et al.，2007：345 - 361）得出的。下面介绍这五个要素。

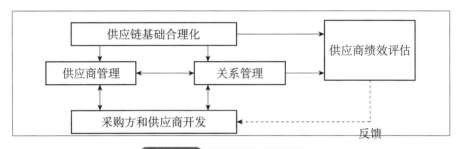

图 10 - 2 供应链网络及流通

资料来源：根据 Monczka et al.（2011：19）之 Figure 2.2 整理而成。

10.2.1 供应链基础合理化

首先，采购方有某种产品或服务的购买意向，接着寻找满足条件的供应商。在某些情况下，引进供应商可能只是为了开发这个想法，希望供应商持续提供产品或服务。在供应商反馈信息请求函（request for information，RFI）（即：采购方要求供应商提供相关供货资质和能力的证明）时就可区别这些供应商了。在其他情况下，可能会用征求建议书（request for proposal，RFP）（即：表明供应商提供特定产品或服务的价格或时间要求的文档）寻找合适的候选供应商加入采购方的供应商团队或之后的供应链体系。

供应基础合理化（supply base rationalization，SBR）将识别出哪些供应商可为采购方创造突出价值和贡献。供应基础合理化被定义为按照物品、种类、战略、交易等细分后，根据每个细分中的风险和价值确定和维护供应链网络中供应商合理数量的方式（Carter & Choi，2008：249）。供应基础合理化过程可通过判断或其他定量方法来评估和确定供应商能力（即：供应商技术、质量、成本、产能、制造运营、财务实力、柔性和响应能力），过去的绩效（即：技术贡献、降低价格或成本、质量绩效以及对数量和日程安排的响应能力和柔性程度），核心竞争力以及与采购公司的需求、组织文化和沟通的适配情况（即：供应商与采购方密切合作的能力和意愿、决策的一致性以及工作关系中的内在风险）。Monczka 等（2011）开展的一项调查中，业界领先的供应链经理认为供应基础合理化是减少特定体系中供应商数量的基本方法。这种合理化过程通常基于以下标准：

- 供应商应能改进成本、质量或交付等事项（现在和将来），从而满足采购方的需求。

- 供应商应能降低管理成本，包括减少供应商体系中的供应商。

- 供应商应具备良好合作意愿，因为良好的关系将增加收入，增强新产品的柔性、响应能力和创新性，从而创造价值。

供应基础合理化运用这些标准判断体系中供应商的去留增减以及实现业务目标所需的实际数量。根据 Carter 和 Choi（2008：188‒253）的建议以及 Monczka 等（2011）所观察到的，实施供应基础合理化应遵循如下一系列步骤（注：这些步骤实施的顺序可能因采购方具体情况而异，但通常是在开发供应链合作伙伴阶段实施）：

1. 评估供应链基本能力、绩效和有效性，并与竞争对手做比较。

2. 根据每个细分市场的每个采购类别，按数量、地点、竞争要求等确定供应商数量。

3. 根据先前建议和之前列出的标准详细评估供应商。参考供应商的全球市场潜力自我评估，从内部和外部分析候选供应商。

4. 确定当前和未来采购方的业务状况和需求。根据数量、剩余合同以及专业设备和工具投资等需求匹配候选供应商。

5. 设想一下供应商在将来和现在如何服务采购方。

6. 制定每个采购部门类别（步骤 2）的财务目标（例如，价格、成本、质量等）和目标的供应基础规模。根据每个细分市场确定供应商。

7. 选择并最终选定供应链基础或体系中的供应商。

8. 制定并实施过渡计划协调体系中的供应商。

10.2.2　供应商管理

供应商管理部门负责制定和实施持续的供应商战略，包括长短期内的商品采购和其他产品合同等（Monczka，et al.，2011）。供应商管理要有效地改善供应商和采购方之间的关系，要求：（1）具备商品和供应商计划的战略采购流程；（2）供应商绩效评估和审查。战略采购流程与第 1 章"制定供应链战略"中提出的战略规划流程类似。图 10 - 3 列出了典型战略采购流程的一般步骤。

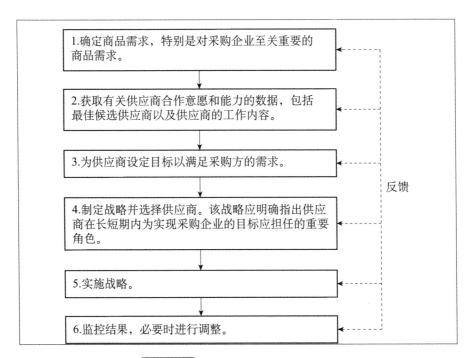

图 10 - 3　典型的战略采购流程

资料来源：根据 Monczka et al.（2011：28）之 Figure 3.2 整理而成。

供应商绩效评估和审核要求定期评估和审查供应商绩效和能力，从而确定其表现好坏。为监督审查过程，Monczka 等（2011）、Carter 和 Choi

（2008：191-199）、Matthews 和 Stanley（2008：295-315）建议可采取以下供应商绩效管理流程中的方法：

- 供应商与采购方的协议中关于供应商关系绩效评估的衡量标准。
- 比较分析实现战略目标的进展情况。
- 考虑需要解决的问题。
- 持续分析资源需求。
- 分析哪些竞争因素变化影响了供应商和采购方之间的关系和期望。
- 审视当前供应商关系现状以及是否需要改变或终止供应商关系。
- 沟通未来目标。
- 分析供应商的整体表现。

应整合和管理供应商绩效管理计划中的所有要素，从而实现供应商关系管理效益最大化。

10.2.3　关系管理

关系管理（relationship management，RM）维持和发展采购方和供应商之间的关系。当指的是管理供应商时，供应管理协会认为更合适的术语应为供应商关系管理（supplier relationship management，SRM）或供应商协作。根据供应管理协会，两者指的都是采购方与供应商合作以实现共同目标的过程。根据 Monczka 等（2011），关系管理（或其他名称）基于表 10-1 中介绍的三个基本要素。

表 10-1　关系管理要素

关系管理要素	描述
信息透明	供应链所有合作伙伴需共享信息，在不损失竞争优势的情况下尽可能告知相关的生产和需求信息。采购企业的目标需明确告知供应商，这将有助于供应商与采购企业共同实现这些目标。
构建信任	合作伙伴之间的信任是建立长期合作关系的关键因素之一。信任可建立在经验丰富的能力（即：如果过去的绩效一直不错，表明以后的绩效也会很好）、诚信交易和诚实行为，以及双方愿意互利互惠而非损人利己的良好合作意向之上。
公平性	承诺公平享有资源回报并共担风险。

信任是发展供应链关系和长期合作关系的极其重要的因素。Ring 和 Van de Ven（1994）将信任定义为"个人对特定群体中其他人善意的信心，并相信其他人会努力与群体目标保持一致"。相关研究表明信任是商业成功的一个重要因素，对许多企业活动产生重大影响，如合作（Axelrod，1984）、传播（Roberts & O'Reilly，1974）、信息共享（Fox & Huang，2005）、声誉（Sampath，et al.，2006）和企业业绩（Earley，1986）等。根据供应链关系的性质，信任的类型可能多种多样。契约型信任指双方都希望履行承诺；能力信任是对合作伙伴完成任务抱有的信心；善意信任是指对合作伙伴维持双方关系的信任程度（Sako，1992）。Araujo 等（1999）以及 Choi 和 Krause（2005）发现，如果存在善意信任，供应链管理者将能充分整合流程，发展合作学习机制和治理结构。

10.2.4　采购方和供应商开发

采购方和供应商开发（purchaser and supplier development，PSD）以代表采购方识别并改正那些限制了供应商效率和竞争力的方法、实践和信念为重点。Fawcett 等（2007）提出，Monczka 等（2011）通过研究证实，要发展采购企业与供应商之间的关系，供应商必须具备相应能力满足采购企业的市场需求。供应商关系管理的采购方和供应商开发计划有助于识别并克服能力限制以及双方在合作中可能遇到的障碍。Monczka 等（2011）研究了企业在 PSD 计划中采取的措施，发现企业利用业务分析（即：采购方和供应商的调查结果和分析）来确定问题领域，识别改善双方关系的机会。据观察，这些公司还向 PSD 计划做出了资源承诺。此外，PSD 计划的重点是改善采购方和供应商的能力、产品、流程和工作关系。为了实施这些措施，双方设置改进研讨会，关注与价值分析、价值工程、创新、制造、设计规范、政策改进以及采购方和供应商流程等相关的成本效益。

10.2.5　供应商绩效评估

供应商绩效评估（supplier performance measurement，SPM）衡量与

供应商关系管理相关的供应商绩效。供应商绩效评估的工具包括对供应商绩效的意见调查以及与采购企业内部的经理访谈。此外，还发现评估过程中使用的供应商和供应计分卡（即：对供应商绩效具有重要影响的评级系统）对于衡量持续绩效非常有用。相关文献中提到的有助于衡量供应商绩效的指标包括财务、运营、内外客户导向以及创新措施。其他通常用于供应链管理的供应商绩效评估指标包括成本和价格改进、质量、交付、柔性、响应能力和技术。

至关重要的是供应商关系管理工作是否在供应商绩效评估计划中产生了积极影响。Monczka 等（2011）的研究建议用供应商绩效评估的一些措施加强供应商关系管理，包括以下内容：

● 采用降低成本、技术改进、创新、准时交付、响应能力和柔性等指标来构建关键绩效指标（key performance indicators，KPIs）。通过投资回报目标评估协作项目的绩效。

● 鼓励采购方和供应商成立跨企业团队〔即：由来自不同组织的个人（如供应商和采购方的高管）组成的问题解决团队〕共同解决问题。确立衡量标准，确保双方共同享有合理的资源。

● 确保采购方和供应商公平分担风险和回报。在沟通中明确双方将如何从提高效率的成果中分配收益。

供应商绩效评估在供应商关系管理中起着关键作用，因为可向采购方和供应商开发计划（见图 10-2）提供反馈，从而使采购方和供应商可以相应地影响和调整供应链管理与关系管理。此外，关系管理对供应商绩效评估的反馈顾及了监控供应商关系管理计划中的变更和进展等闭环过程。

10.3 开发供应链合作伙伴相关话题

10.3.1 资源共享强化供应基础：协作增长模型

如果供应商突然倒闭，会给采购企业带来困扰。然而，有时只需要一点财务或其他专业知识就可以帮助公司避免陷入困境。Arnseth（2012b）认为，在经济衰退期间，采购方通过资金或专业知识为陷入困境的关键供应商提供支持是一件好事。今天行业中不乏这种做法。采购方帮助可能遇到困难的关键供应商（例如，成本相关、运营相关、财务），并从人员、设备和财务等方面伸出援手，从而协助供应商。这种方式被称为协作增长模型（即：采购方与有需要的供应商分享资源）。这些行为不仅体现了采购企业对供应商的善意，而且有利于供应商和采购方自己。

早在20世纪70年代和20世纪80年代的美国，采购企业和供应商密切合作，实现互惠互利的情况并不少见，如时间管理的原则（Schniederjans，1993：33 - 38；Schonberger，1982：157 - 180）。根据 Arnseth（2012b），协作增长模型的重点是帮助采购方和供应者。例如，财务表现不佳的供应商可与采购组织共享收益，从而改善财务状况。为供应商提供资金的银行和其他金融机构认为在这种模式下供应商的收益状况可能要好于仅仅向采购方出售商品。采购方目前可采用以下方式为供应商提供资源，从而为供应商创造和增加价值：

- 研发支持。
- 质量改进。
- 由采购方支付相关费用让供应商人员参加会议，学习最新趋势和技术。
- 向供应商贷款，提供资金支持。
- 采购方可用现金支付给供应商，从而保证供应商付款。
- 利用采购方的供应链建立供应商的供应链基础，开拓新市场，从而改善业绩表现。
- 提前支付供应商款项，从而帮助资金不足的供应商继续经营。
- 采购方派出专家团队帮助供应商提高效率（并降低双方的成本）。
- 与一级和二级供应商合作开展技术开发研究。

10.3.2 优先客户

在危机时期，如果采购方是供应商的优先客户，那么采购方将受益无穷。根据 Day（2011），价格并不能确保供应商自动将采购方作为优先客户（即：描述供应商与采购方做生意的最高级术语）。如本章前面所述，供应商关系管理首先要根据层级、策略、产品等划分供应基础。销售方可采用类似的方法，像通过关键客户管理（key account management，KAM）查看客户群（即：首选的候选客户）。供应商根据三个主要因素选择关键客户。

● 经济利益：过去、现在和未来的收入情况。

● 客户要求：采购方的目标与供应商保持一致，包括双方合作时间长短、可信度和竞争供应商的数量等因素。

● 客户属性：采购方对供应商信赖度的信息，包括信息共享的透明度、对想法的开放性、合作意愿和奖励、采购主管的沟通交流、品牌和市场份额以及决策效率。

根据 Day（2011）对 400 家供应商的调查报告，在供应商与采购方的关系中，供应商认为以下因素重要而其他因素不太重要（即：确定采购方是否是供应商的优先客户）：

● 关键供应商最重视的：盈利能力、与供应商业务战略的一致性、收入（实际的和潜在的）、技术与创新的一致性以及长期前景。

● 关键供应商最不重视的：合作时间长短、采购方做出决策的效率以及执行订单的能力。

请注意，虽然盈利能力和收入很重要，但其他不太明显的因素也很重要，并代表了未来关系发展的可能。关注供应商的看法可将采购方转变为优先客户。

10.3.3 终止供应商关系

终止供应商关系可能出于多种原因，如：采购方改变战略方向，不再需要特定的供应商。更常见的原因是，产品生命周期可能接近其衰退阶段，产品停产。其他原因包括供应商无法提供所需材料或产品，或者是合作终止。

Mitchell（2012）表明，在结束双方关系之前，决策过程中必须考虑一些重要事项。表 10 - 2 列举了部分事项。正如 Mitchell（2012）所建议的那样，采购方应以积极的方式结束和战略供应商的关系，因为虽然现在关系终止了，但以后还可能继续合作。

表 10 - 2　终止供应商关系需考虑的问题

问题	描述	建议
共同投资	考虑投资供应商的资金。	比较关系终止的收益与取消投资的损失。
时间和资源	考虑为维护供应商关系所需投入的时间和资源。	比较这些损失与建立新的供应商关系的预期成本。还需要考虑了解供应商的成本。
工作流程	考虑转换工作流程以及与取消供应商合同相关的问题。还应考虑停止当前供应商的服务接口以及这对所有运营部门的潜在影响。	权衡变更供应商将如何影响报告、计费、订单安排、发票、资金转移、库存可用性、技术帮助和保修工作等方面。
开始关系终止流程	即使到了必须考虑终止合同或终止与供应商的关系的时候，也可以且应该给最后的机会。	应召开会议，采购方和供应商的高层管理人员充分讨论双方意见。讨论供应商的最新表现，制定合作计划，明确问题，概述具体行动，就日期协商一致。这给了供应商改正的机会。但即使供应商无法改正，这种方法也使双方了解合作关系终止的原因。
完成终止流程	取消合同，终止与供应商的关系。	无论采购方还是供应商决定终止合作，双方都必须制定计划，确保终止关系后可平稳过渡。为此，需要查看影响协议终止的条件，必须明确财务影响，必须获得高层管理人员的支持，并且必须制订备份计划。还需要确保供应商关系结束的时间与建立新的供应商关系相协调，履行合同协议以满足相关的保密要求，按合同约定保护知识产权。

资料来源：根据 Mitchell(2012)整理而成。

10.4　未来走向

下一步主要关于采购方将采取哪些措施来实施供应商关系管理，从而实现真正的合作伙伴关系。最近的相关研究回顾了已经制订供应商关系管理计划的公司正采取的行动，它们开始建立供应链伙伴关系或将供应商关系管理计划提升到新的水平（Arnseth，2012a；Carter & Choi，2008；

189-200；Monczka，et al.，2011：38-39；Smith，2011)。将表 10-3
中列出的标准作为质量检查表，可沿图 10-1 中的供应商关系管理连续体
移动供应商，从而建立更紧密的合作关系。表 10-3 中的列表可视为一个
资格认证过程，帮助了解采购公司是否已准备好改善供应商关系管理。当
然，并非所有公司都能够或愿意完成列表中的所有事项，但是越接近表
10-3 中的清单，就越接近最佳的供应商关系管理。

表 10-3　最佳供应商关系管理的清单

供应商关系管理计划	最佳供应商关系管理的建议清单
战略和组织理念	由采购执行人员确定关键供应商的重要性，公平公正对待供应商。 与长期战略供应商共同解决问题。 重视关键供应商并尊重他们的重要价值。 尊重供应商。 采购经理了解主要供应商并建立有效的工作沟通机制。
供应链基础合理化过程	将供应商分类为已批准的、首选的、合作的或认证的。 使用供应商评估工具。 细分采购以适配和确定战略供应商。 从有合作意愿的企业中选择战略供应商。
供应商管理计划	建立明确的供应商认证计划，并确保其适用于所有类别的供应商。 明确改善资产状况、降低成本以及其他供应商应该实现的相对抽象的目标，从而提升采购方的价值。 指定供应商创造价值的奖励，比如可分享收益、增加采购量以及给供应商提供无息或低息贷款等。 定期举行与供应商的合作研讨会，重点引导供应商为采购方的目标服务。 以书面形式确定长短期内购买类别，从而帮助供应商明确角色。 明确供应商战略，从而实现增值价值目标，例如降低成本、产品和服务设计价值，以及整体业务流程改进。
关系管理计划	建立采购方和供应商之间的信任。 当财务、运营或其他问题可能影响履行协议时，采购方要支持关键供应商。 供应链合作伙伴之间以及与内部组织之间公开透明沟通。 评估供应商，使用多个标准而非单一标准来确定如何调整与供应商的联盟关系。在供应商关系连续体中，交易型的供应商关系比较看重价格。 确保采购方和供应商都有能力实现预期目标。

续前表

供应商关系管理计划	最佳供应商关系管理的建议清单
采购方和供应商开发计划	关注供应商在绩效目标和期望方面的措施。 采购方制订根据公平的预期投资回报率向关键供应商提供资源的计划。 根据合作关系进展、成本以及其他产品/服务情况，评价供应商绩效。结果在绩效评价中很重要。 在供应链管理中，制订实施计划，允许采购公司派人解决供应商的问题。 设置流程，从供应商处获取有关公司政策、实践和流程的信息，这些信息可能有助于提高双方的合作能力。
供应商绩效评估计划	设置衡量供应商的核心指标，从而评价双方合作和措施。 建立系统，衡量供应商对采购方所做的整体贡献。 考虑长短期内供应商评价结果。 建立指标评价以设计关于成本、价值分析和创新等的长期性计划。

资料来源：根据 Arnseth(2012a)、Carter and Choi(2008:189－200)、Monczka et al. (2011:38－39)、Smith(2011)整理而成。

▶▶ 第 11 章
风险管理
■ Risk Management

故事概述

术 语

黑天鹅事件	弹性
业务连续性计划（BCP）	弹性供应链
商品经理	风险管理
数据挖掘	风险管理流程
干扰因子分析压力测试	风险管理团队
中断风险	风险缓解
启发法	风险简介
操作风险	风险计分卡
防范战略	供应商风险
产品弹性	供应链事件管理
实时风险评估	可追溯性

故事概述

▶▶▶▶▶▶▶▶

有时，合同中的条款可能风险极高，高到即使是经验丰富的管理者也会害怕。接受风险是供应链管理者工作的重要内容，当然也包括管理风险以免带来不良后果。承认存在风险是风险管理的第一步。

佩德罗说："比尔，你看到新加坡政府采购我们的最大型发电机订单中的数百万美元罚款条款了吗？我从来没有遇到过这样的违约风险。"

我解释道："是的，佩德罗，我看了合同，也理解相关的风险。承包商如果未按时完工，将面临巨额罚款。他们希望我们能保证按生产计划交付50磅重的发电机，这样他们才能按时完工。"

佩德罗补充道："对他们来说真好！我们在美国、加拿大和墨西哥市场都做过类似的项目，但现在是在非常具体的日期之前，在新加坡市中心一座40层高的政府大楼顶层交付这台发电机。通常我们会设立一些时间灵活度，例如在一周或几个月内交付。我们的时间非常紧张，难以想象我们要运到海岸，运到新加坡，在那里卸货，运到大楼上，找到起重机来搬运以及获得其他建筑许可证的诸多许可。我担心，也想提醒你，这里面的有些风险是我们在国内或近岸采购没有涉及过的。"

我说："佩德罗，首席执行官和我都认为收益是如此巨大，值得冒险一搏。我们了解违约风险，而且认为这些风险是可以接受的。我们相信你可以完成任务。请随时通知我交付进度，如果出现任何问题，请联系我获取帮助。这样的工作会有问题，我会帮助你完成这项工作。"

佩德罗是大型引擎部门的运营副总裁，成立了一个项目团队来交付该订单。该团队由供应链部门负责人、两名律师（一名专门负责美国国内事务，一名专攻国际业务）、生产部门负责人和几名熟悉产品细节的工程师组成，工程师可以在产品就位时测试系统。每个人都要了解交付产品过程中蕴含哪些风险。律师负责办理卡车将产品通过美国各州运往加利福尼亚州再运往新加坡所需的许可证。由于发电机尺寸大而且很沉，因此必须获得七项运输许可以及港口当局的运输文件。同样，必须获得新加坡的许可证才能卸载产品并运送到建筑工地。获得当地街道的许可证，这样才能把产品吊到建筑物的顶部。考虑到发电机的重量和尺寸，发电机只能现场组装。

生产部门主管选择了一名生产经理和一组技术人员前往建筑工地，在那里他们可重新组装并测试发电机。这些措施都蕴含风险，一着不慎，全盘皆输。佩德罗通过尽量分包来降低风险。例如，获得起重机、许可证以及在现场吊起发电机的工作交给了建筑承包商，因为他们更了解起吊发电机时关键的重量因素，并且可以与项目团队中的工程师和副总裁合作。由生产发电机的员工负责重新组装发电机，由生产经理负责管理这些员工。尽管佩德罗计划周详，但还是出现了一个小问题：劳工罢工影响了美国码头装货。发电机卡在加利福尼亚州，而时间紧迫。

佩德罗问道："嗨，比尔，新加坡订单遇到了问题。唯一能把发电机运往新加坡的装货码头正在罢工。我们可冒险等待罢工结束从而及时把发电机运到新加坡，或者可以空运发电机。后一种方法成本更高，但成本不会超过如果延期需要交付的违约金。你的建议是什么？"

我说道："佩德罗，LAX 机场有货机可用，可以租用飞机运送发电机。我会让人提前打电话，确保能租到飞机。让运发电机的卡车重新运到 LAX 机场。另外，我会告知律师准备空运发电机的所有文件。"

发电机部件被运到新加坡，然后被运往建筑工地，用起重机升到屋顶，并由生产团队重新组装。工程师进行简短的系统测试后，建筑承包商验收完成，合同履行完毕。

佩德罗高兴地给我打电话分享了这则好消息，他说："比尔，很高兴地向你汇报新加坡发电机成功提前交付完成。目前，发电机运转正常，承包商签字验收。实际上，空运让我们提前完成了任务，建筑承包商高度赞赏了我们。我们将获得一笔提前交付的奖金，这可以抵消空运造成的额外成本。"

"佩德罗，这真是好消息。祝贺你！"我告诉他。

佩德罗问道："比尔，我想问你一个问题。假设交货延迟，除了支付数百万美元的罚款之外，我们还可以采取什么措施处理呢？"

　　我解释道："这需要谈判。首先，联系客户看看如何解决问题。有时，承包商的项目本来就已延期，因此我们延迟交付无关紧要。如果不行，就试着降价。当然，我必须与首席执行官合作，确保她可以接受折扣。如果这也不行，客户对我们非常不满，那么可以试着让仲裁员调解。首席执行官出面与客户达成决议的情况并不少见。有时，客户只是想采取法律行动，从而杀一儆百。当这种情况发生时，要交给律师处理，而且达成和解的赔偿金往往没有合同条款中所规定的那么高。希望这样的情况不会经常发生，但这是一种风险。"

11.1　必读材料

11.1.1　什么是风险管理？

　　风险管理是识别潜在不利事件、评估风险发生概率、降低风险发生概率或彻底避免这些事件并制订应急计划以减轻后果的过程（Blanchard，2007：241-245）。在产品生命周期的每个阶段，风险随着客户需求的变化而变化。需要采取措施管理风险，降低风险发生的概率或彻底消除风险，从而避免产品生命周期缩短。风险缓解意味着风险或其影响降低或消失。一般来说，存在两种类型的风险：操作风险和中断风险（Knemeyer，et al.，2009；Wakolbinger & Cruz，2011）。操作风险涉及由于流程、人员或系统问题而导致的供需失衡（Bhattacharyya，et al.，2010）。操作风险的例子包括产品质量差或交付失败的事件。中断风险可能是由人为或自然灾害引起的，如恐怖袭击、罢工、地震和洪水。Leach（2011）报告称，在一项全球调查中，559 家公司中有 51% 表示最常见的供应链中断情况是由恶劣的天气条件引起的，而 41% 的公司表示信息技术中断是第二个主要的原因。Christopher（2011：194）和 Flynn（2008：112-120）表明中断风险来源多种多样（见表 11-1）。

表 11-1	供应链中断风险的潜在原因
风险来源	描述
需求	由客户需求的波动引起的预测需求与实际需求的潜在偏差（Kumar，et al.，2010）。风险示例：牛鞭效应。
控制	由内部控制系统引起，会抑制性能或可严重影响作业。风险示例：订单量问题、生产批量大小和安全库存政策。
环境	由天气等外部因素（例如战争）引起。风险示例：洪水淹没桥梁，导致交付和运输路线中断。
市场	由于客户对市场上可用产品的需求发生改变。风险示例：产品线停产。
流程	与在合适的时间所要求的产品质量和数量的潜在偏差（Kumar，et al.，2010）。由供应链系统缺乏弹性引起。风险示例：由于劳动合同要求，由空卡车运输导致的浪费。
供给	由于时间、质量和数量等方面原因导致入境产品的供应波动（Kumar，et al.，2010）。风险示例：由于供应链太长，延误交付，导致客户流失。

风险可分为三个等级：可控、部分可控、不可控（Byrne，2007）。根据这个框架，中断风险更不可控，操作风险则是相对可控的。Byrne（2007）的一项调查报告称，供应链管理者认为与供应链合作伙伴绩效相关的可控风险才是供应链中最主要也是最严重的风险。图11-1列出了一

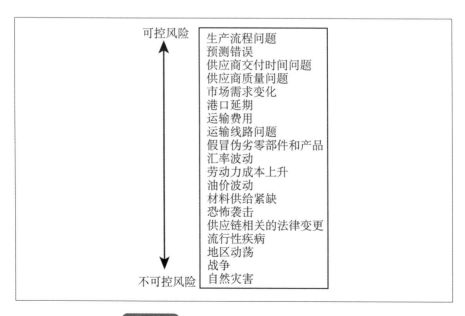

图 11-1   供应链风险类型和可控性

资料来源：根据 Simchi-Levi(2010;74)之 Figure 5.1 整理而成。

系列供应链风险，并提供了相关的可控性连续体。

11.1.2　供应链风险类型

供应商风险是供应链风险的一种，主要是给采购企业供应链中的采购计划造成负面影响的事件（Carter & Giunipero，2010）。这些事件通常属于先前提到的运营或中断风险，除非该事件由供应商原因造成：（1）供应商财务困境；（2）供应商运营失败。表 11-2 中列出了可能影响采购方的其他供应商运营风险。企业经营中总会出错，因此可能有多种类型的供应链风险。Fawcett 等（2007：105-108）建议，在正式确定风险管理计划时，商品经理（即：负责特定商品或产品类别的人）应对风险管理流程负责并监督风险评估。风险计分卡（即：列出风险标准从而打分确定总体风险评级的调查）是其中一种风险评估方法。评估结果随后报告给相关的管理人员，供其制定风险应对方案。

表 11-2　影响采购企业的供应商运营风险要素类型

风险要素	描述
供应商交货时间	交货时间变动，导致采购企业无法向客户交付产品。
技术能力	技术水平有限或技术已经过时限制了供应链能力，导致无法为采购方的客户提供最先进的产品或服务。
容量	生产或服务能力有限，导致无法向采购方的客户提供足够的产品或服务。
采购流程能力	人力资源、技术和信息等流程能力有限，导致无法向采购方的客户提供优质的产品或服务，低效率给采购方带来沉重代价。
材料	供应商无法交付相关材料，导致无法向采购方的客户提供产品或服务。
商誉	由于供应商的不当行为影响了声誉，对采购方的声誉造成负面影响。
财务	由于主要供应商的财务原因，影响了采购企业的销售和收入而造成损失。
法务	相关法律或政府法规对供应商的运营产生负面影响，从而影响其为采购公司提供服务。

11.2　风险管理流程

此处介绍的风险管理流程被视为一个项目，但实际上，风险管理流程应被视为持续的计划。风险蔓延到企业业务的方方面面，因此供应链管理者应建立供应链体系或团队，从而持续检测其运营或环境中的风险。此外，供应链管理者应在组织结构内设置多种风险检测手段，包括组织内外的自动化技术系统、流程、政策、程序和人员，以确保快速识别和报告潜在风险。

许多措施都可以纳入风险管理流程。组织、行业和产品的类型都可影响风险管理过程中应采取的措施。Christopher（2011：198－206）和 Flynn（2008：112－127）建议将此处列出的步骤按顺序作为风险管理过程的框架（见图11－2）。

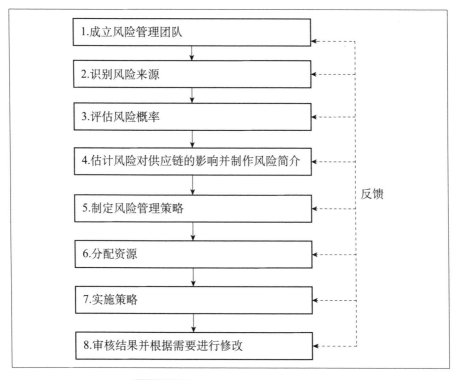

图11－2　风险管理流程的步骤

资料来源：根据 Flynn（2008：112－127）整理而成。

1. 成立风险管理团队：风险管理团队是企业内部正式的跨职能团队，由与相关领域有关的人员组成，共同执行风险管理流程。在高度依赖供应商或战略供应商的情况下，还应包括一个由关键供应商的人员组成的跨组织团队。团队应该包括与风险领域相关的工程师和供应链管理人员，以及其他专家，特别是那些可定量评估或估计风险概率的专家。团队成员必须擅长识别潜在的风险要素，评估这些风险要素对企业造成的影响，制定应对策略并提出战略执行方案。在执行风险管理过程的后面几个步骤时，如果出现新的风险状况或不同的风险情况变得越来越明显时，可以相应增减团队成员。此外，执行管理层必须决定团队对风险管控的权力有多大。该团队主要由内部成员组成，可能没有资格处理外部风险。因此，执行管理层可能保留权利决定团队决策。

2. 识别风险来源：风险管理团队必须确定风险来源。风险来源可能是一般性的，如表 11-1 中所列的影响供应链运营的广泛领域。风险来源也可能集中在供应链管理的某一领域，如与单个供应商相关的风险（见表 11-2）。利用与鱼骨图（见第 4 章"供应链管理"）追溯产品质量波动的类似方法，需要一开始就观测到环境中的变化，从而追溯到可能导致这种变化的原因，才能识别风险来源。

3. 评估风险概率：在任何风险情况下确切评估概率几乎是不可能的，只能评估特定事件发生的可能性（例如，关键供应商停业）。供应链文献中经常提出反映或对特定事件风险进行排名的评级体系。根据可能性将事件评级为：(1) 非常高；(2) 高；(3) 中等；(4) 低；(5) 非常低；(6) 不太可能。这些都是预期的主观判断。供应链经理、管理人员、工程师、高技能员工以及外部行业专家、顾问和律师等的内部经验都可成为评估依据。

4. 估计风险对供应链的影响并制作风险简介：这一步需要判断确定企业对任何可能的风险事件的承受能力。风险简介定义了企业的风险规避水平。关于风险管理流程中的这一步骤，如果公司具有高度风险承受能力且不反对接受特定风险，则这一分析可能完整；但如果企业认定某一风险事件超过可接受程度并且不愿接受风险，则必须确定风险事件的潜在影响。这可能需要调查该风险企业面临的最好情况和最糟糕的情况分别是什么；还需要考虑对利益相关方（例如，供应链、其他部门和人员）造成的潜在影响，并估算各方的受影响程度。如果风险程度高到管理层认为项目风险太高了，那么可能风险管理过程在此结束。评级量表［例如：（1）边际影响；（2）重大影响；（3）严重破坏性影响；（4）灾难性影响］是评估风险的有用方法。评估结果也会根据执行人员的经验以及某些情况下的外部专家的意见确定。为规避风险，企业采取这一步骤，其结果就是明确评估公司可能面临的风险的影响或者风险评级、风险排名或优先级排序，从而有效应对风险。

5. 制定风险管理策略：鉴于前面几步已确定了风险，评估了影响，并根据重要性明确了风险优先级，现在可以制定策略应对每种风险。根据Flynn（2008：123 - 124），风险管理策略通常包括表 11 - 3 中列出的四类。选择哪种策略在很大程度上取决于公司的风险承受能力（下一节将介绍风险应对战略和策略）。

表 11 - 3　风险管理策略类型

风险管理策略	描述
接受	如果企业的风险承受能力很强，这种策略就是接受可能发生的风险并承受相应后果。除了做好准备避免风险变化导致超出风险承受能力之外，不需要采取任何行动。例如，一家采购公司可能因关键供应商的损失而暂时受到损害，但由于采购公司有大量现金储备，因此供应短缺不会对销售产生重大影响。
缓解	风险缓解意味着寻找方法来降低风险，减轻对组织的影响。根据识别风险的原因（即步骤 2）以及风险发生概率和影响（即步骤 3 和步骤 4），判断是否需要采取行动降低风险，并降低风险影响力。例如，采购公司担心关键供应商的潜在损失会造成缺货而建立库存，从而避免断货而严重损害其客户群。
转移	根据这一战略，公司将部分或全部风险转移给另一方。例如，采购公司购买保险从而防范供应商供货短缺造成的潜在损失，将风险和负面影响转移给保险公司来弥补部分损失。
规避	如果在风险管理过程中企业认为风险太高，可以简单地放弃该项目来规避风险。例如，如果具有战略意义的核心竞争优势可能会受到某一风险行为的影响，那么公司可能认为该项目风险太大而放弃该项目。

6. 分配资源：在这一步中，必须确定如何适当分配人员、技术和资本资源到每项战略中。它还涉及估算执行风险管理战略和分配资源实施战略的成本。可重新审查对企业的影响并权衡这些影响和执行战略的成本，从而让这些战略投资更合理。虽然很难准确估计降低风险可节约多少成本

与执行的实际成本，但接受风险的成本通常远远超过降低风险的成本。

7. 实施策略：在此步骤中，制定实施风险管理策略。任何战略的实施都应从整个组织的战略开始。一旦执行完毕，可以继续实施多种策略应对风险。此步骤还涉及执行分配资源（从步骤 6 开始）。

8. 审核结果并根据需要进行修改：风险管理团队通常负责确保有效实施策略并分配资源，达到预期效果。策略实施后，应给予团队充分的时间评估风险管理项目的成功（或失败）与否。如果评估时发现结果不太理想，团队可能会纠正或重新调整策略，从而达到预期效果。无论如何，风险管理团队的最终报告应可供受风险管理工作影响的部门使用。

11.3 降低风险的战略和策略

承担风险是供应链管理所固有的。鉴于大多数供应链极其复杂，很难想象供应链中没有任何风险。对于大多数管理者来说，供应链管理和风险承担是同义词，但这并不意味着应该忽视风险。降低风险的最佳方法是防患于未然。和成本一样，应尽可能降低或消除风险。为此，文献中提出了各种风险应对战略和策略。

11.3.1 风险防范及恢复战略和策略

在供应链中建立防范能力和恢复能力是降低风险的最佳策略。防范战略需要预测供应链运营中断或环境灾难中的最坏情况并制定应对措施，从而降低风险。对供应商活动有清晰了解的跨国公司能够更好地利用该可见性并在发生有害事件时迅速采取行动。有了这些信息，这些企业可以做出明智的决定，在必要时转向合格的替代供应商，确保合理的商品定价并评估货币变化对采购决策的影响。公司可以利用信息技术战略改善供应商活动，从而避免灾难性后果。根据 Correll（2011），可使用互联网来跟踪协商商品定价、商品指数和最终交付率，避免多支付成本，从而防止出现定价问题。采购方可使用这种策略来避免基于供应商的账单错误，并确保在采购方最终决定是否更换供应商时，不同地方的竞争供应商提供的价格是可靠的。利用通信技术的另一种方式是将供应商分散到一个大的地理区域，以避免自然灾害影响生产或扰乱供应链运输网络。在多个地方拥有一组合格的替代供应商，可为应对供应链的自然中断奠定坚实的基础。货币波动也可能使采购方付出高昂成本，并可能导致全球化经营节约下来的成本付诸东流。虽然长期变化的外汇汇率风险并不能准确预测，但采购公司可以向决策者提供有关最新货币估值信息，从而预防供应商定价相关的影响。

Sirkin（2011）也提出了以下防止供应链中断的应对策略：

● 供应基础多样化：从不同地方选择供应商，包括离得近的供应商，以避免由于区域性问题（如战争）失去关键供应商的风险。

● 安全的供应商：当灾难发生时，锁定相关供应商合同，从而避免供货短缺风险。

● 柔性供应链：创建柔性的供应链体系（见第9章"构建敏捷柔性的供应链"），从而应对市场需求和供应链需求的突然变动，防范市场或环境变化相关的风险。

● 当地生产：利用当地供应商来补充现有的远程供应商，防范需求变化，避免价格上涨。

● 改变成本：采购方应降低固定成本，并设法将固定成本转换为可变成本，因为可变成本随市场而波动，可以避免过度资本化和与金融相关的风险。外包是一种应对措施（见第13章"外包战略规划"），通过向外包商提供资本投资来将固定成本变为外包合同的可变成本。

风险管理并不是静止不动的，而是动态变化的，要不停考虑新情况。风险类型和状况发生了很大变化，因此，预测和应对未来风险的能力已成为风险管理的重要组成部分。弹性指在受到干扰后迅速恢复正常的能力。一个有弹性的供应链能应对风险情况的负面影响而不会影响产品生命周期。Knemeyer等（2009）和Siegfried（2012）建议企业从产品、供应链、计划和事件管理的供应链全流程嵌入弹性。弹性供应链的策略是产品弹性。产品弹性需要产品开发人员在新产品引入阶段确定产品开发采购早期阶段的风险。了解产品风险，可在产品推出之前降低风险并防范风险要素。另一种策略是供应链弹性。需要识别和减轻供应链中可能影响供应链中断快速恢复的风险。Siegfried（2012）建议供应商和相关顾问合作来分析应对风险。

还有一种策略是采用以网络为基础的业务连续性计划（business-continuity planning，BCP）。BCP 是一种信息工具，可为关键供应商编制数十种弹性数据指标，并实时更新。这些信息包括紧急联系人、备份能源以及灾后恢复所需时间等，可应用在供应链事件管理流程中。供应链事件管理从业务连续性计划获取信息并发出预警，从而帮助检测可能对供应链造成破坏性影响的全球环境事件（例如，运输车道的中断）。Siegfried（2012）报告称，思科公司等采用可执行仪表板，利用供应链事件管理流程的可视化，提供事件预警，详细说明灾害应对和风险防范的操作手册。思科开发了一种弹性计分卡，其中包括制造、供应商、组件和测试设备四种弹性（O'Connor，2008）。此外，在供应链系统中建立冗余是另一种弹性策略（Sheffi，2005：270-278）。虽然减轻供应链负担对于降低成本很重要，但也应权衡两者，避免损害整个供应链，导致供应链中断。超出的成本应与供应链的弹性成正比，与根据服务水平变化确定安全库存类似。

11.3.2 与供应商相关的战略和策略

供应商风险可能给采购方造成严重影响。根据 Carter 和 Giunipero（2010：11），如果只看重供应商的低价优势，会增加供应链风险。为降低供应链风险，应重新考虑以下策略：

● 缩减供应商数量或拥有单一来源的供应商，可能会严重依赖供应商，增加成本。

● 削减库存，存在供货短缺风险。

● 业务高度集中于少数供应商或客户，可能造成依赖这些合作伙伴。

● 依赖某些基础设施，可能存在交通运输或设施装载出问题的风险。

● 增加外包商，可能严重依赖供应商。

● 在发展中国家使用低成本供应商，可能造成对政治不稳定国家的供应来源形成依赖。

● 交货时间长，可能无法及时交货和造成缺货。

Carter 和 Giunipero（2010：11）建议采取以下策略帮助可能面临财务或经营困境的供应商：

● 直接投资或并购供应商。

● 将采购方的业务交给其他供应商。

● 提前以现金支付给供应商。

● 提前交货从而加快付款进度。

● 参观供应商状况，看看可否提供长期帮助。

● 与其他供应商合作，帮助陷入困境的供应商。

● 直接提供低息贷款给缺乏资金的供应商。

● 短期内增加供应商业务量，改善现金流。

11.3.3 管理全球风险

经验丰富的供应链经理都知道，外部环境本已风险重重，供应链全球化使风险更加复杂。因此，当今供应链中的风险呈指数级增长，需要企业重新审视自身的全球化程度。相关文献（Kogut，1985；Colicchia，et al.，2011）提出了应对全球风险的各种不同策略，列举如下：

● 对冲：根据这一策略，按照一方产生的任何损失都被另一方产生的收益所抵消的思路来设计供应链。在全球业务中，生产设施位于不同的国家，一个国家的货币可以对冲其他国家的货币波动。如果一个国家的币值降低，应加持供应链中另一个国家的货币储备。这与通过多元化投资金融工具降低风险的策略相同。

● 投机：在这种策略下，供应链主要关注实质利益。过去，大多数公司开展全球化业务的主要原因是降低产品成本或运营成本。跨国企业在低收入国家投机，生产成本更低，从而降价获得竞争优势。这种策略富有成效，但随着时间的推移，相关条件改变，企业不再追求最大限度地降低成本。随着工资水平提高或通货膨胀，要实现维持低劳动力成本等目标，企业可能需要持续从一个国家转移到另一个国家，来保持较低的工资水平。

● 柔性：柔性供应链要求合作伙伴在数量、质量和能力方面具有柔性。从更大的供应链基础上选择合作伙伴是全球运营的优点之一。供应商、制造商和分销商更多，企业可以更灵活地应对世界任何地区的供应链风险。生产资源和替代供应链更多，可以对抗许多风险要素，从而保证供应链运行良好。如果某个地方环境（例如，战争、天气）变化，此策略可让企业迅速调整应对。

应对风险的全球策略几乎有无限种。但大多数公司使用这里提到的策略组合。

Christopher（2011：194）提出了如下函数可计算供应链风险：

供应链风险＝中断概率×影响程度

本节中的一些风险应对策略可降低供应链运营中断的风险，减少风险事件对采购方的影响。这些做法能够降低供应链风险，这也是风险管理的目的。

11.4　风险管理的其他话题

11.4.1　创新风险管理

根据 Leong（2012）的观点，在过去的风险情况下，传统的风险管理主要回顾总结风险，但风险应提前预测。Leong（2012）的报告表示，将风险管理计划创新为前瞻性模式需要以下四个要素：

● 开发以供应商为基础的数据库系统：风险无处不在。在该系统下，采购方的供应链专业人员须不断反馈工作中察觉的潜在或真实风险要素，形成风险变化情况的实时数据库，因此重点关注不断上升的风险。这些信息可以从公开资料，例如新闻稿、年度报告（如供应商财务报告）和分析师报告［如《哈佛商业评论》（*Harvard Business Review*）］中获得。这种系统所含的信息可包括经济条件、组织领导、行业和技术等方面的变化；还可包括竞争对手的举措和新战略，以及涉及供应商的法律或政府行为。

● 应用业务分析方法：从数据库中获取原始数据，可运用启发法（即：基于逻辑的规则来指导搜索）等搜索方法、人工智能（AI）和数据挖掘软件（即：通过软件发现数据库中的模式或趋势，并将其转化为人类可理解的结构，以供进一步使用）识别风险趋势或行为，揭示潜在风险情况（"Intelligence Agent"，2012）。结合对竞争对手的了解和行业活动，也可根据经验和直觉判断分析数据。例如，采购方突然失去了几个供应商，可能会揭示竞争风险要素，如：竞争对手突然进入采购方过去占主导地位的市场并且采用了采购方过去合作过的供应商。虽然也有可能是其他原因，但值得进一步考虑竞争行为等风险概率，因为这可能揭示造成供应商损失的实际风险因素。

● 频繁开展风险评估：为获得最新数据，根据 Leong（2012）提出的实时风险评估更新每个重要交易的数据库（例如，供应商投标交易）。这需要每天频繁更新报告。这样，采购方可及时跟踪风险想法、风险行为，进行风险评估，并记录风险趋势变化。

● 简化流程：将整个供应链体系中各种来源的信息及时转变为对决策有用的信息。因此，这个系统更容易识别影响采购方及其供应链体系的各种风险。简化风险数据收集将使流程更简便有效。反之，可花更多时间关注和控制关键风险要素。

该风险评估系统旨在强化识别特定风险，采用多样化的投入定位风险位置。增强风险意识，企业可提高风险响应能力，最大限度地减少对供应链体系的破坏性影响。

11.4.2 风险管理工具：可追溯性

有时，出现了产品问题（例如，可能导致安全问题的缺陷产品），有关公司必须采取纠正措施。已知的产品问题越长时间不解决，成本风险就

越高（例如，企业法律诉讼）。要为拥有全球供应链体系的大型企业找到
问题的根源就是一项不小的挑战。问题拖的时间越长，相关成本和供应链
的风险就越高。鉴于产品复杂程度高、制造来源多样以及供应链长等原
因，要定位问题的根源可能非常困难。相反，定位问题根源的效率越高，
风险和相关成本就越低。

Siegfried（2011）认为，可追溯性（即：追溯问题的能力）作为一种
风险管理工具非常有用。这种工具可从原产地追溯产品，帮助识别产品安
全性和质量问题，从而改善供应链管理。可追溯性的程度取决于企业目标
以及预期成本。如果公司愿意花费精力，产品、零部件和原材料都是可追
溯的。

Siegfried（2011）建议在可追溯系统的设计中必须加入以下三个特
征：（1）广度（即：每个产品或组件需要保留的信息量）；（2）深度（即：
产品或组件时间上前后追溯的信息。产品或组件在供应链中移动时，这些
信息会更新）；（3）精确度（即：对系统定位特定物品流动或特征的能力
的把握程度）。

扫描仪条形码读取和与大型计算机系统的信息存储连接可帮助定位和
详细说明产品特性。当需要随时更新物理位置信息时，全球定位系统
（GPS）可精确定位产品运输中的位置。射频识别（RFID）技术采用电子
技术远程监控库存，也可用于可追溯性项目。这些技术不仅简便，而且成
本低廉。

可追溯性可帮助供应链有序运作，正在现实中投入使用。政府对产品
安全的要求高，消费者也希望通过供应链跟踪产品物流信息，因此，企业
纷纷采用并提升这种供应链能力。

11.4.3　利用干扰因子分析压力测试估计灾难性事件发生的风险

大公司可安排整个部门负责风险管理。这个部门被称为企业风险管理
（enterprise risk management，ERM）部门（Le Merle，2011），其目的是
识别潜在的业务中断风险，确定影响程度，制订风险应对计划，同时采取

预防措施降低风险。企业风险管理部门重点关注发生频率更高的风险（例如，未遵守政府法规），而不是关注黑天鹅事件（即：罕见的但影响极大的灾难，可能与环境、经济、政治、社会或技术等因素有关）。黑天鹅事件随时随地可能发生并且很难预测，这也是大多数企业风险管理部门不一定能很好地应对这类风险事件的原因。

为应对黑天鹅事件，Le Merle（2011）建议使用干扰因子分析压力测试分析，风险管理团队与企业风险管理部门合作，定期执行。压力测试并不是一项长期行为（也就是说，不会一直进行压力测试），而应偶尔进行测试，从而预测供应链的重大风险并制定应对策略。虽然一般由企业风险管理部门或风险管理团队执行这项任务，但一些企业也会选择让外部第三方进行分析，从而保证客观性。

干扰因子分析压力测试包括以下四个步骤（Le Merle，2011）：

1. 根据企业潜在灾难性风险的位置制作地图：此步骤需要企业运营和供应商的地理足迹。制作地图需要多层操作：第一级、第二级和第三级供应商。这还包括公司面临的外部产业结构和竞争动态。获得这些信息以后，还需要了解公司的收入、利润、资本来源和集中领域，从而了解潜在风险领域及其相互之间的关联。

2. 创建黑天鹅事件清单：潜在灾难性事件的清单应包括环境、经济、政治、社会或技术等方面可能与企业相关的任何事件。这个清单可能会很长，可按风险类型等不同方式分类。分类管理可减少风险类型，便于管理。

3. 探讨可能的情景：如果清单中的黑天鹅事件发生了，设想一下给该企业造成的相对影响和后果（来自步骤2），明确这些事件与企业的潜在风险分布的关系（来自步骤1）。既要考虑尽可能多的风险要素和相互关系，同时也要评估灾难可能造成的严重后果。匹配风险集中度与灾难的潜在影响，可了解公司的当前结构（即步骤1制作地图）将如何影响灾难性后果。

4. 实施应急计划：从步骤3开始，针对每种风险情况制定风险应对方案。制定多种风险应对方案，根据风险敞口、费用和执行难易程度进行优先排序。风险管理团队和企业风险管理部门经过头脑风暴提出这些应急计划，或者外部顾问利用风险信息规划中的独特经验制定相关方案，也可在企业内部集思广益。

这种干扰因子分析压力测试分析旨在提前制订备用应急计划，迅速实施，最大限度地减轻黑天鹅事件造成的风险及后果。

11.5　未来走向

根据世界经济论坛（www.weforum.org）的研究报告，在供应链管理者的主要关注列表中，全球供应链的风险最受关注（"Outlook on..."，2012）。企业和政府都认为亟须降低供应链风险，然而近期的预测显示风险似乎在上升。如表 11 - 4 所示，风险要素不仅数量多 ［这个清单与世界经济论坛最初调查的清单相比并不完整（"Global Risks..."，2011）］（Simchi-Levi，2010），而且风险发生的概率很高。不幸的是，大部分风险预测发生概率很高，并将对全球供应链造成负面影响。

表 11 - 4　2012 年全球风险类别、示例和预计发生概率

风险类别	示例	预计发生概率	预估影响程度
经济	资产估值崩盘	可能	高
	极端商品价格波动	高	高
	极端客户价格波动	高	高
	极端能源价格波动	高	高
	极端通胀	高	高
	监管失败	高	高
环境	空气污染	高	高
	气候变化	高	高
	地震	高	高
	洪水	高	高
	风暴	高	高
地缘政治	腐败	高	高
	政府力量弱	高	高
	地缘政治冲突	高	高
	违法贸易	高	高
	恐怖主义	高	高

续前表

风险类别	示例	预计发生概率	预估影响程度
社会	流行性疾病	高	高
	经济差距	高	高
	移民差距	高	高
技术	基础设施中断	不太可能	中
	在线安全漏洞	高	高
	新技术的威胁	低	低

注：大多数根据世界经济论坛估计(Global,2011)。

资料来源：根据 Global Risks(2011)、Outlook on Logistics & Supply Chain Industry(2012)、Simchi-Levi(2010:73-77)整理而成。

应对即将到来的全球风险需要积极主动采取措施，预测风险，强化供应链的应变能力，从而应对最后的灾难性后果。与本章之前提到的策略类似，世界经济论坛研究表明，供应链管理者应保持警惕，随时获取风险信息，综合分析风险信息，从而快速利用信息指导行动，制定预期响应方案（"Outlook on..."，2012）。此外，该研究建议在供应链中建立敏捷性、柔性和适应性（见第9章），增强供应链的弹性，从而更好地处理风险情况及其影响。

供应链管理中的精益策略和其他削减成本的策略

Lean and Other Cost-Reduction Strategies in Supply Chain Management

故事概述

术　语

瓶颈

集中采购策略

商品化

计算机维护管理系统（CMMS)

成本动因分析

成本管理

成本管理计划

降低成本的团队

电子拍卖

电子采购

横向合作

关键举措（KI）

精益敏捷

精益管理

精益供应链

精益供应链管理

精益供应链生产力循环过程

混合模型调度

企业联合采购

价格分析

反向拍卖

标准化

供应链流量约束

目标成本核算

总拥有成本（TOC）

价值管理（VM）

白板

故事概述

▶▶▶▶▶▶■■

　　制造成本管控的成效决定着产品的市场表现。几十年来，运营经理一直使用精益的成本削减策略，以形成一种策略思维模式或理念，指导企业从消除浪费和后续成本的角度进行思考。

　　杰西卡是工具、硬件和建材部门的副总裁，有一天下午她打电话给我，说："比尔，新产品新增的制造和供应链平均成本超出预期市场价格。我的预期成本太高了。为此，我已经否决了营销人员给的一些新产品提案。我开始担心这个问题，并认为也许我们部门应改善成本管理。我看了看小型引擎部门的艾伦如何管理成本计划。有趣的是，我发现他们采用了类似的精益管理原则，但是应用方式不同。他们的一些理念可以应用到我的部门，但我希望你能提供一些想法帮助我们降低成本，使我们的新产品提案更具价格可行性。"

　　我回答道："如你所知，杰西卡，使用精益原则对这个行业具有重要影响，大多数公司即使没有学过，也会自动应用精益原则。精益管理就像人的第二天性。有些原则适用于制造管理，有些原则可应用于供应链管理。下周，我将前往得克萨斯工具机械厂处理其他事宜，届时我将审查你的员工是如何进行精益管理的，看看是否可采取其他措施削减成本。"

　　杰西卡补充道："比尔，得克萨斯工厂是我们使用精益原则的很好的例子。在那里，我们有一支成熟的成本管理团队精益管理成本。比尔，我们将非常感激你提出的任何改善流程和节约成本的建议。"

　　访问了得克萨斯工厂，与工厂经理和供应链部门负责人讨论后，我联系杰西卡讨论供应链领域的可改进之处。我解释说："杰西卡，你在制造成本控制和精益原则应用方面做得很好，甚至比其他部门更好。将这些精益原则应用到服务领域，比如你所在部门的供应链管理，效果并不一定那么明显。信息流是常被忽视的一个领域。就像库存可以严重影响生产一样，太多的信息影响效率，使管理者花费大量的时间斟酌不重要的统计数据。为获得成本信息，信息要简明扼要，明确地针对必要的具体项目。成本管理报告中有太多不必要的信息，这些信息不仅不能创造价值，反而浪费管理者的时间。将成本管理信息报告作为工具，关注最紧迫的成本削减领域，关注重点信息。让员工在报告中指出他们认为不需要的内容，如果可能的话直接删除。你和供应链负责人还应制定一个热点列表，帮助员工将重点放在你认为需要每周或每月重点关注的地方。典型的增加供应链成本的地方包括产品质量差导致退货、为按时交付加快运输或减速、如果发生伤害则影响成本的安全问题等，当然，还有供应商提供的产品成本。可以用供应商计分卡来完成这项工作。此外，你不仅要关注运营成本，还要关注整个供应链体系。具体而言，跟进供应商，监控产品质量、准时交货、安全问题和成本等方面。协助供应商控制成本将在长期内降低你的成本。"

杰西卡问道："我们知道如何让供应商降低成本，但万一这样做会增加我们的成本呢？我们真的需要与供应商分享这些信息吗？"

我回答说："是的，杰西卡，因为如果供应商的成本最终与我们的成本都降低，那么共享信息将对我们的底线产生积极影响，而且通常供应商会配合我们。此外，供应商将更加认可我们，这有利于强化双方的关系。我们遇到困难时，他们会支持我们，因此不仅仅是节省一点钱，也许还会挽救我们的业务。事实上，我们还可以和供应商合作在每个新产品领域节约成本。在设计新产品提案时就让供应商加入，鼓励他们帮助你降低成本。根据我的经验，用质量功能开发、FEMAs 和其他统计数据，实际供应链成本中的 90% 都是本可以在产品设计的一开始就避免的遗留成本。想象你设计的产品标准中有一些是不必要的浪费！这是因为很多产品规格都要定制，而不是使用标准化的材料或部件。任何定制化的东西都会增加成本。只要可以，就在新产品中使用供应商的标准化产品或组件，这样可大幅降低产品的总成本。内外部的产品制造设计对于降低成本非常重要（通过供应商节省成本的能力设计产品）。用不必要的个性化设计会增加成本，而不是增值。"

12.1　必读材料

12.1.1　成本管理

成本最小化是供应链管理者和运营管理者的主要工作。为此，企业经常建立成本管理计划。成本管理是一个持续的资金管理过程，从而最大限度地降低运营成本。成本管理计划涉及持续跟进项目计划和制订成本计划，估算成本，从而控制整体预算以及控制成本。这个话题非常广泛，影响公司内所有职能部门的规划。要详细讨论这个话题，超出了本书的讨论范围，因此，该话题并不是本章的重点（本章的重点是成本策略）。有关成本管理的详细讨论，请参见 Carter 和 Choi（2008：44－79）。

成本管理计划是持续推进的，但许多成本管理项目都应用在供应链部门。通常对于供应链组织而言，成本管理服务于更大的成本降低策略。为实现这一目标，可建立降低成本的团队，以识别供应链部门成本结构中哪些领域可以缩减成本（Fawcett，et al.，2007：445）。该团队与跨职能团队（见第 10 章"开发供应链合作伙伴"）类似。这里的重点是识别成本削减领域并制定相关的项目、流程、政策和实践等策略。为降低成本，通常会先进行成本动因分析。

12.1.2　成本动因分析

为了降低公司的成本，降低成本团队需要确定哪些因素提高了成本。成本动因分析指的是确定实际导致供应链成本的过程、活动和决策（Fawcett，et al.，2007：251）。不同的产品或企业行为，成本动因也不一样。例如，成本动因可能是公司可接受的库存量。库存超过额度会增加保险、税收、处理等成本，但市场波动大时可快速响应客户需求。此外，诸如卡车之类的多余运输设备可能会增加资本支出、维护成本、折旧成本等。但在运输情况不稳定，公司的运输业务甚至需要外包给运输公司时，这些多余的运输设备将起到积极作用。这时，相关资源不足可能会使企业付出高昂代价。

成本分析包括以下要素（Carter & Choi，2008：37）：

● 确定行业的竞争结构（例如，在垄断经济环境下，服务成本较低或成本较高的高度竞争的市场情况）。

● 确定市场结构（例如，国外或国内）。

● 确定成本动因和供应商定价趋势。

● 确定其他趋势（例如，技术变化或新流程）对成本造成的影响。

在理想情况下，成本分析将表明根据市场、行业、供应商的成本结构和企业需求而制定的合理成本（或支付给供应商的价格）。

12.1.3 其他成本管理工具

可采用一系列分析实现成本管理中的成本分析。成本管理包括以下其他有用的工具（Fawcett，et al.，2007：254；Carter & Choi，2008：60 - 62；Wincel，2004：162 - 178）：

● 价格分析：价格分析是指比较市场中的商品价格，可帮助了解竞争市场中的价格情况。

● 总拥有成本：总拥有成本（total cost of ownership，TOC）旨在确定产品、流程，以及设备的购置、使用、维护和环保处置等的总成本，可确定项目的真实总成本（Carter & Choi，2008：54 - 58）。

● 目标成本核算：目标成本核算旨在通过从估算产品成本和利润预期开始，为产品制定合理的价格。计算供应商提供的商品和服务的现有市场价格，然后倒推确定采购企业应生产什么可以盈利。目标成本核算过程中的步骤如图 12 - 1 所示。

● 成本控制和改进：具体说明每年应完成的与行业和商品相适应的价格改进和降低成本的任务。在长短期内，根据行业惯例，抓住机会与供应商合作来改善协议。

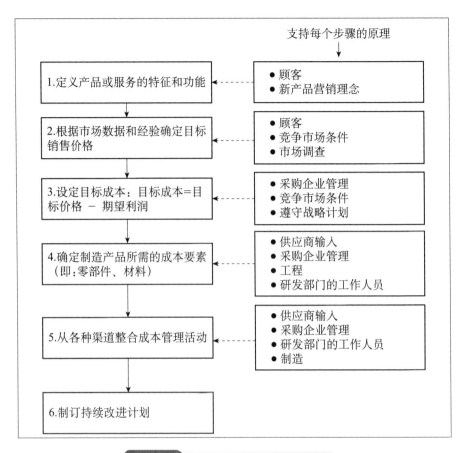

资料来源：根据 Ellram(1999)、Matthews and Stanley(2008：94)之 Figure 3.8 整理而成。

● 价值管理：价值管理（value management，VM）可定义为在供应链体系中价值链的每个步骤采取一系列措施改进。价值管理明确了整个供应链价值流的成本要素，从而识别降低成本的方法。价值管理举办增值研讨会，促进在产品设计阶段节约成本，同时将价值管理的数据收集方法形成制度，从而帮助供应商或采购方降低成本。

● 供应链流程改进：这将流程改进引入供应体系，重点关注制度化的流程改进。流程改进包括成本控制方法，利用供应商网络模型探索实施降低成本的策略。

企业必须制定总体成本策略，指导这里提到的任何成本管理计划和分

图 12-1　目标成本核算过程中的步骤

析。成本策略多种多样，有些专注于供应链中的某些区域，有些放眼于企业在全球的整体方法或运营指导理念。其中，精益管理是已发展成为全球管理的成本管理策略。

12.1.4　精益管理

精益管理用一套既可单独使用也可一起使用的原则和方法指导企业实现世界一流的绩效。精益可以是一个过程、一个项目、一个计划、一套原则、一种方法、一种方式或一种理念。精准管理可以作为短期效率改进计划或长期扩张计划用于单个流程、单个部门或整个组织，在这些项目中，精益管理原则将永久确立，实现持续的流程改进。

精益管理采用一系列原则来消除降低工作效率并增加不必要的运营成本的浪费行为。通过消除浪费，降低各自的运营成本。表 12－1 列出了一些精益管理原则。这些精益管理原则最初是由丰田公司开发的，旨在避免生产系统中的浪费，提高效率。通过学者和从业者的贡献，这些原则已发展成最常见的成本管理策略。这些原则也适用于供应链管理（Wincel，2004；Kerber & Dreckshage，2011；Schniederjans，et al.，2010；Zyl-stra，2006）。

表 12－1　精益管理原则

应用的作业领域	原则
存货	寻找可靠的供应商 减少每份订单订购数量，增加订单量 尽量减少产品库存、减少中间产品库存 改善库存处理 不断识别、纠正库存问题
生产	拉动系统同步 提高产品更迭和生产安排的柔性 统一日常生产调度 改善沟通 减少生产批量并降低生产起步成本 允许员工安排生产流程，并在可接受范围内安排工作 提高产品加工标准化水平 提高可视化 不断识别、纠正生产管理问题

续前表

应用的作业领域	原则
人力资源	改善工作氛围，建立工作信任、工作赋能和自豪感 承诺长期雇用所有员工 维持大量的兼职劳动力 建立奖励计划，奖励个人和团队的努力 鼓励员工共同解决问题 提供常规广泛的培训 不断识别、纠正人力资源相关问题
质量	长期改善质量控制 使用故障安全方法确保产品符合质量标准 利用质量控制统计方法监控改善产品质量 在半成品（work-in-process，WIP）阶段保证对 100% 的产品进行质量检验 质量保证，人人有责 赋予工人产品质量控制权 不断识别、纠正质量相关的问题
设施设计	专注某一工厂，找出并克服生产瓶颈 改善布局，最大化流量 如果可能，尽量使用自动化（即：机器人） 在生产布局中使用组技术单元（即：U-line 或 C-cells） 持续改进设计，改进设施布局和结构
供应商关系	获取所购产品的质量认证 及时沟通和响应能力 单一来源供应商 与供应商建立长期关系 不断识别、纠正供应商关系问题

数十年来，精益管理一直主要关注成本削减策略（Schonberger，1982）。作为最佳实践（Blanchard，2007：95 - 97），随后精益管理被应用到供应链领域（Wincel，2004），已成为大多数供应链管理者的第二天性。因此，在任何供应链相关的书中，谈到削减成本都必须涉及精益管理。

12.2　精益供应链管理原则

精益供应链是指不存在浪费和低效率的供应链。很少有供应链能够全面实施精益管理的所有原则，在现实中杜绝所有浪费和低效率。精益供应链可简单地被视为在精益供应链管理计划下不断追求削减成本的战略目标。实施精益供应链管理计划，需要将精益管理原则应用到企业供应链的背景下。

精益供应链管理原则来自更广泛的精益管理原则，涉及更广泛的运营管理责任领域（例如，库存、生产、人力资源、质量和设施设计）。因此，这些适用于供应链管理的原则包含着适用于更广泛的运营管理领域的视角。

以下章节内容涵盖了一些精选的精益供应链管理原则，这些原则可作为成本降低策略的一部分。

12.2.1　领导层和企业增长

精益供应链项目或计划需要领导者的支持（Dolcemascolo，2006）。那些把供应链作为竞争优势战略的公司，应设置供应链管理副总裁等高层管理职位。此外，应实施精益供应链理念的培训课程，帮助管理者成为支持、推动和激励实施精益原则的精益领导者（Martin，2007）。也可通过精益培训、解决问题和其他分组，推动精益原则应用于供应链，这也体现了高层管理人员对精益供应链的支持。成功的领导者通过协调实现精益供应链，指导提高变革效率，从而避免组织变革中的浪费。

12.2.2　聚焦战略顾客价值

关注客户需求是所有供应链的推动力（Christopher，2011：6-7）。客户运用通信和互联网技术可从全球市场获得产品和服务；因此，企业必须与全球市场竞争。在竞争如此激烈的环境中要取得成功，主要方法之一就是比其他公司更好地满足客户需求。精益原则直接影响产品价值（例如，提高产品或服务质量、降低成本）并使供应链提供更好的交付服务（例如，快速响应）。精益供应链管理可利用协同作用创造价值并形成竞争优势（见第1章第1.6节）。

12.2.3　单一来源和可靠的供应商

供应商数量不多但可靠，可降低供应链管理成本（与拥有大量供应商相比）。此外，供应商数量较少可确保响应速度，因为双方频繁互动，彼此更熟悉（也就是说，供应商较少，每个供应商的订单量会更多）（Mangan，et al.，2008）。如果一家公司只有一个或少数供应商，对供应商的依赖程度会加深，从而需要供应商更加可靠。供应商同样应关注这种依赖，因为如果供应商未能提供产品或服务，对于采购方来说可能是灾难性的。在某些情况下，这会给供应商带来心理压力，从而使其每次都能高效地完成工作。供应商可靠性还包括供应商及时反馈和响应能力，以便解决问题，满足客户需求。可靠性也可促进精益供应链管理的方式。采购方应与供应商建立长期合同关系，确保供应商现在和未来的业务（Martin，2008）。

12.2.4　与诚信供应链合作伙伴建立以信任为基础的联盟

让所有的合作伙伴在所有的业务活动和行为中保持高道德标准，是建立对供应链合作伙伴信任的最常见方法之一。如果供应商发现采购方维护公平竞争，供应商会理解并习惯性地以同样的方式对待采购方。无论是与供应商进行短期交易还是在长期的供应链联盟中，采购方都应符合行为规范，这有助于建立隐性的标准行为规范。

企业行为规范可避免浪费，节省时间和金钱。例如，如果供应商提供明显劣质的商品，这将浪费时间，甚至需要销毁货物、重新加工或退回物品，造成不必要的浪费。精益供应链管理原则的一个教训是在供应链中建立信任，鼓励供应商继续深化互信，从而在整个供应链中培养自豪感。为此，精益供应链管理原则认为合同中应包含对供应商的道德行为进行奖励的内容。企业还应通过与供应商共同解决问题建立信任。友好诚信合作，让供应商在整个供应链中发挥作用，从而建立成员之间的信任。

与供应链合作伙伴签订长期合同是精益供应链策略中另一种建立信任的方式。合同都有时间限制，但合同期限越长，表明业务中存在更信任的关系。

12.2.5　需求拉动同步供应链

在以需求拉动的系统（见第 1 章）中，客户在产品生产或服务交付之前下订单。供应链与需求拉动同步，意味着每个供应商都是客户。当下游的最终客户下订单时，会触发从最终客户直到整个供应链上游的一个连续性、系统性的客户需求链（Arnseth，2012d）。管理与每个供应商的交易才是关键，用最少的时间和精力处理需求，从而减少时间浪费。除了需求拉动同步供应链之外，还要应用供应链中的精益原则，这样杜绝了浪费，才能提高效率。为什么？因为在供应链中产品的生产交付杜绝了浪费（例如，生产过剩、库存堆积）。

如果客户不能提前下订单，通过生产和供应链系统拉动需求，那么依赖于客户需求预测的公司会做些什么呢？一种策略是将预测需求分为两类：特定需求和波动性需求。特定需求类别必须进行估计，但可能仅为公司在特定时间段内非常确定的预测需求的一半。另一半是波动性需求，同时被认为存在风险。在不浪费加班成本或裁员的情况下，特定需求能够可靠地生产。此外，由于确定性和已知的需求，物流可外包给竞争激烈的运输市场。这有助于降低已知需求的供应链成本，从而将更多的资金用到波动性需求的规划中。波动性需求固有的风险可以外包，避免潜在的高昂成本（例如，牛鞭效应）。

12.2.6　流量最大化并消除供应链流量限制

精益原则追求平稳的生产计划，因此，有一套相关要求应用到供应链中。这类精益供应链管理原则表明需要整合稳定的生产计划到供应链中（Nicholas，2011：393；Kerber & Dreckshage，2001：41－51）。这一原则还建议客户生产、库存水平、劳动力水平等变化很小，从而不断拉动小却频繁的产品流量。如果供应链的任何环节出现任何变化，就会造成拥堵，延缓流动，造成时间和精力浪费。要实现流量最大化，我们寻求以公司的水平和稳定的生产计划为指导的完整供应链。理想情况是，货物数量固定，并且货物的运输、生产和分配无缝衔接，不用改变最初的规划。这需要调查所有导致生产变化的流程或供应链活动，从而对应调整。

生产计划变化并不是限制供应链产品流最大化的唯一因素。供应链流量约束不定时出现也需要进行管理。供应链流量约束可能是供应商交付货物时间太长或当地法令法规限速，慢到妨碍及时交付。有一些约束可迅速处理（例如，更换供应商），但其他约束可能无法避免（例如，改变法律）。在可能的情况下，应重组供应链或消除任何可识别的流量约束。如果无法消除限制，应找到补偿手段增加流量。例如，如果法律限速延长了运输时间（因此交付时间延长），那么可采用新设备装载和卸载卡车，缩短时间（即抵消运输时间的延长）。

该原则旨在实现供应链流量最大化（Kerber & Dreckshage，2011：67-69）。只有找出所有拥塞流量、降低系统效率和降低供应链绩效的瓶颈，才能消除这些瓶颈。生产区域的瓶颈可能是由于设备故障造成生产延误、员工操作不当无法按时完成工作或技术落后无法满足客户需求。供应链中的瓶颈可能是供应链体系中能力限制、供应商交付问题、距离太远阻碍运输、配送中心流程过时、效率低下或信息系统故障造成的。

同步过程应用需求拉动的精益供应链管理原则时，往往会揭示出供应商内部和供应商之间的瓶颈。供应商的瓶颈可由供应商服务变动引起（例如，一些供应商的速度比其他的快）。速度更慢的供应商就是潜在的供应链流量约束因素。流量不均衡会造成拥堵，从而导致瓶颈。表 12-2 描述了识别供应链流量约束的过程。

表 12-2 在精益理念中寻找供应链流量约束

步骤	描述
1. 划分供应链变化	将供应链视为一个单独的系统，每个组件都能引起流量约束。
2. 稳定客户需求波动	关注客户需求拉动是波动的根本来源。与客户需求同步建立需求，确定供应链流量（即：速度和数量）。采用平滑需求的方法，包括订单批量处理、订单延迟处理甚至拒绝接受订单。即使采用了这些措施，仍可能遇到具有破坏性的客户需求波动（例如，牛鞭效应）。
3. 识别并测量剩余波动量	应对需求波动有助于确定潜在的供应链流量限制（例如，检查较慢的供应商绩效）。这可能需要开展内部调查，了解订单延迟处理或外部供应链运输和配送系统中断的原因。此步骤旨在将波动性降低到系统可定义其边界和测量行为的某个点。

续前表

步骤	描述
4. 明确可接受的波动性标准，将其与实际行为做比较	为受约束的供应商、供应商系统和子系统设定理想性能标准。可从行业标准和基准出发制定性能标准。然后将步骤3中的实际性能与期望或预期做比较。还可以运用差距分析识别问题领域。差距分析（见第3章"供应链人员配置"）可用于显示预期结果与实际情况之间的差异。帕累托分析（见第4章"供应链管理"）可对更严重的供应链流量约束排序，以便立即修正。
5. 重新设计变动来源以更好地满足供应链需求	如果可能并且成本不高，可重新设计产品和流程，以缓解供应链流量变动。将产品尺寸和形状设计得更适应卡车或材料处理设备，可极大地改善供应链设施内部和设施之间的流动，而不一定影响产品销售。识别并消除交付时间不同的方式（例如，铁路运输而非卡车运输）也可减轻供应链流量问题。
6. 监控流向客户的流量	协调管理整个供应链中流向客户的流程。管理整个供应链中的产品流需要协调，持续监控产品流并解决流程问题。应集中使用计算机技术（例如，GPS系统）并在必要时进行扩充。作为监测工作的一部分，建立基于供应链绩效指标的监控系统。这意味着不断跟踪供应链绩效指标的变化。

资料来源：根据 Schniederjans et al. (2010：87 – 89)整理而成。

在这一原则下，精益供应链信息系统是控制和加强供应链流动的关键要素。通过高度集成的信息系统，供应链合作伙伴可快速传达需求变化，避免代价高昂的牛鞭效应，因为这会导致供应链流量拥堵和其他产品流问题。

12.2.7　供应链敏捷性

在以客户为中心的需求拉动条件中，精益供应链运营必须响应市场变化（Nicholas，2011：85）。由于客户内外部变化，供应链要敏捷（见第9章"构建敏捷柔性的供应链"），能快速改变产品、流程甚至供应链网络。虽然企业生产操作可通过混合模型调度（即：生产单元无须重大改变即可生产多种产品）等精益方法适应客户需求变化，但重新设计供应链才能实现敏捷性（即：改变供应链合作伙伴）和柔性的服务能力。重新设计精益供应链并购买功能强大的运输和物料搬运设备可增强敏捷性。柔性设备容量可根据客户需求灵活调整。此外，高度柔性的信息技术对于实施这一原则也至关重要。例如，可以很容易地重新编写一些射频识别（RFID）标签（见第 2 章"供应链设计"），从而可在产品识别号或其他产品特征变化时提供附加信息。交叉培训人员处理这类工作是另一种精益供应链策略。这些附加技能可让采购人员轮换岗位（例如，采购代理换到供应商评估）。交叉培训还可防止员工缺勤（例如，供应链员工因生病或请假缺席）期间供应链中断。

根据 Amir（2011），"精益敏捷"的原则是结合了精益性和敏捷性的供应链管理，这种方法适合构建精益性和敏捷性。该原则需要选择设置物料流解耦点。解耦点的位置取决于最长交付时长，同时客户愿意接受解耦时滞；还取决于主要产品需求变化的位置：在解耦点的下游，所有产品都是根据客户需求拉动的，符合精益供应链管理原则。采用这种方式，市场需求驱动一部分供应链。在解耦点的上游，供应链基本上是靠预测驱动的。这种组合保证了生产计划平稳运行，为上游降低成本提供了机会，确保在下游具有柔性的响应能力，从而满足市场中不可预测的需求。

12.2.8　持续改进

在整个供应链和所有供应商中必须实施持续改进计划（参见第 4 章"供应链管理"）。对于采购方及其合作伙伴，持续改进计划可能需要改进设施中的可视化（例如，用白板发布活动，确保每个人可见）、教育和人员培训，以加强交叉培训、统计质量控制方法培训（例如，持续监控质量进度）、运输法规教育和重新设计物理设施，从而改善物料处理和产品流程。供应链合作伙伴需要不断寻找增值的方法。零部件供应商要使用价格更低、质量更好、外观更突出的零件。例如，如果一个组件可以减轻产品重量，就可以降低运输成本提高处理效率，从而在整个供应链中产生连锁反应。供应商和生产人员可组成团队，协助供应链经理制定运输时间表，降低成本（例如，在低容量时段运输产品可提供折扣）。供应链经理与质量管理人员合作将有利于持续改进。产品质量高，整个供应链都将受益；

而质量低，则可能破坏供应链。产品质量高，客户退货率就低。由于必须更换货物，退货不仅会造成运力浪费，甚至可能损害重要客户的利益。库存管理人员可与供应链经理合作，协调从供应商到下游零售客户的小型、频繁、批量订单，最大限度地降低整个供应链的成本，并且满足市场需求。

12.2.9　避免浪费，降低成本

前面提到的精益供应链管理原则都可直接或间接地杜绝供应链中的浪费行为。供应商运营中的浪费行为以及供应商之间的浪费行为主要涉及劳动力、材料和技术这三个主要资源中的一个或几个。精益供应链管理原则要在供应商运营中杜绝浪费。例如，在精益管理中，通常运输频率增加，但运输的目的地更少。这样的供应链体系有利于与运输合作伙伴谈判，合同价格更低。供应商也无须管理大型运输系统，而是关注数量，因为设施更少了，节省时间和金钱。此外，精益管理可减少行政工作，并在下游的仓储和分销合同中实现规模经济，因为企业所需的供应链合作伙伴更少了。

在供应链管理中采购产品的决策非常关键。选择材料、零件、组件供应和供应商可对公司避免浪费的目标产生重大影响。通常在供应链计划的战略层面确定采购规划决策。在企业中，无论是产品制造或提供服务，还是让外部供应链合作伙伴处理这些任务，对于避免浪费都具有战略重要性。例如，假设客户需求激增，超过供应链的能力，那么可以外包给第三方物流（third-party logistics，3PL），按照与生产外包相同的方式签订供应链服务合同。如果需求从稳定转向高度不稳定，这种策略可避免可能发生的牛鞭效应。该策略可有效避免资源浪费，最大限度地减少侧重于短期问题而浪费长期投资的仓促决策和高昂的成本。

应用精益供应链管理原则可减少浪费，提高成本效益，增加供应链价值，帮助企业提高盈利能力和市场份额。精益供应链管理策略的影响在图12-2所列的精益供应链生产力循环过程中得到了说明。只有减少浪费，才能加强精益供应链管理的生产力循环。减少资源浪费可降低成本，继而降低销售给客户的价格，提高产品和服务的竞争力，从而提高市场份额和

盈利能力。

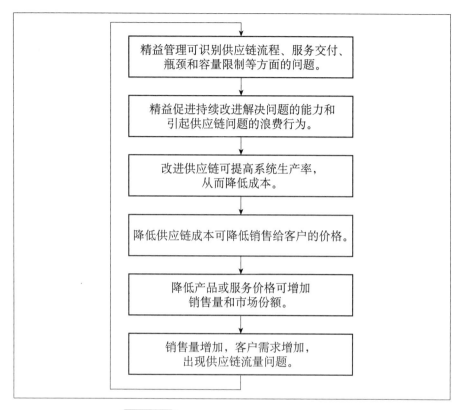

图12-2 精益供应链生产力循环过程

资料来源：根据 Schniederjans et al. (2010:14) 之 Figure 2 整理而成。

本节阐释了这些精益供应链管理原则是如何相互关联的。实际上，精益供应链管理原则相互交织，即：这些原则相互联系而且需要相互整合，才能尽可能地实现收益最大化。

12.3 其他削减成本的策略

精益策略包罗万象，可包含企业的成本削减策略。其他削减成本的策略更侧重于部分领域（例如，采购）。哪里需要控制成本，哪里就有降低或控制成本的策略。这里列出的一些方法为用户提供了机会，当与精益供应链管理原则或其他成本策略结合时，可形成一套综合成本管理计划。

12.3.1　采购方竞争

采购是大多数供应链规模最大的长期成本项目。为确保供应商提供最优价格，公司应创造大量供应商激烈竞争的环境，制造市场压力，迫使价格下降，控制成本。在某些情况下，采购方应采取策略鼓励竞争。可鼓励供应商在竞标价格上互相竞争。可采用反向拍卖的方式。反向拍卖是供应商在采购方举行的采购活动中提供固定期限竞标（Blanchard，2007：82）。虽然候选供应商必须满足采购方的其他需求，但采购方会收集投标价格并告知其他投标方。反向拍卖通常通过互联网完成（产生电子拍卖或电子采购等术语）。允许供应商在拍卖的固定时间段内修改投标从而竞标成功。竞标有助于降低采购价格，从而降低公司的成本。

12.3.2　标准化和商品化

在标准化和商品化战略下，产品和服务应尽可能使用标准化组件的标准化产品（"Global Manufacturing..."，2011）。标准化避免定制产品和组件，从而减少库存需求和相关费用。此外，如果产品和组件生命周期终止，被市场淘汰，也就不需要这样的库存，这意味着淘汰的库存更少。事实上，组件的生命周期可能会被延长（例如，如果一种标准螺钉应用于数百种产品，那么它的生命周期就与生命周期最长的那种产品一样长）。

服务标准化减少了执行工作所需的服务技能和任务量。这可降低服务成本，减少培训。此外，标准化服务可采用提供相同服务的供应商（供应商标准化），从而降低成本。

这种策略的缺点是竞争更加激烈。将产品或服务转变为商品（即：无差别的产品或服务），意味着其他竞争者也可提供类似的产品或服务。使用此策略需要在产品定制化与标准化之间做出一些权衡。

12.3.3　结合组织分析和机会分析成本策略

这种成本策略类似于基本的组织战略规划过程（见第 1 章），可分为两部分，表现为两类分析：（1）组织分析；（2）机会分析（Carter & Choi，2008：60-62）。组织分析关注内部供应链管理，简化重组供应链职能，从而降低成本，提高效率和生产力。重组调整供应链职能可在短期内降低成本。机会分析关注外部不同行业内成本管理最佳实践，从而应用于公司供应链部门。

12.3.4　集中采购

在集中采购的策略下，由某个部门或特定供应链专业人员全权负责整个企业的采购事项，这种方式有利于成本管理（Carter & Choi，2008：64）。将多个部门的采购任务集中到控制者手中，这意味着控制者具有更大的影响力，从而确保更优惠的采购价格，降低组织成本。该策略还避免多个决策者和采购人员对负责人的影响力，从而降低管理成本。联合采购（即：将采购需求从多个部门合并为一个采购订单）可用于实施这一策略。这可降低采购价格，因为这么庞大的业务量对供应商有很强的吸引力，所以，供应商为获得合同愿意降低价格。这也可以降低供应商的成本，因为供应商的生产规模扩大，从而实现经济规模成本降低。

这个方法的缺点是从采购方的需求部门收集信息的决策者更少。此外，如果没有足够多的采购人员处理远程部门的请求，采购流程可能会拖慢。

12.3.5　外包

采用外包方式（见第13章"外包战略规划"）降低成本是成本管理计划中的常见策略（Schniederjans, et al.，2005：10-11）。供应商向采购方销售货物的行为相当于采购方将所需生产和采购任务外包给供应商。外包的成本优势在于让他人为采购方工作。如果外包商的成本更低，那么外包给这家供应商可降低采购方的成本。供应链企业都具有自己的核心竞争力（见第1章），拥有自己的独特优势。这些供应商还可能在非核心业务中具有独特优势（并且可能收费更低）。那些非核心业务也可外包。如果可协商价格降低费用，则可外包这些业务以降低成本。

12.4 供应链管理中精益策略和成本削减策略的其他话题

12.4.1 转变服务企业的精益采购原则

企业已将在采购等供应链功能中的精益管理原则从制造领域延伸至服务领域。Arnseth（2012d）为一家全球采购企业"第一资产"（Capital One）金融公司探索出了转型方式。这家公司利用以下精益原则，将与其金融交易相关的管理和服务活动转变为精益供应链管理环境。报告中提到的精益采购原则包括以下几点：

● 操作可视化：大量使用白板（即：写有注释和其他信息的标记板），跟进复杂采购项目的进度。管理层也可以看白板以及时了解最新进展（或缺乏进展），找出问题所在，重新迅速定位问题，纠正并改进进展缓慢的服务流程。

● 工作细分：细分采购项目的任务，跟进每项任务，避免浪费时间了解当前进度，定位浪费行为并及时纠正。为杜绝无意义的浪费，公司需要明确改进流程。例如，内部人员可能会提供杂乱的、不完整的采购联系人信息，延迟采购流程。内部人员应确保采购文件的完整性，否则将导致采购流程延误。

● 建立跨职能团队：应用帕累托分析，建立团队，找出方法，快速跟进简单项目，改善流程。学习最佳方式，将相同原则应用于更复杂的项目中。

● 赋予员工权力：确保工作透明度，允许员工选择他们最感兴趣的工作类型，而不是让公司选择和分配员工工作，这可增加员工的动力，提高企业效率。

● 利用教育培训实现组织转变：创建一个名为关键举措（key initiative，KI）的计划，设置论坛，让团队成员分享有关精益实施策略的信息和随时涌现的新想法。员工能够自由思考，在开放的环境中学习。

● 持续改进：作为关键举措的一部分，每周邀请其他部门的成员举行会议，了解项目进展并思考如何持续改进。

由于报告中提到的正面营销，最终该企业接受了精益供应链管理原则。带来的收益包括采购文件处理效率更高、用时更短，并且最终的交付成果与合同规定的一致。根据该报告，合同周期缩短了 80％。此外，企业经过一番权衡后，迅速接受了精益原则，在最短的时间内改变了采购实践中的文化。

12.4.2　实施精益管理的误区

供应链活动通常与设备（例如，卡车、材料处理、技术等）密切相关。必须确保设备运转良好，否则可能导致昂贵的维修费用、产品故障和安全问题。设备维护不善会造成巨大的浪费，与精益供应链管理原则背道而驰。Fitzgerald（2011）指出，执行精益供应链管理时，以下与设备维护相关的行为应当避免：

● 未充分检测精益管理实施情况：在实施精益管理计划前后，未能及时检测维护功能。使用计算机维护管理系统（computerized maintenance management system，CMMS）（即：可储存维护记录、审查工单、记录备件库存的计算机软件），可帮助供应链管理者做出有关买新设备还是维修或提前预防的明智决策。花时间建立工作流程并培训供应链人员很重要，这样计算机维护管理系统才能正确汇报设备运行绩效指标，监控维护性能，避免浪费。

● 缺乏精益管理者：大多数供应链精益管理计划缺乏指导，导致结果不太理想。实施精益管理需要成为企业供应链部门和整个企业的文化。要改变企业组织文化，相关培训人员要获得上级管理层的支持。

● 目标不合理导致项目失败：如果初始项目规模太大或复杂程度太高，那么这个计划和未来的一些相关措施都容易遭受挫折，影响以后快速和成功实施这类项目的动力。初始精益供应链项目规模较小且不太复杂，那么这个计划可能会立即取得成功，为未来的精益计划提供动力。公司应制订一部分可立即取得初步成功的计划，从而推动企业更快接受精益管理文化。

● 未获得企业支持，未能推广供应链精益管理理念：如果没有高层管理人员和维护经理不断提醒供应链精益管理的重要作用、如何实施以及对企业的重要贡献，那么员工可能无法感知为什么要实行精益管理。因此，从最高管理层到管理人员再到操作员和维护人员，都必须一致强调精益管理，并且让所有人看到成效。当员工开始将精益管理与其成效联系起来时，企业文化将逐渐变得更加支持精益原则。

● 避免所需资源不足：实现精益化需要教育、培训、技能开发和时间，也需要资源。此外，为实现精益化，企业要倾听员工建议，并尽可能付诸实施，即使涉及运营风险。供应链精益管理原则的真正潜力始终是通过员工实现的。员工是一线操作人员，还有谁比他们更了解精益原则呢？

12.4.3 合作的成本削减策略

和行业内或市场中的任何一家公司一样，竞争对手通常采用相同的技术和设备，采用类似的流程，同样了解业务需求。有时，企业产能过剩，希望转化为可用资金，而其他企业可能产能不足。实际上，在许多行业中，一家公司销售额增加往往意味着竞争对手的销量减少。共享仓储、分配和制造资源可节约成本，改善双方情况。Siegfried（2012）表示，竞争对手合作共享资源可有效降低成本。这被称为横向合作。当然，与同行竞争者共享资源必须符合美国反垄断法的规定。Siegfried（2012）建议，要采取横向合作降低双方的成本，要考虑以下先决条件：

● 信任关系：基于公开透明原则的牢固信任关系非常必要。最开始，两个竞争者之间外包可有助于建立信任。这需要分享与联盟相关的财务信息。

● 明确哪些领域可改善绩效：虽然这是探索性的合作，但如果已知竞争对手擅长某个领域，那么可将其放到谈判桌上作为横向合作的谈判筹码。开展合作的供应链领域可以而且应该是全面的，包括采购、制造和分销等。

● 建立联合规划委员会：两家公司都要通过联合指导委员会提高透明度改进合作规划，定期审查和处理流程改进、服务水平、库存问题以及关注与联盟相关的其他运营领域。该委员会应由副总裁级成员以及制造、财务、物流和规划部门的高管组成，应至少每季度在公司总部面对面（建立信任）开一次会。

● 确立团结合作意愿：这种联盟可能会产生问题，因此无论表面可能遇到多大的挑战，双方都必须有强大的合作意向。

Siegfried（2012）提到的这种降低成本策略，可实现节约固定成本和资本投资等显著成效，超出预期。其他好处包括：通过合作享有一些企业单独无法投资的资源。

12.5 未来走向

成本波动不仅是现在也是未来企业关注的主要问题。成本管理或将成为供应链管理者关注的首要问题。一些研究表明，与以往相比，成本管理对未来供应链的运营显得尤为重要。根据阿伯丁集团的一项调查（"Globalization and..."，2011），成本管理问题是全球供应链管理人员在 2011 年面临的两大压力之一。根据 IDC 制造业洞察（"Reducing Overall..."，2012）对 350 家供应链管理人员的调查，80％的受访者认为降低整体供应链成本是 2013 年供应链管理的首要目标。Miller（2012）关于 2012 年的关键成功因素的结论与关注成本管理相呼应，表明迫切需要降低成本。使用采购合同可应对不断增加的成本趋势。考虑到签订长期购买合同可在未来降价（类似于银行在基金建设中的长期贷款利率），因此可在短期内降低价格（成本）的波动性，抑制其上升趋势。世界经济论坛（"Outlook on..."，2012）提出了另一种成本管理策略，建议将潜在供应链成本拆分为不同的组件，将政策因素与其他因素（例如，基础设施薄弱环节）分开，从而更有效地集中削减成本和杜绝浪费。

▶▶ 第 13 章
外包战略规划
■ Strategic Planning in Outsourcing

故事概述

术　语

回包	多方外包
业务流程外包（BPO）	近岸外包
业务转型外包（BTO）	网络外包
云计算	强制性选择标准
持续续订外包协议	离岸外包
联合外包	外包
众包	监督委员会
文化	定性外包商选择标准
定期外包协议	定量外包商选择标准
全球外包	转包
政府意识形态	共享外包
实施性外包商选择标准	分拆外包
内包	过渡外包
国际外包	增值外包

故事概述

▶▶▶▶▶▶▶▶

外包是公司用于提高非核心能力的常见战略计划。在供应链采购活动中，外包指在世界各地寻觅机会，以最大程度节约成本，实现最优生产。一旦公司决定将某些业务外包，通常要由运营副总裁进行决策。几十年来，外包致力于在海外找到低成本劳动力，实现生产中最少的劳动力数量和最低供应链成本。但时代在变，外包也处于变化中。

签下价值1亿美元的合同总是令人胆战心惊，而且看来我即将面对这样的外包交易。我们已经与一家中国公司合作了数年，从那儿购买来大中型发动机零件。这种关系顶多是事务性的。实际上，原始合同内容要么是允许该公司独家生产我们的零件，要么是规定该公司无权生产我们的零件。合同期限将至，我需要与大型和中型引擎部门的副总裁商谈，看看我们是与该供应商继续开展合作呢，还是寻找其他供应商。

我说道："佩德罗和巴拉克，感谢你们参加了此次视频电话会议。我很高兴再次见到你们两个，这种感觉就像大家在我办公室交谈一样怡然自得。"

大型引擎部门的副总裁佩德罗开心地跳了起来，说道："比尔，和你开会总令我甚觉欣喜，我也知道大家都不会在这种昂贵的视频技术通信上浪费时间，所以让我们直入主题吧。其实，我想终止同中国公司的合作。"

佩德罗坦率的发言让我有些震惊，但是中型引擎部门副总裁巴拉克接着说："比尔，我完全同意佩德罗的观点。从第一天开始，我们就发现了中国供应商存在交货和质量问题。当我试图同他们打电话解决问题时，却吃了闭门羹，问题也不了了之。而供应商的延迟交货导致我们公司无法按时给客户交付货物，代价惨重。"

我再次从副总裁的直率和决心中恢复过来，答复道："好的，朋友们，我知道了。就目前而言，我们同舟共济、取得共识。但现在，我们公司尚且没有能力来独自开展这项业务，对吗？"

佩德罗和巴拉克一致说："是的！"

我接着提议道："好的，董事会实际上已经将外包决策移交给了我们或存在外包需求的团队。这意味着每个人都可以寻找生产零件所需的供应商。虽然该决策权已下移，但我仍应向 CEO 解释：为什么我们需要更换外包合作商，并将数亿美元重新划分给其他供应商。为此，希望你们可以根据外包合同起草提案书，就价格、产品和质量等因素，详细说明实际操作与合同内容的差异性。另外，你们可以充分调动那个草拟该外包合同的原始外包团队。该团队包括公司采购人员、市场副总裁、新产品开发副总裁和我本人。当然，该提案也需要提及供应链部门负责人、采购经理和核心采购买家。如果你们打算由公司内部人员进行零件采购，则应该提出聘请国际运营总监。请记住，提案中必须强调，我们希望通过缩短交货时间来降低成本，以提高整体总成本效益，提高吞吐量，改善价值流，并通过缩短交货时间来缩短客户需求的回应时长。上述所有这些都应着眼于提高我们的底线。切记，你们应该意识到的最后一件事是，外包位置发生了改变。现在开始，我们需要开拓近岸规划或寻找本地供应商，而不是外包给海外公司。过去，某些产品的生产需要增加 30% 或更多的劳动力，由于其较低的工资水平和低汇率货币，我们会主动外包给中国或印度公司进行生产。如今，货币汇率发生了变化，长距离供应链中的物流成本也在不断增加，致使本地化生产比外包更具优势。同时，美国受到经济衰退和其他经济因素的影响，工人的小时工资有所下降，失业率呈现出上升趋势。我们发现，有了本地供应商，我们的供应链就会缩短。不仅如此，本地供应商也能更加灵活地满足我们和客户的需求，这也有利于我们更好地控制库存。而充分利用本地外包策略，我们也可以更快地增加新产品产量，并减少旧产品的产量。因此，建议公司在北美市场寻求供应商，这也有助于公司进一步完成供应链目标。"

13.1　必读材料

13.1.1　什么是外包?

随着公司的成熟和发展，许多公司发现自身发展受限于劳动力资源的地域性、服务可用性、材料或其他经济资源短缺。为了弥补这些不足，公

司从外部渠道或其他企业中转包发展所需资源。有时，公司所选择的这些
外包公司，是位于海外的或者离自身地理位置较远的。如果需要的物料来
自公司外部（非客户公司所有），则通过合同或采购来填补资源缺口的行
为就是外包（Krajewski，et al.，2013：369）。国际外包涉及国家间或两
国甚至多国边界间的活动。全球外包指涵盖世界各地的资源的外包活动
（Schniederjans，2005：5）。相反，一些公司内部即可满足其所有生产需求，
或者采用内包策略。内包是指同一公司内的资源分配或再分配，即分配来自
不同地方的资源。在外包过程中，客户公司找到合适的公司，将其内部业务
活动外包给这家公司，外包公司则向客户提供相应的外包服务或资源。

13.1.2　管理在外包中的作用

　　管理在执行外包项目时的基本作用包括平衡内包和外包需求，以服务
客户公司。如图 13-1 所示，平衡过程关乎客户公司的成本和收益。外包
服务程度取决于该公司对外包策略的效益的认知程度以及风险评测。

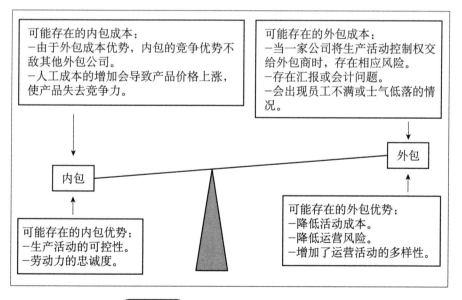

图13-1　平衡内外包成本与优势

资料来源：根据 Schniederjans et al.（2005：4）之 Figure 1.1 整理而成。

我们可将外包视为一种策略，其可用于业务活动各领域，以实现多样商业目标（例如，降低成本和风险）。在过去，各类公司内部的独特功能领域（例如，会计、供应链和信息系统），如今可进行全面或局部外包。随着分包的历史性发展，外包慢慢出现。可见，外包不是革命性骤现的，而是商业组织不断发展的结果（Schniederjans，et al.，2005：5）。

13.1.3 常见的外包类型是什么？

表 13-1 列出了资料中记载的常见外包项目。从战略上讲，外包可分变革代理或一种更改业务组织的手段，以更好地满足客户公司及普通客户需求。例如，业务转型外包（business transformation outsourcing，BTO）项目可能需要组织小规模培训，像是由外包培训师提供的内部培训课程。通过该培训，客户公司的高管可以进一步了解供应链相关立法（这是外包用作变革代理的一种手段）。但是，业务流程外包（business process outsourcing，BPO）可能需将所有供应链业务全数外包给第三方物流提供商（完全变更客户公司的运营）。

表 13-1 常见的外包项目类型

外包类型	描述
回包或转包	回包和转包是回到内包的另一术语，指客户公司经历了不愉快的外包，将业务活动重新转移至公司内部。
业务流程外包	业务流程外包是公司内部整个生产流程或部门的外包（例如，外包所有信息系统服务、财务、会计部门）。
业务转型外包	业务转型外包常专注于帮助客户公司创建新设施或业务模式。
联合外包	在联合外包中，公司可根据特定目标的完成度或客户业务绩效的改善情况进行付款。
众包	众包是将任务或问题外包给某个团队加以解决。
多方外包	多方外包是指同时动用多个外包商，以确保在确定外包商过程中进行竞争性投标。
近岸外包	近岸外包与国际外包相同，但是在这种情况下，通常是邻国间开展外包业务（例如，一家美国公司将业务外包给加拿大的公司）。
网络外包	网络外包是指公司通过网络，租用计算机应用程序、服务和设备，从而开展外包业务。

续前表

外包类型	描述
离岸外包	离岸外包指外包公司同客户公司分居异国。还存在一种情况：客户公司通过在国外开设分公司，在另一个国家开展生产经营。后者不属于外包，而是一种内包形式。
共享外包	共享外包是指一家外包商同时服务于多家公司，开展外包业务（例如，一家软件外包商为多家银行提供相同的计算机软件代码，为这些客户提供相同的软件服务）。
分拆外包	分拆外包作为一种外包形式，指将一家公司的外包活动集中到一个全新的独立公司中（例如，外包会计部门成为独立的会计服务公司）。分拆外包属于外包的结果，而不是单纯的外包形式。
过渡外包	过渡外包是指外包公司运行较旧的业务系统，从而开展业务。因此，该客户公司可专注于新系统的运用（例如，为了满足客户需求，让外包商运行旧的电子订购系统，而客户公司安装并启用新系统开展作业）。
增值外包	增值外包是将客户和外包商的优势相结合，以推销产品或服务。

资料来源：根据 Schniederjans et al. (2005：8) 之 Figure 1.2、Moser(2012)整理而成。

13.2　战略规划与外包流程

13.2.1　组织战略规划与外包的关系

本书的第 2 章"供应链设计"，提到战略规划流程始于公司使命，顺应发展为公司层级的一般性战略，这些战略被细分，分配至各部门，并演变成各部门战略目标（见图 13-2）。我们可以将公司降低成本、提高市场竞争力的策略理解为供应链部门的外包策略，由此来提高成本效益。为了提高公司效益，我们也可以及时挖掘低效的非核心力。我们也应该认识到，外包商可能会更好地执行公司的业务实践、政策或完成业务任务。多数情况下，公司董事会对内外部核心和非核心能力展开全面分析，以此决定是否启用外包来实现公司目标。一旦外包策略审批通过并获得采用，公司就必须确定外包数量。当整个部门需要外包时（即：业务流程外包），应该由首席执行官或副总裁根据需要处理该需求。风险性较小的外包工作，会有对应部门进行决策的制定。通常，公司会聘请内外部专家来协助外包评估，专家团队包括具有国际法背景的律师、国际经济学专家和大学的文史专家学者（Cavusgil，et al.，2002：83）。进行外包分析时，董事会成员可能会发现个别国际外包领域存在风险（稍后，我们将讨论国际风险）。对此，他们可以调整外包战略或局部内容（例如，偏向于本地而非国际外包商），并选择新战略来实现自身目标。这项新战略可能仍涉及国际或全球外包，不过排除了那些风险因素。

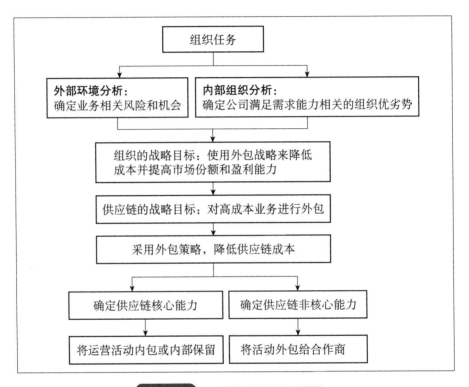

图 13-2 战略规划与外包关系

资料来源：根据 Schniederjans(1998：22)之 Figure 2.2、Schniederjans et al.(2005：10)之 Figure 1.3 整理而成。

13.2.2 外包流程

外包流程类似于定期外包协议（即：该业务具有明确的开始和结束时间）或持续续订外包协议（即：外包商希望无限期地开展该业务，从而发展成外包项目）的实施过程。图 13-3 描述了外包项目实施过程的常规步骤。

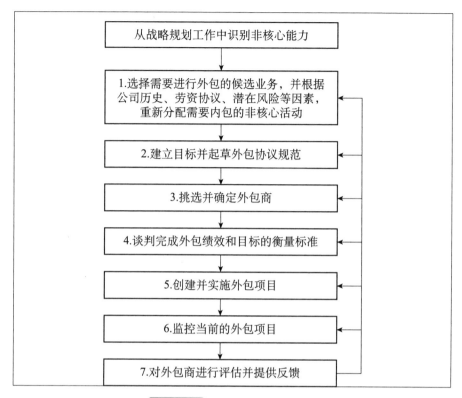

图13-3 外包过程中的步骤

资料来源：根据 Schniederjans et al. (2005:14)之 Figure 1.7 整理而成。

1. 选择需要进行外包的候选业务：并非所有不具备核心力的业务都将自动归为外包候选业务。许多非核心能力一旦露出马脚，公司便可改善不足，进行内部解决。至于那些无法通过内部应对的问题，便可相应成为理想的外包对象。

2. 确立目标并起草外包协议规范：一旦敲定了展现出非核心力的候选项目，公司应该在战略目标的指导下确立外包目标。例如，如果客户公司的战略目标是在未来三年内实现年均25%的市场增长，则该数字可落实到每年的增长量，由此来制定公司年度增长目标。剩余内容可用来补充最终外包协议。因此，客户公司将着手外包协议的起草工作。表13-2描述了部分典型的外包协议规范。

表 13-2	典型的外包协议规范

特征	描述
定义外包项目的范畴	定义要外包给外包商的具体项目和客户公司要完成的其他工作。一个组织须具备业务边界和公司边界，外包商可能会越界。
定义目标	这里，我们明确计划实现的确切目标和相关目标。我们必须对特定目标的生产或服务时间单位进行量化，并且明确定义这些量化标准。这应该包括客户公司认为实现组织目标所需的所有关键成功因素。我们应确立成功因素标准，诸如质量、交付、及时性、合规性、灵活性、响应力和缩减成本等，用以鼓励外包商更好地了解客户需求，以便双方建立起更紧密的合作伙伴关系。
定义资源贡献	这里，我们将明确客户和外包公司分别需要提供哪些资源，来实施外包协议。在人力、技术和系统资源方面，应与规定的单位或小时服务目标相关。这也包括在协议初期将资源转移至外包商这类资源转移问题。
定义职责	这里，我们需要定义协议期内项目的各阶段单独和联合管理应承担的职责区域。这涉及所有治理问题，包括角色、职责、会议、审查、评估、沟通以及所需管理程序。这还将包括过渡性规划工作，包括培训和保留那些从客户公司转移到供应商的员工。
建立有关目标的时间表	此处定义的是实现目标的具体日期，以及指标、评估和汇报需求的方法。这将贯穿外包项目规划的始终。
建立灵活性程序	为客户公司和外包商提供定义机会，以发起某种形式的外包协议变更。协议该说明，当超过外包期限或目标时，哪些情况下外包商可能会受到惩罚，哪些情况下外包商能得到奖励。为外包商定制奖金制度，可以促进其长期地帮助客户实现期望的成果。
风险管理	协议应详细说明客户公司可能因该协议而面临的种种风险。协议中应明确如何（由谁）管理这些风险以及评估降风险方案。风险因素，例如成本变化、信息安全以及客户公司对外包商日益增强的依赖性，仅是一些亟待解决的战术问题。
终止协议的过程	说明客户或外包商可终止外包协议的情况。就外包协议而言，这可能在计划的期限内结束，也可能在特定情况下，由一方提出终止合约，并且无须承担法律追索或罚款的风险。

资料来源：根据 Cullen and Willcocks(2003:67－111)、Milgate(2001:60)、Schniederjans(2005: 57)之 Figure 4.2 整理而成。

3. 挑选并确定外包商：草拟的外包文件一旦准备就绪，下一步就是挑选并确定外包商，以开展具体工作。通常，我们可以从行业协会目录和外包目录（FS 外包公司，www.fsoutsourcing.com）中筹备供应商名单。就此名单，专家或其他经验丰富的经理会就系统性的公司外包需求，挑选合适的候选外包公司。识别潜在外包商的另一种方法便是收集符合条件的外包商名单，并以之来确定有价值的候选外包商。具体资格标准的制定可能需要满足客户的特定需求（例如，外包商需要在目标国市场构建完备的运输联系，并拥有合法的运输许可证）。具体资格内容可能是该外包商需要拥有高标准的服务、安全性、诚信度、灵活性、敏捷性和价值观。Pint 和 Baldwin（1997）提出，对外包商的评估应基于其满足客户需求的能力，对成本和风险的全面考虑，知识，技能，外包商经验的广度和深度（包括其历史表现），财务实力，以及对技术创新、质量改善和客户满意度的承诺。通过这些标准，客户公司可以向单个外包商提出信息请求（request for information，RFI）提案，以对外包商进行初步评估，评测市场现行价格或利率，抑或是任何关键标准。提案请求（request for proposal，RFP）也可以像广告一样出现在外包媒介中，并陈明外包要求，具体信息点包括发出请求方、项目范围、业务活动地点、外包原因、外包期限和外包定价。信息请求和提案请求均有助于限定外包商选择，但是我们仍需要付出巨大的努力，方能挑出最佳外包商。外包商选择标准可分为四类：强制性、定量、定性和实施性。强制性选择标准（即：外包商各方面必须合格）包括具备规避风险的能力、所在国以英语为通用语等。资料中提出的定量外包商选择标准和定性外包商选择标准，用于判断外包商是否拥有（至少在某种程度上）客户公司赞赏的"附加"的能力。定量外包商选择标准包括财务实力、高质量服务标准、是否有充足的劳动力完成此项工作等。定性外包商的选择标准包括可信度、外包水平、已证实的客户满意度等。实施性外包商选择标准的重点在于外包项目在设计、过渡和跟进三个阶段的实施风险。

4. 谈判完成外包绩效和目标的衡量标准：客户公司现在可以开始谈判实际外包协议，该协议将明确列出具体目标及该以何种绩效指标来衡量目标完成度。有关协议谈判的指导原则，请参见第 8 章"谈判"。

5. 创建并实施外包项目：外包协商达成后，可以将其作为纸质版操作路线图。协议应包括实施外包项目的过渡细节，以便双方获悉并各司其职。尽管多数问题是可预见并可规划的，但仍有许多问题尚不能预知。因此，协议条款必须预见意外事件和问题，并提供一种在流程实施阶段可践行的应急预案。虽然外包协议中可以概述协议实施的过渡阶段，但此计划仍需为客户和外包商详细分配人力或员工。业务运行期的过渡计划应是完备的，且需涵盖人力、设施、设备、软件、第三方协议，以及与外包协议相关的所有功能、流程和业务活动。此外，在外包阶段，我们必须就双方的日常计划、工作协调、人员配备、组织和领导的管理进行职责和功能定义。

6. 监控当前的外包项目：从客户公司过渡到将供应链或其他任务交给外包商后，通常由中间商来执行实施外包协议的日常工作。该中间商由客户和外包商公司中的中层和低级经理构成。在外包过程中，与正在实施外包工作的人员共享信息非常重要。共享计划和工作是消除恐惧、怀疑、愤怒甚至破坏性行为的良策。正如 Elmuti 和 Kathawala（2）在国际外包的研究中得出的结论：员工对失业的恐惧，会对外包项目产生负面影响。其他国际因素，如工作态度上的文化差异和社会规范的差异，可能会日渐浮出水面，因此需要公司开展培训教育来降低文化敏感性。另外，我们也可以运用各类设备监控正在开展的项目。客户公司和外包商应就将要采取的措施达成共识：由谁收集信息、在何处和向谁报告信息、双方在何时审查这些措施的实施情况。我们应将这些措施视作质量保证体系，以确保外包商正在如期推进项目进度。实际上，良好的监视系统有益于双方。客户公司可以使用该系统来监视业务目标的完成度，外包商可以用其来确定自身是否有资格凭借出色表现获得额外奖励。

7. 对外包商进行评估并提供反馈：基于监测结果度量并将它们与商定的业务绩效水平进行比较，监测其实就是一种常规操作，其代表了在外包评估阶段所做的不懈努力。监测的目的是为客户公司提供及时的外包商检查系统，以确保外包商遵守协议规定，满足客户公司预期。就外包项目进度相关信息进行共享并提供反馈意见，以进行纠正控制和问题改进，这对促进外包项目的成功至关重要。评估外包商还可以由客户公司员工或外部审计公司进行定期审核。Greaver（1999：272－273）提议设立监督委员会（由内外部供应链成员构成，他们就外包商评估产生的问题对企业进行监督和咨询），以审查年度供应商绩效。此外，监督委员会可作为重大问题商讨的论坛，委员会成员根据结果提出纠正调整的建议，并在出现外包问题时充当仲裁者的角色。

13.2.3 外包过程中的风险

图13-3所示的外包过程存在局限性。多数局限性与各步骤的潜在风险息息相关。表13-3列出了与外包过程中的各步骤相关的风险示例。

表 13-3　外包过程中各步骤的风险示例

外包过程的步骤	潜在风险示例
识别非核心能力	错误地将非核心能力识别成核心能力。 错误地将核心能力视作非核心能力。
选择需要进行外包的候选业务	候选者名单可能不完整，选择无法达到最优化。 外包可能无法改善业务质量。
建立目标并起草外包协议规范	业务目标不切实际，注定失败。 协议用词可能不够清晰，无法让外包商成功地理解并遵守协议内容。 外包工作与组织目标难以保持一致。
挑选并确定外包商	错误地挑选那些不符合候选人资质的外包商。 选择错误的外包商。 对所选外包商分析不够全面，导致总体水平低于预期。
谈判完成外包绩效和目标的衡量标准	对测评标准、目标、方法及其含义存在误读。 谈判成本可能高于外包的成本优势。
创建并实施外包项目	高级管理人员不支持该项目。 员工的负面表现。 无法获得必要的成本和性能信息。 协议或合同低质。 技术问题造成业务交接的延误。 外包商遭遇启动问题。 客户公司的管理层不愿将业务移交给外包商。 员工甚觉不满并拒绝转移工作。
监控当前的外包项目	无法及时监控日常运营。 无法控制项目活动。 不汇报绩效指标或误报给客户公司。
对外包商进行评估并提供反馈	无法准确评估外包商的绩效。 无法及时向外包商提供项目成果的信息。 外包商无响应（即：忽略反馈意见）。 违背外包协议。 双方违约，并支付外包协议的违约金。

资料来源：根据 Schniederjans et al. (2005:15)之 Table 1.2 整理而成。

通过对不同供应链主管进行调查，我们发现外包项目的风险比比皆是（"Global Risks…"，2011；"Global Manufacturing…"，2011；Carter & Giunipero，2010；Leach，2011）。然而，我们也可以把外包风险视作一种消除风险的策略。图 13-4 描述了风险转移的达罗德（Da Rold）模型（Gouge，2003）。如图 13-4 所示，公司外包的业务越多，公司所要担忧的运营风险（例如，管理供应链中的风险）就越小。不过，一旦公司开启外包项目，就需要承担外包风险。

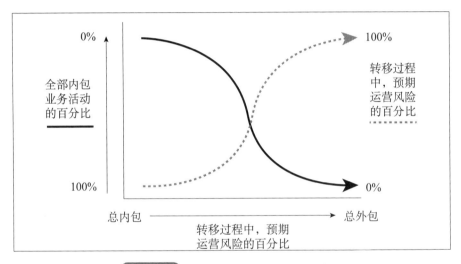

图 13-4　达罗德外包风险转移模型

资料来源：根据 Gouge（2003：150-152）整理而成。

表 13-4 列举了若干可能导致项目失败的外包风险。为了应对某些风险，公司采用了一种或多种外包策略。例如，Badasha（2012）报道，许多欧洲制造商以近岸运输为潜在方法（减少供应链的地理距离），以缓解供应链风险。此外，供应链风险管理计划是推动制造公司发展的关键要素。在全球范围内运作的供应链中，风险尤为常见。

表 13-4　导致项目失败的外包风险

风险类型	例子
客户与外包商之间的关系问题	双方未构建良好沟通，在外包项目管理中表现被动，对协议缺乏了解（Verner & Abdullah，2012）。

续前表

风险类型	例子
成本问题	随着对外包商投入减少，外包商也会相应减少对客户的服务（Digman，2003）。
客户投诉问题	随着业务的外包，客户公司的客户投诉可能会增多（Smith，2004）。
员工问题	外包商沟通失败，未能倾听员工的声音（"Employees Ignored…"，2002）。
政府问题	政府法律法规发生变化，可能会削弱外包的成本优势（"Accounting Rule Wipes…"，2003）。
安全性问题	将个人和公司记录发送至国外，可能会使公司面临严重的安全性和保密性问题（Nassimbeni, et al.，2012）。
结构性问题	就不同外包（例如，多源外包）进行实验，从长期来看，会面临失败（"Multisourcing Just…"，2003）。

资料来源：根据 Schniederjans et al.（2005：32）之 Table 2.7 整理而成。

归根结底，风险管理实质上是平衡接受风险和规避风险二者之间的关系。理想情况下，这种平衡反映在公司内外包业务的数量上。倘若要实现平衡，供应链经理必须充分掌握国际或全球外包所面临的各个风险。

13.2.4　国际或全球外包中的风险

无论承认与否，尽管外包可以是本地化的，但现今外包常具有国际性，甚至全球性，且涉及不同供应链主题，如采购、分销、物流、库存、制造，以及供应链组织可触及的任何业务。即使个别公司将业务外包给了本地供应商，但下分至一到两级后，这些供应商也可能会将业务外包给国际供应商。因此，长期外包项目运营成功的关键点在于把控现存风险。为了协助完成该任务，公司首先应该清楚自身在供应链国际化过程中需承担的风险。潜在国际或全球风险可分为四类：经济风险、政治风险、文化风险和人口风险。表 13-5 列举了相关供应链国际和全球外包风险类别。这四个类别分别囊括诸多风险。为了帮助读者更好地理解该四个类别的各种风险，图 13-5 中的框架进一步列举了 12 种风险。表 13-6 描述了由这 12 种风险带来的问题。表 13-6 并非问题最终版，只是列举了部分典型问题。而这些问题能够使人们从事国际外包业务时，进一步考虑供应链业务风险。

风险因素类别	国际或全球业务风险因素的示例	供应链管理中的相关外包风险因素
表 13-5　供应链管理中相关的国际和全球风险因素类别及外包风险示例		
经济	外包公司所在的国家或地区的道路基础设施是否完备？	基础设施情况是否会影响外包商的货运公司快速移动物料，敏捷快速地响应生产运营？
政治	外包公司所在国家或地区政治稳定吗？	如果现任政府倒台，那么由现任政府授予外包供应商的过境许可证是否仍有效？
文化	语言是否存在差异，该差异会影响业务运营的成功吗？	来自某个国家或地区外包商的货运司机是不是无法同客户公司供应链网络中的合作商进行有效沟通？
人口	该国人口增速是否满足劳动力增长的需求？	倘若该国人口未呈现正增长，则会导致劳动力资源枯竭。在该情况下，外包商能否根据外包协议，找到合适的员工，来完成物流和分销目标呢？

资料来源：根据 Schniederjans et al. (2005：40) 之 Table 3.2 整理而成。

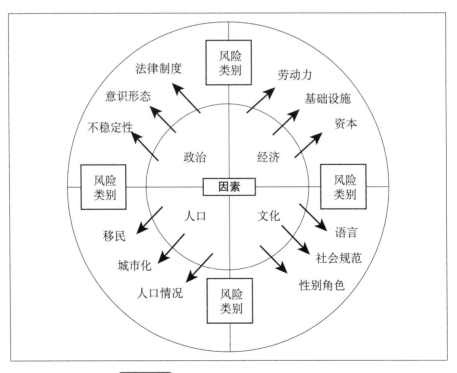

图 13-5　国际或全球业务的风险因素

资料来源：根据 Schniederjans et al. (2005：41) 之 Figure 3.4 整理而成。

表 13-6　国际或全球风险因素的类型

风险因素种类	风险因素类型	风险因素问题
经济	劳动力	外包商是否有熟练或非熟练劳动力来完成合同规定的工作？外包商所在国家或地区是否有必要的劳动力资源？如果没有足够多的成熟劳动力，外包商将无法完成工作，并需要承担违约风险。
经济	资本	外包商是否有充足的资金，以支持合同的实施和业务运营？外包商所在国家或地区是否具有满足公司发展需求的资本市场（包括国内和国外的资本市场）？倘若公司无法为外包商提供充足的资金，它们可能难以开展运营活动。当客户公司对外包商加以资金扶持时，就连将资本在外包商所在国家或地区间进行流转，客户公司也需要承担一定的风险。
经济	基础设施	外包商是否拥有必要的有形资产（例如，运输设备）和技术或信息系统（例如，计算机）以支持合同业务的开展？外包商公司所在国家或地区是否拥有必要的设施（例如，交通系统、道路、电力系统）和技术或信息系统（例如，互联网系统、电话系统）来支持合同业务的开展？如果没有完备的基础设施来运输物理产品或提供信息服务，则外包商及其分包商可能无法完成供应链的交付要求。
政治	不稳定性	外包商所在国家或地区的政府是否稳定？会不会在外包协议期间面临瓦解？没有稳定的政府，外包公司可能无法为员工提供担保或维护合法协议（即：履行外包合同内容）；并且当客户公司把技术或资本借给外包商时，可能存在上述资本被外包商所在地政府没收的巨大风险。
政治	意识形态	外包商所在国家或地区在政府意识形态（即：该国政府在控制私营部门中的观点、信念和假说）方面具有高度一致性还是出现分歧？这包括政治制度的类型（例如，资本主义还是社会主义）及其在经济中的作用。一些国家或地区，明确定义了个人及其商业机构的作用。由于政府定位清晰明了，外包商和客户公司的业务运营在开展时具有较少的不确定性，因此风险也较小。在意识形态分散的其他国家或地区，由于外包商和客户公司角色定位模糊，外包商所在地政府可能一时兴起地解释商业活动，导致其业务开展将面临更大的风险。
政治	法律制度	外包公司所在国家或地区的法律制度是易于理解的还是过于复杂的？外包商所在地是否具有正式有序的裁决程序？或者是否存在非正规的差别待遇、偏见和贿赂形式？倘若该地尚未建立起易于理解且结构良好的法律体系，那么当外包商和客户公司采取法律行动时，它们可能找不到合适的法律为自己辩护。

续前表

风险因素种类	风险因素类型	风险因素问题
文化	语言	就某些以语言交流为主的公司而言，语言不可或缺。客户公司的员工、客户等是否能够完理解外包公司所在国家或地区的口语和书面语？若不行，则客户公司存在曲解通信内容的风险，以致违背合同协议。
文化	社会规范	文化（即一个群体共享的价值观、行为和态度，包括性别角色、宗教影响、语言多样性、治理价值观、社会分裂和信任观）可能在某些外包协议中十分关键。外包商的业务活动是否会违反所在地的社会规范？如果外包合作违反了该地的社会规范，则外包商和客户公司将面临财产和法律侵权的重大风险。
文化	性别角色	不同性别的员工间需要进行沟通方可达成外包协议。此情况下，外包商和客户公司是否会在文化上造成对方的困扰？妇女和同性恋群体在全球企业中的地位已发生了变化，人们也愈发认可其在企业中的价值。尽管在许多国家，这两个群体的权利日益得到保障，但国与国之间仍存在程度差异。如果公司对国家文化差异不够敏感，则外包合作中会存在性别角色带来的风险。
人口	移民	移民（即：人们进入、离开某个国家或在一国周围流动）是劳动密集型协议的重要风险因素。外包商所在国家和地区的人口迁移率是高还是低？如果一个国家的移民率很高，那么外包活动可能很难雇用到合适的员工，开展生产经营。主要原因是，劳动力变动过快，且移民增强了政治动荡的风险性。
人口	城市化	劳动密集型外包服务提供商所在国家是否具有高度城市化或人口密集的中心？人口稠密的大都市人口密度大，这使外包公司更容易获得劳动力资源，且能更有效地吸引客户开展市场活动。人口分布越均匀，公司获取市场、劳动力或客户群体的效率越低。此外，其他因素（例如，交通和信息系统的集中度）常随人口变动，因此高密度的城市化成了理想形态的人口分布。城市化程度不足的话，客户公司和外包商将面临无法进入劳动力或消费者市场的风险。
人口	人口情况	外包商所在国的人口增长率、年龄和健康状况会如何影响风险呢？人口的增长、平均年龄的降低和身体健康这些关键因素，均有助于外包商找到高效员工。相反，人口减少或平均年龄增长会加大外包商寻找合适员工的难度，并增加了外包商的成本。

资料来源：根据 Schniederjans(2005:41-43)整理而成。

13.2.5　在供应链管理中将外包与精益策略相结合

考虑到外包项目的风险性和复杂性，外包必须与客户公司收益挂钩。大量文献支持将外包作为一种策略，其原因有很多，包括降低风险（Banfield，1999：228；Slone，et al.，2010：136；Schniederjans，et al.，2010：283 - 302；Zylstra，2006：34 - 35）。很少有组织及其供应链部门仅使用一种策略来实现目标。精益和外包策略的组合模式是一种时下较盛行的供应链策略组合方式。如前所述，当供应链策略相结合，公司的业绩表现跻身世界一流时，则可以大大增强供应链战略规划。表 13 - 7 列举了将外包与精益供应链管理策略相结合的可能优势。该表可用于帮助说明外包或精益项目的合理性，并描述了外包项目可带给客户公司的潜在优势。

表 13 - 7　精益供应链外包的潜在优势

外包的优势领域	精益原则和潜在优势
降低成本并增加利润	消除浪费原则：外包给外包商的业务成本低于内部运营成本，从而降低了生产总成本。 同步效率：当一家客户公司将业务活动外包时，可以留下部分资产（例如技术），这些资产可以转换为现金，以通过合同要求解决短期现金问题（即：节省了贷款利息成本），而外包商需要购买这些资产。 同步效率：通过让外包商购买并将其租回给客户公司，固定成本（例如，卡车等物料搬运设备）的节约成本可转化为可变成本（如租赁协议）。 消除浪费原则：当客户公司成为外包商的网络或供应链的一部分时，这有助于降低双方的成本。 消除浪费原则：当外部融资成本过高而无法进行资本扩张时，外包可以通过外包商在资本设备上的投资来节省投资成本。 消除流量约束：外包可赢得更高的利润。因为外包给海外工厂的业务活动所受的法律（例如，环境保护法和劳动法）限制较小，因此缩减了客户公司的运营成本。
获取外部专家	建立联盟：一家公司可以获得广泛的供应链专业知识和技能。 战略重点和消除浪费：外包商可以成为改善核心和非核心竞争力的服务和产品的想法来源。在绿色供应链管理等热门领域尤其如此。
改进服务能力	需求拉动、流量约束和敏捷性：通过增强外包商的供应链能力，可以提高运营灵活性和敏捷性，从而在客户高需求期能更轻松地增加生产或服务量。同样，在需求衰退期，可通过终止外包协议来减少产量。 持续改进：通过外包，我们可以灵活地改变供应链网络以提高效率。 客户价值和消除浪费：通过降低成本，使客户获利，由此提高了客户价值和满意度。 客户价值：通过卓越的供应链外包改进交付业务，由此提高了交付服务质量，并提高了客户满意度。 变革的领导力：外包可用作新产品和服务变更的快速引入策略，以满足不断变化的客户需求，并用于在客户公司内引入新技术或系统。 流量约束：新产品可借助外包公司的专业技能，加快上市进度。 增长战略：外包可以帮助公司快速发展，获取新分销渠道和供应链网络的访问路径，以实现增长。

续前表

外包的优势领域	精益原则和潜在优势
能够专注于核心能力	领导力策略：外包使客户公司专注于核心竞争力（即它们最擅长之处），外包商则提高了该公司的非核心竞争力，这两者都可以提高供应链的业务表现力。 敏捷性策略：外包将公司资产释放到核心能力上。 增长策略：外包商带来的商机可以帮助客户公司打入特定市场（例如，外包商掌握着丰富的部分自然资源）。 领导力策略：客户公司可能会发现自己具有外包能力，可以将其出售给其他公司（例如，备用卡车）。 领导力策略：精益导向为客户公司提供了纪律准则，以定位并了解它们的核心竞争力，从而利于战略规划。 增长战略：外包商将其核心竞争力带给客户，以保持与对手不同的现状。
掌握知识并使用先进技术	同步效率：企业可以选择最先进的外包商，而不必保留旧系统（即：在任何时候都可以选择并采用新技术，因为客户公司不必在此类技术上进行投资）。 领导力策略：外包可以帮助客户公司学习新技术。
其他优点	持续改进：外包改变了客户公司的文化，使其更具生产力并接受持续改进。 消除浪费原则：外包可作为一种新策略，来缩小或重新设计客户公司。 同步效率：外包提高了风险缓冲能力，因为人力资源、技术和系统的效率问题可交予外包商进行解决。 同步效率：外包商可以充当客户公司的业务分支，这使得客户公司不必走向国际化，从而避免了处理各类复杂问题，如多币种问题、多语言问题，以及跨国会计问题等。 同步效率：节约了对核心能力替代投资的投入成本。

资料来源：根据 Schniederjans et al.（2005：24 - 28）之 Table 2.1、2.2、2.3、2.4，Schniederjans et al.（2010：287 - 289），Abu-Musa（2011），Boehe（2010）整理而成。

13.3 外包战略规划其他话题

13.3.1 衡量外包服务

在外包服务领域，对于客户公司而言，重点在于确保外包商遵守其目标和指令。对外包商的服务表现越是关注，越是有可能实现预期成果（Li & Choi，2009）。Wade（2011）报告了 Li 和 Choi 的研究，他们将评级表分为两部分，各类问题的设置旨在提取相关信息，以反映外包结果和客户满意度。等级表依次设置了一到六个等级，其中等级一表示外包客户完全不赞同调查问题的表述，等级六表示他们完全同意。对于外包结果相关问题，Li 和 Choi 建议采用消极陈述（例如，就我们收到的外包服务，我们认为支付费用超出了预期）和积极陈述（例如，外包商及时提供了服务）。同样，就客户满意度调查问题，也分成消极陈述（例如，我们的客户对他们所接受的服务感到十分担忧）和积极陈述（例如，我们的客户对所获得的服务感到满意）。上述组合有助于确保评分者充分考虑各种问题，并给出诚实的答复。

在供应链管理中，对外包商业绩表现进行评级和打分是常见的方法（Schniederjans，2005：77-80）。当结合差距分析时（见第 3 章"供应链人员配置"），它们能够持续性地提供绩效检测系统，并且就外包商业绩表现开展客户满意度调查（Schniederjans，2005：84-86）。

13.3.2　产品生命周期中的外包收益和规划

如前几章所述，供应链的生命周期取决于公司产品的生命周期。在产品生命周期中，外包策略可以推动需求转移相关的运营计划（Tompkins，2012；Benkler，2010）。也就是说，在产品生命周期各阶段，我们可以落实外包活动，以提高生产效率和有效性。表 13-8 列举了在产品生命周期各阶段中，使用外包商可能带来的一些好处。在产品生命周期需求波动期，适时的外包可以稳定需求周期，进而降低产品生命周期内的需求波动，促进精益供应链战略的发展。

表 13-8　在供应链产品生命周期规划中外包商的角色和收益

产品生命周期阶段	外包商的角色和收益
初始期	外包商允许快速利用资源，以支持快速向市场交付新产品，从而提高盈利能力，并节省客户公司的资本投入。 通过让提供商处理初始产品和新产品的分销活动，帮助客户公司规避启动风险。 与一流的外包商合作的话，它们可以提供先进的技术、流程和其他技能，进行新产品创新，制造出更为成功的产品。
成长期	将需求的额外增长额分配给外包商，由此客户公司可以拥有充足的时间来规划物流设备的资本投资，而不是一味急于短期采购。 将快速需求分配给外包商，可以使客户公司保持精益和稳定的服务运营水平，而不必浪费成本应对需求激增。 每当客户公司选择聘用外包商时，应该提供多种服务选择，从而增强敏捷性和灵活性。

续前表

产品生命周期阶段	外包商的角色和收益
成熟期	能够轻松挑选外包商，可以降低客户公司的外包成本，并且保持了资本投入的连贯性。 多样化应用程序和经验丰富的外包商，能够带来更多降低成本的新思路，从而提高利润率。
衰退期	有助于规避法律或政府法规问题。1988 年，美国国会通过了一项工厂停业法，即《工人调整和再培训通知法案》（Worker Adjustment and Retraining Notification Act，WARN）（Bohlman & Dundas，2002：705）。 客户公司可以签订合同，要求外包商自费处理过时或报废的产品。 帮助客户公司规避资本投资冲销，以及产品停产引发的会计核算问题。

资料来源：根据 Schniederjans et al.（2005：24 - 28）之 Table 2.1、2.2、2.3、2.4，Schniederjans et al.（2010：287 - 289），Abu-Musa（2011），Boehe（2010）整理而成。

13.3.3　外包中的全球供应链劳工标准

随着越来越多的企业将业务外包给第三方，许多公司对与供应链劳工标准相关的行为产生了浓厚的兴趣。普华永道会计师事务所（Pricewaterhouse Coopers，PwC）的一项调查显示，59％的供应链高管认为工作条件差是供应链最大的风险（"Vulnerable to..."，2008）。为了减轻风险，公司需要与供应商紧密合作，明确可接受和不可接受的工作条件期望。制定行为准则是启动风险管理项目的一种方法。Singer（2012）着手的一项研究调查了主要国际组织和政府对供应商行为准则和供应链劳工政策的采用情况。Singer（2012）提出，联合国全球契约（United Nations Global Compact）（www. unglobalcompact. org/）提供了一个总框架，该框架侧重于劳动条件，有助于起草供应商行为准则。此外，联合国全球契约为实施劳工项目（包括社会和人权问题）提供了有用的标准。联合国全球契约从三大领域，列举了 28 条标准，而在制定行为准则时，这 28 条标准应纳入与供应商的谈判内容（"Supply Chain..."，2010：22）。表 13 - 9 列举了焦点领域和行为准则标准，可用作制定供应商行为准则的指南。

表13-9　劳工、社会关注点、行为准则标准

劳工或社会关注点	行为准则标准
人权与劳工	童工 应急准备 消防安全 强制性劳役 结社自由和集体谈判 人道待遇 工业卫生 机器维护 非歧视 职业伤害和疾病 职业安全 体力劳动 工资和福利 工作时间
环境	空气污染 生物多样性 能源消耗 温室气体排放 毒性物质和化学物质 原料使用 产品可回收性、报废和有效期 用水和废水处理
反腐败	会计和业务记录 贿赂和回扣 利益冲突 礼物、餐饮和娱乐 保护信息 报告不当行为

资料来源：根据 Singer(2012)、"Supply Chain..."(2010)整理而成。

13.4　未来走向

外包发展的未来趋势预测参差不齐，主要取决于预测者。货运门（Freightgate，一家物流软件公司，www. freightgate. com/）预测，对更优协作业务和物流采购的需求将不断增长，辅以运输费率管理系统，由此对执行能力提出了更高要求。这些未来需求超出了多数现有供应链组织的知识储备（"Supply Chain..."，2012）。他们认为，大多数公司内部 IT 部门的响应时间和预算将拉动供应链外包增幅，以更好地满足客户公司的战

略要求。该预测还表明，不断增加的云计算（即：对那些通过网页浏览器或移动技术访问云端应用程序的最终用户，提供计算和存储量交付服务。同时，其他业务软件和用户数据能存储在不同服务器上）和移动应用程序加快了组织内协作信息的共享和上下流通。高效的协作和信息共享，进一步促进了团队协作、流程改善、碳减排、安全合规性法规的遵守、非核心成本的降低、业务价值的提高、全球环境意识的增强、财务成果的改进、解决方案的生成。客户期望收获上述成果，因此需要更多外包业务的开展，才能兑现以上能力。

还有些人则认为，就未来发展而言，外包战略的地位可能会削弱，外包业务也会随之减少。Albert（2011）在毕马威（KPMG）2011 年第 3 季度市场咨询脉冲（www.kpmg.com/）的调查中提到，鉴于种种因素，包括未能实现外包预期成果的失望、经济变动以及公司渴望严控战略流程和敏感数据，这些都是企业对外包战略持有疑虑的原因。此外，该调查还揭示了客户公司面临来自外包过渡流程管理的挑战，并且它们的工作将受制于匮乏的成熟资源，以及欠佳的规划和流程。这意味着无法在预算内按时履约和无法兑现所需功能，从而无法完成外包过渡工作。除了不足之处，该调查也提到了外包的优点。由于某些外包成果不尽如人意，以及为了规避过度激进化的外包，人们对共享服务愈发兴趣浓厚，而共享服务正在不断普及，这也成了外包新趋势。该调查指出，通过共享服务，成本节约成了铁目标，买方也取得了一定的商业成功（Albert，2011）。

此外，根据 Leach（2011）和 Beatty（2012）的预测，一些最具吸引力的国家（例如，印度和中国），其未来的通货膨胀率将高达两位数。鉴于外包的原动力是低制造业和劳动力成本，当地通货膨胀和工资成本上涨，很有可能会终止外包业务增长，甚至意味着离岸外包的下跌。尽管当前的通货膨胀率和成本上涨尚未彻底改变外包惯例，但在未来五年中，"离岸"一词可能会成为过眼云烟。此外，海外市场所处的商业环境日新月异。全球商业服务公司高效地进行技术投资，提供了商业级服务。不过，这却改变了人们对外包的认知，即：在过去，人们认为外包的低成本以产品低质为代价；但如今，外包公司提供的产品质量正在不断提高。

大多数外包决策都是为了实现成本最小化，而多数以落寞收场。正如先前提及的调查结果，倘若想借外包策略实现成本最小化目标，谈何容易。无论供应链管理中外包变化趋势如何，外包活动都应将同一目标贯彻到底。Moser（2012）提出评估外包的新趋势。我们应该对外包业务进行更全面的分析。在该分析中，我们也应该纳入所有先前忽视的标准，确保该分析的全面性。Moser（2012）建议采用总拥有成本（TCO）（见第 12章"供应链管理中的精益策略和其他削减成本的策略"），其包括下述内容：

- 售货成本或到岸成本，包括价格、包装税和预期运费。
- 其他成本，包括影响因素，例如运输中产品的账面成本、现场库存、原型制作、报废，以及运输成本。
- 与风险相关的成本，包括返工、质量、产品责任、知识产权、机会成本、品牌影响、经济稳定、政府政治稳定和经济衰退。
- 战略成本，包括对创新、产品差异化和大规模定制的影响。
- 环境成本，包括参与绿色生产的成本。

Moser 认为，多数公司尚未尝试包容性分析，而使用这种方法，不仅可以帮助公司降低外包失败率，公司还能意识到外包项目的总拥有成本有悖公司最佳利益。这意味着当前参与外包的某些公司可能需要采取转包计划，将其供应链和生产活动内包。

来自原产配件公司的迈克·奥尔先生专访

■ Interview with Mr. Mike Orr of Genuine Parts Company

简介

在本章，我们采访了前沿供应链领域的主管，并同其进行了系列问答。本章目的在于就供应链管理，提供该领域从业者对供应链生命周期的观点。本次专访还讨论了其他相关话题。

受访者简介

迈克·奥尔（Mike Orr）是原产配件公司（Genuine Parts Company, GPC）运营与物流部门的高级副总裁。在 2005 年，迈克加入了这家公司，他拥有超过 25 年的工业和消费品公司的全球运营经验。就职于原产配件公司时，他还担任过子公司 S. P. 理查兹公司（S. P. Richards Company）的运营和物流部门高级副总裁。

加入原产配件公司前，他曾担任纽威乐柏美（Newell Rubbermaid）的运营副总裁，负责全球制造、安全、供应链和物流等业务。入职纽威乐柏美前，他曾在联合信号公司（Allied-Signal），即霍尼韦尔（Honeywell）工作，从事各类工程和运营业务。

迈克拥有南达科他州立大学的机械工程学士学位和亚利桑那州立大学的工商管理硕士学位。

"汽车零件生产这门生意，只有 30 分钟的时间。如果你不能在 30 分钟内交付零件，那么生意就谈不成。"

——迈克·奥尔，2011 年

原产配件公司简介

原产配件公司（GPC）成立于 1928 年，是一家服务机构，致力于分销汽车替换零件、工业替换零件、办公产品以及电气或电子材料。他们在美国、加拿大和墨西哥拥有 2 000 多个运营点，并通过该运营网进行产品和服务配置。分布于各地的配送中心，会依据地方特点调整产品和服务线，以更好地满足客户需求。GPC 在准时服务上言出必行，拥有良好的信誉，由此成为客户核心合作伙伴。从 30 年前起，GPC 开始推进产品线多样化，并发展成了若干发展强劲的终端市场。汽车零部件集团是 GPC 最大的部门，该集团通过分布于美国的 58 个 NAPA 分销中心，进行 38 万多种产品的流通。加拿大纳帕公司（NAPA Canada/UAP Inc.）是加拿大的一家顶级汽车零部件经销公司，它也是汽车零部件集团的一员。集团成员还包括墨西哥的一家叫作 Auto Todo 的大型汽车售后公司。此外，我们以 TW 分配与牵引（TW Distribution and Traction）的旗号开展重型汽车零件分销业务，以 Altrom 的旗号经营进口零件分销业务。工业零件集团（Industrial Parts Group）以运动产业（Motion Industries）的旗号开展运营活动，对来自美国和加拿大的 500 家工厂超过 300 万件产品进行了分销。Motion 的快速交付模型通过时服务响应，为客户配置了订制化产品和技术专家，降低了客户生产成本，也缩减了运作资本。办公产品组（Office Products）以 S. P. 理查兹公司的名义将来自美国和加拿大 45 个分销中心的 5 万多种产品，分销给成千上万的办公产品经销商，包括个体经销商、大型合同文具商、国家办公用品供应商、邮购分销商、互联网经销商和大学书店店家。电气和电子材料组是北美地区最重要的经销商，主要分销工艺材料，生产供应品，进行工业维护、维修、运营（maintenance，repair，operations，MRO）和增值装配零件。其主要市场是电气原始设备制造商（original equipment manufacturers，OEM）、设备维修和组装市场。该集团在美国、波多黎各、多米尼加共和国、墨西哥和加拿大的 36

个地点分销了 10 万多种产品。

专访

您如何描述贵公司的供应链特点？

　　GPC 在四个迥异的行业拥有复杂供应链，这四个行业分别是汽车、工业用品、办公用品和电气用品。我公司能提供的产品和项目数非常庞大，包括 3.2 万件办公产品、40 万件汽车产品、400 万件工业产品和 2.5 万件电气产品。我们的供应链始于源头的制造工厂，止于使用产品的实际消费者。GPC 自身也拥有几家制造工厂，同时我们也就特定产品的生产，同制造合作商签订了合同。当然，我们也对平行供应链的本土品牌产品进行了分销。

　　我们主要是一家北美分销公司，同时在世界各地进行货物配送。我们的供应源遍布世界各地。除了美国，我们在别的国家也建立了生产工厂。尽管我们的货物分销至世界各地，但我们坚持拉近库存和客户与市场的距离。短距离是我们的价值主张。例如，每晚，我们会通过内部供应链系统，支持 NAPA 商店的补货。倘若今天您前往 NAPA 商店购物却找不到对应零件，次日上午 7 点零件便会到位。

当产品或产品线初始期需要引入供应链时，您会如何应对？

　　这得区分不同的产品或零件。首先，我们来谈谈新的汽车零件。我们已经对组装汽车的各零件或产品进行了分类或标记。无论产自何地，只要是在北美销售或分销的汽车，我们都会执行上述操作。实质上，在美国几乎每辆汽车都存在零件更换的未来需求。通过品牌、型号和年份，我们得以清楚地掌握并跟踪每个零件在每辆车上的具体位置。例如，单个火花塞零部件适用于多种品牌和型号的汽车，其使用寿命也能维持多年。同一火花塞产品组也可以应用于多家制造商。

根据经验所得，我们知道新车在初始期对火花塞的需求很小。当我们进行库存部署时，会压缩新车火花塞库存数量，直至预期需求呈曲线增长。在零件更换业务中，当一辆车的寿命达六至九年时，便是需求增长的黄金期。

分级是熟悉需求模型的第一步。第二步便是收集在美国注册的每辆汽车及其所在地的实时信息。这些信息即时可用，并且我们按美国的邮政编码对车辆位置进行了归类。然后，根据流通性、车龄以及在特定地区为客户提供的物品，我们为各个商店安排库存。

这些全面、数据化的信息使我们能够为客户和消费者提供高效的供应链服务。例如，有个人要求我们为一辆使用时间长达 40 多年的汽车装配一个订制化的尾灯。这时，我们可以从供应链网络中找到该尾灯零部件，但库存不在此地。不过，我们能够在 24 小时内交付该零部件，这便是我们供应链的常规运作流程。

通过供应链网络，我们能为客户提供多类型标准或订制化汽车替换零部件。我们为自家供应链所取得的成绩感到骄傲，但供应链不是独一无二的。卡特彼勒（Caterpillar）和约翰迪尔（John Deer）等公司具备同等服务水平，因为它们的产品也非常复杂，并且需要快速响应客户需求。

产品扩散是供应链首要面临的挑战。当我们从供应链获取新产品或新物品时，我们必须针对该产品做一些假设或决定，例如，根据经验判断产品失效的可能性和失效时间（寿命）、维修的可能性，以及最后什么将替代原始设备制造商或售后市场。

历史数据突出显示了汽车维修工作的最佳车龄间隔（六至九年）。我们知道，六年内生产的汽车往往不需要维修，或是处于保修期内，而在汽车使用的后期（九年后），人们也就不去修车了。根据这些数据和概率，我们可以对新产品进行需求预测。这不是一门完美的科学，但该过程使我们能够在 6 000 个地点开展业务，实现库存投资最优化。

我们开展业务时，需要在半小时内将零件交付给客户，否则我们将失去该订单。这种紧密的工作节奏也影响了库存安排、商店数量和分布位置。一般来说，我们的工厂距离客户不超过 5 千米或 6 千米。

就特定产品，您如何进行库存安排以满足客户需求？

举一个新车的例子。我们知道，有些物品是消耗品，并且有特定的保养周期。例如，一台新车很快需要一台机油滤清器，紧接着需要一台空气净化器，甚至需要新的刹车系统。当然，我们知道，在汽车运行中，零部件难免受到撞击，这也纳入了我们的考虑范畴。基于这些信息，我们相应地安排库存。我们将消费商品分为良好、更好、最好三类，并以此进行库存安排。

我们的机油滤清器有低价优质款、价值偏上款（即性能更好）和高端款（即性能最佳）。这都取决于消费者的需求，且可能与所购汽车类别相关。

一般来说，购买豪华轿车的人会购买相应的高端产品。购买皮卡车或紧凑型汽车的人更注重产品价值。客户多会选择相对优质的产品，而非高端产品。我们将此纳入需求预测的算法中，以确定库存水平。我们还在本地库存中采用了中心辐射模型。例如，如果我们所在城市有十家商店提供机油滤清器，则可能有其中一家商店的库存配备质量最好的机油滤清器，五家商店配备质量上乘的机油滤清器，所有十家商店都有普通优质机油滤清器。出此计策是因为，如果一家商店的库存没有某类的机油滤清器，却收到了客户的需求，该类机油滤清器可以像轮辐一样，迅速从别的商店周转到该店。该方法是在正确的地理区域内进行产品分配，而不是盲目地在所有店铺内如法炮制库存安排。

您如何对全新产品进行需求规划？

我曾在从事新产品研发的公司工作，无任何框架可参考。当你发明新事物或尝试创新类别时，需求发展趋势无从预知。

对于全新产品，我们需要制定更严格的分析流程。它始于销售和运营规划，包括财务备考分析。企业评估这些产品的市场潜力、启动投资以及最重要的投资回报率。

规划前，我们先对新产品的市场规模进行估算。有时，你可以求助于大型零售合作伙伴或客户，他们能够提供销售预期相关的信息。但是，虽然你拥有了充足的信息，开展了全面的调查，你仍可能因产品过时、供应链破裂而遭遇失败。

在产品不尽如人意之时，通过恰当的计划和沟通，大多数上下游合作商都可以收回投资。营销对新产品的推广至关重要，成功的营销推动了销售和运营规划。

统计预测对于新产品规划十分奏效。通过历史数据，我们可以更准确地预测套用现有产品模型的产品信息。我们需要对未经验证的新产品进行仔细评估。这也是销售和运营规划流程存在的意义。

通常，我们会依据市场情况，对新产品进行估算，并针对任何潜在的偏见下调预期。就数理知识而言，预测存在误差合情合理，但有时候因偏差而酿成的误差也不容小觑。市场营销或任何试图推广新产品的团体都会对产品发展持乐观态度。然而，这种乐观也许会发酵成偏差，从而酿成预测误差。无法正确预见偏差，可能会给供应链造成巨大损失。

对于新项目，集体思维预测可能会出现众口难调，差异巨大。根据我的经验，最后大家不得不削减初始预测，因为所有人知道：推出新产品时，追赶需求增长优于处理生产过剩。当产品快速发展时，我们也会考虑生产提前期和生产恢复速度。如果我们发现需求高于预期，则可以拉动诸多杠杆，例如加班加速生产。对那些市场需求低或销售潜力差的产品，处理难度会加大。

我们还通过高效真诚的沟通来保护供应链合作商的利益。我们向他们提供了初始需求，也让他们知道远期需求可能存在变动。由于存在不确定性，所以我们也会计划并讨论恢复措施，例如，加快生产。这也有助于减少产品初始期的风险。

在产品或生产线成长期需要供应链时，您该如何应对？

增长高于预期无疑是一个挑战。在产品的快速成长期，你必须保护客户利益。有时，甚至对于最大客户和较大的贸易伙伴，你也需要进行生产再分配。在成长期内，除了追赶需求，别无他策。作为一家公司，我们有充足的能力来应对我们供应链中的需求的上涨。方法多多，比如，我们可以求助于工厂的合同商，通过加班加点生产，改变产品供不应求的状况。成功取决于你身处的行业、交货时间以及反应速度。

有的时候，也会出现需求远超现有生产力的情况，这也叫作爆炸性增长。对此，我们可以通过周末加班或多班次倒班来化解危机。我指的高难度挑战是时间依赖性的爆炸性增长。比如，复活节常见的糖果，这种季节性产品必须在销售季前完成交付。该情况下，你必须将更多的资源分配给更优质的客户（我们需要首先对客户进行评定）。在供应链中，我们分零售商、批发商和分销商。而你应该基于公司利益，抉择赢家和输家。在消费品行业，沃尔玛是常胜家。通常，我们首先为零售商提供产品，然后转入批发商，最后分配给分销商。对于未经测试的新产品，分配顺序则相反。因为潜在的合作商不愿冒险购买该新产品，导致这些产品难以进入分销渠道。对于客户不想冒险分销的产品，你可以先将其出售给批发商。他们会先安排库存，并制定销售对象（如零售商、批发商、分销商或消费者）。

在产品或生产线成熟期需要供应链时，您该如何应对？

通常，我们能预测到成熟期，并相应调高或调低需求水平的期望值。预测模型最好能降低需求预期。这里有趣的点是，我们会排除人为因素干扰。人们拥有记忆，对某些产品怀有情感依恋，这种情感因素使得人们不由自主地持续生产，甚至对某些供需饱和或需求下跌的产品也是如此。当数据显示某产品的需求增速趋于缓和时，遵循数据协调生产才是明智之举。在这些情况下，我们仅需使用数据预测，无须其他人工调整。我们试图对"黄金地带"类型产品的需求预测不加干涉，因为这些产品拥有稳定的买家。不过，有些产品也到了成长巅峰。通过数据分析可知，这些产品的需求变化也有规律可循。

当您的产品成熟时，您是否会考虑降低其供应链成本？

人们都知道，通过降低产品成本，可以确保其市场竞争力。不过，成本计算及其对供应链的影响不是易事。降低成本的办法包括由内部生产制造转向采用外包或合同制造商的模型。公司还可以与原材料供应商合作，以降低其投入成本。降低成本的方法还包括投资自动化、生产效率提高、产品再设计、产品组成更改（例如，从原始塑料到再生塑料）。降低成本是日常工作的重点。但是，你也需要了解产品的生命周期。就某些需求缩减的产品线，你若是努力缩减其成本，可能还是收效甚微。

在产品或生产线衰退期需要供应链时，您该如何应对？

每年，我们都会试图定位过时产品。在某个时间点，你必须终止产品生产。我们会更加积极主动地面对这些事情，并在这些产品上注明保质期，并将其告知供应链合作商。有时，这会导致需求减少。不过，设置一个固定日期通常可以激发售罄，这对公司来说是件好事。

我们还计算了投资毛利率（gross margin return on investment，GM-ROI）。这是用于计算库存生产率的标准行业度量。随着库存降幅的放缓，我们需要更高水平的毛利率才能确保产品成功；不然，就降库存。当投资毛利率始终低于阈值时，意味着该产品将寿终正寝。到那时，我们会停产该产品并通过供应链合作商广而告之。

有时，供应链无法成功清理库存，而我们需要承担退出成本。发生这种情况时，我们应选择冲销价值或将产品进行清算销售。为了抵消这些成本，在每种产品的生命周期内，我们都设立了储备资金。储备资金的方法和成本参照公司在供应链中的地位。

与分销商相比，制造商享有较低的生产成本，并更愿意清算过时产品。制造商的另一个优势是，控制着原材料向成品转化的制作流程。保持材料处于最高梯队或原材料形式是供应链中最经济的举动。例如，当供应链中出现钢材时，它便更能发挥灵活性，收回成本，因为一块钢可以转换成与原停产产品截然不同的产品。通过保持材料的原始状态，制造商能更自如地在其他产品的生产中使用该材料，拥有更多选择的余地。

您是否担心来自世界各地的产品质量？

在当今的国际市场上，我们总是不看原产国，一股脑儿地质疑产品质量，这是个悖论。如今，在产品出厂前，我们已经对产品质量进行过全面审查和鉴定。合格供应商鉴定、样品检验和生产过程审查，需要我们投入大量的精力。大多数供应商深知质量是业务之本。我所见过的最成熟的工厂，在印度和中国。

在过去十年，技术日新月异。您觉得这些技术带来哪些重要影响？您的未来规划是什么？

我们正在不断加大对供应链技术的投入，其中包括通用通信技术。我们的车队拥有超过1万辆车，每天进行产品运输。在过去，了解驾驶员并为我所用是关键。现在，有了通用的驾驶员管理系统，我们便知道这些卡车的实时位置。通过条形码扫描和交货证明技术，我们能确切地知道交货时间。有卡车并不重要，我们真正需要明确的是：订单是否按时交付、准时完成。这使我们知道谁享有最高的成本效益，无论是我方还是他方。目前，大家加大了系统投入，来更好地管理库存、流程、供应链透明度和可见性，扩大了产品和服务的广度。通过成熟的系统，我们扩充了最小存货单位（stock keeping unit，SKU）分类，优化了产品组合，并创新了产品类别。

就供应链管理，您还有其他乐于同我们分享的经验吗？

当今供应链前景巨大，我们管理着两条供应链：一是实物产品，二是信息。某些情况下，信息的重要性高于产品。如果零售商的信息系统无法识别到货产品，那么他们通常会退回该产品。但若计算机识别出该产品，即使未订购该产品，零售商也会选择接受，甚至付款。

供应链专业人员面临的不变的挑战是：下一步该怎么做？该引进哪些新元素？或者哪些新的因素会影响供应链发展？我们几乎每周都会引入新技术，有时会引起库存流和供应链骤变。供应链管理者必须意识到这些潜在变化，并准备就绪，迎难而上。

第 15 章

▶▶

**来自美国家得宝公司的
马克·霍利菲尔德先生专访**

■ Interview with Mr. Mark Holifield of The Home Depot

简介

在本章中，我们采访了前沿供应链领域的主管，并同其进行了系列问答。本章目的在于，就供应链管理，提供该领域从业者对供应链生命周期的观点。本次专访还讨论了其他相关话题。

受访者简介

马克·霍利菲尔德（Mark Holifield）是家得宝（The Home Depot）公司供应链高级副总裁。他主要负责运营公司的物流、分销、交付、运输、库存规划和补货。霍利菲尔德先生在供应链管理方面有着 30 多年的经验，曾担任欧迪办公（Office Depot）供应链管理的执行副总裁、达拉斯系统有限公司（Dallas Systems Corporation）的咨询项目总监。不仅如此，他也曾在弗里托莱北美公司（Frito-Lay North America Inc.）和 H.E 杂货公司（H. E. Butt Grocery Company）担任供应链相关职务。他以优异的成绩从得克萨斯大学获得了工商管理学士学位，并从贝勒大学获得了工商管理硕士学位。

"我们的供应链必须履行公司所有战略要务。我们的关键供应链交付品中都有适合客户的产品库存，可提高库存生产率，降低总物流成本，并为商店和客户提供优质服务。"

——马克·霍利菲尔德，2012 年

美国家得宝公司简介

1978 年，美国家得宝公司正式成立，其愿景是为各个家庭进行自主装修提供一站式购物服务。

家得宝公司的策略基于对下列三个关键问题的回答：

● 我们热衷于什么？我们热衷于为客户提供卓越服务。

● 我们的哪个方面是最出色的？我们希望成为家庭装修界的权威，为我们的客户带来创意性的产品和无穷的价值。

● 是什么驱动了我们的经济引擎？我们在资金分配上有非常严格的可追溯性，这也提高了生产力和工作效率。

家得宝公司的服务之所以能成为业内最佳，是因为其员工可以为客户提供有关家居装修的专业知识。这也要求店员接受严格的产品知识培训。通过此类培训，客户能够在家得宝学习家庭装修的知识，便于自己着手家庭装修。通过这种策略，家得宝公司一跃成为全美历史上增长最快的零售商，并且稳居全球家装零售商榜首。据悉，家得宝公司 2011 年第四季度的销售额为 160 亿美元。其拥有 2 200 多家零售店，足迹遍布美国、波多黎各、加拿大、墨西哥和中国，以及美属维尔京群岛地区、关岛地区。他们还在美国、加拿大、中国、墨西哥和印度设有采购办事处。作为主要的零售商，家得宝公司致力于为客户带来物超所值的创新产品，也由此成了家装产品的领军者。为此，他们通常需要在全球范围内采购产品并与制造商建立直接关系，以提供高质量和高价值的创新产品。

专访

您如何管理处于产品生命周期初始期的产品供应链？

倘若我们想为客户带来创新和价值，则需要我们与供应商合作开发新产品，并将其推向市场。作为零售商，我们的供应商负责开展大部分产品的研发。我们的职责便是定位最佳产品，做好市场推广。长期供应商和新供应商会为我们提供新产品。我们公司的商业团队也一直在寻找新点子，并且我们坚持从世界各地采购产品。家得宝在亚洲、拉丁美洲和欧洲均设有采购办事处，这些地方办事处的工作人员直接与制造商开展合作，开发出满足客户需求和期望的新产品。

从供应链的角度来看，我们与商家和供应商开展紧密合作，以确定将产品运往商店的最佳物流方案。这需要我们对产品的处理特性进行考虑，并且我们会通过供应链网络评估各路径的有效性。流程路径的关键因素包括预期的销售速度、产品的价值和处理特性。例如，就木材、大型设备和电动工具而言，它们都贯穿供应链网络中最适合它们的路径。

我们在供应链中设立了一个渠道管理团队，该团队负责设计从供应链起点的制造商到终点的商店的最佳流程，致力于实现产品和供应商最优安排。每当有新的供应商加入和新产品上架时，该团队就会与供应商一起评估各种因素，并选择一条最佳的流通路径，最大限度地提高库存流转能力，同时也具备了较高的库存生产率和低物流成本。

您该如何应对新产品推出所面临的风险？

我们不会依次在 2 000 家商店中测试新产品。通常，我们会选定一个市场进行测试，以探究产品对客户需求的匹配度，以及产品的市场表现。我们确实也会尝试预测家得宝历史全新产品的需求，但这显然挑战重重。这也是我们选择市场测试的驱动因素。不过，我们也会研究相似产品，通过其市场需求来预测新产品的需求趋势。

您如何管理处于产品生命周期中成长期的产品供应链？

我们致力于通过供应链快速转移产品，以实现销售增长。我们与供应商紧密合作，让他们了解需求增长动态。当我们建立分销和物流网时，核心目标是确保灵活性、敏捷性和速度，以便我们能以最有效的方式应对资源短缺等挑战。因此，我们努力将供应链构建为流通模型。我们最近在供应链重塑上所做的努力集中于创造快速流动能力和延迟能力上。因为这些能力有助于发展灵活性、敏捷性和速度，以应对需求增长。

如果某一产品的交货时间长却需求激增，倘若补货不足的话，您该怎么办?

我们始终致力于减少供应链周期时长，以便快速进行业务调整。我们与供应商合作，确保他们能够满足商店的需求。通过双方合作，以减少供应商周转时长（vendor turn time，VTT）。供应商完成订单的时间从我们向其发送订单开始计算，到货品离开码头为止。我们不断评估运输方法，以优化库存需求和成本。如有必要，我们会加快运输速度，这势必也会导致成本的上升。无论如何，追赶需求本身就是一场角逐赛。我们相信，拥有超群的供应链运行速度才是制胜法宝，这也是我们的供应流多于其他零售商的原因。我们认为，充分利用流通物流而非传统仓库存储将带来更大的竞争优势。这种方法更具挑战性，要求我们缩短库存决策时间并加快物流速度，但我们认为一切努力都是值得的。例如，利用流通分配可以使我们及时获取产品并将其即刻发往商店。为了更好地实施流动模型，我们设有流转中心，这些流转中心从供应商处接收货物并立即将其发送到各个商店。其中，商店内约三分之二的 SKU 是在流通中心进行处理的。我们将货物从流通中心的进站卡车上卸下，它们通常在几个小时内就能转移到目的地商店。这些流通中心不设仓库，只是一个产品的中转站。

为了增强流通中心的功能，我们也开设了库存配送中心。这些配送中心参与了传统的配送中心的库存和拣配工作。通过这些工厂，我们能保持上游产品库存的安全性。通常，我们的商店内有 3.5 万种 SKU，而我们的常规库存配送中心约有 4 000 件库存。此外，我们经营的木材和散装配送中心拥有数百个 SKU，可以用平板卡车将其运输至各个商店。

您会储存哪些商品? 是大宗商品还是小宗商品?

通常，我们进行储存的是价值高、需求低的商品以及不可预测、供应线不稳定或较长的商品。其中一个很好的例子，就是我们会导入季节性的

SKU。具体例子，比如季节性很强的草坪拖拉机或割草机，以及供应链长的产品，如进口装饰性圣诞灯。

您如何管理处于产品生命周期成熟期的产品供应链？

我们出售的大多数产品处于成熟期，并通过快速部署流程中心进行处理。对这些产品，我们通常会与供应商每周次或更频繁地订购并交付产品。如果某种产品正历经过渡期，我们必须谨慎管理出口，利用有效的清关移除旧产品。产品替换面临的最大挑战是确保旧产品和新产品的顺利衔接。

在生命周期的成熟期，始终存在一种危险，即某种产品可能会成为您的竞争对手出售的商品。此时，您如何让您的客户考虑并回购家得宝的产品？

我们不断从供应商处寻求创新。我们拥有顶级品牌，且希望这些品牌能够通过创新力和产品特性吸引客户。如果品牌产品暂时无法做到这一点，或者我们认为我们需要创造出独特的新产品优势，那么我们会利用自有品牌来推动创新，激发竞争优势。因此，有几个品牌的产品是家得宝独有的。

您如何管理处于产品生命周期衰退期的产品供应链？

我们希望成为家居装饰产品的权威，这也要求我们不断改进产品种类，同客户保持密切性。当我们看到某商品的销量下滑时，我们需做出艰难的决定，优化商品种类，实现库存和商店每平方英尺投资回报率的最大化。但这并不代表我们没有运送一些需要减速运输的货物。作为零售商，我们希望客户能在我们这儿找到合适的商品，而不是一次只为了买一件商品。因此，客户来我们这里想要各种各样的商品。当我们考虑与客户相关联的产品组时，会时刻牢记这一点。我们接受并愿意通过减缓库存流动，来满足那些需要一套或一系列产品才能完成家庭装修项目的客户群。因此，我们竭力满足客户需求，同时我们希望所有产品都能为股东带来可观利润。

您如何处理停产产品？

通常，我们会进行降价清理，直到产品售罄。零售的降价促销管理是一门学问。你不仅渴望获得最大回报，还希望完全清理商品。

如果停产品售后有余，我们会将其销毁，或迫不得已将其退还给供应商。但对于这些低价值产品，通常我们不会倾注过多的精力。如果产品可满足特定需求，我们也会向慈善机构捐赠该产品。

由于我们的业务具有高度季节性特征，所以我们也面临一些独特的挑战。例如，考虑圣诞节装饰品。假期过后，我们需要耗费大量的空间和精力储存剩余的商品。因此，我们努力在季末实现这些产品的快速转移，并为客户提供大量优惠。

您是如何评估商店中的产品的性能，以知晓某产品该何时停产或进行产品管理的？

我们借助了各类指标，包括每平方英尺的销售额，并通过这些指标来了解业务现状，确定如何在店内分配空间。我们的销售团队拥有多数决策权。

就家得宝供应链管理的独特性，您还有什么要补充的吗？

了解家得宝供应链的一些关键点很重要，其中之一就是业务的季节性。如果您是玩具零售商，那么您应该知道圣诞节的时间点并制订计划。如果您从事家庭园艺业务，由于天气原因，您无从得知春天到来的具体日期，但必须时刻准备就绪。尽管日历簿上标记了春季的开端，但不同的地理方位，春天来临的日期也是迥然不同。预测天气实属不易。预测天气对库存管理的影响更是难上加难！

除了季节性变化之外，我们的预测和规划还必须考虑宏观经济变化。过去几年，住房投资和住房周转率的下降，对我们的业务产生了重大影响。

您如何处理退货过程中的逆向物流？

当产品损坏或产品质量不佳时，我们需要将其退还给供应商。为此，我们也创建了退货物流中心，从那里收集商店退回的产品，并将这些产品送回货源地。

您如何处理交付给商店的包装货物？

我们设立了一个团队，专门研究我公司开发和销售的自有品牌商品的包装。我们还与供应商合作，以确保包装符合标准。包装需要满足产品保护、客户信息和可持续性等要求。我们也致力于改进包装，努力满足上述要求。

第 16 章

■ **来自林肯工业的雅迪·卡梅里安先生专访**

■ Interview with Mr. Yadi Kamelian of Lincoln Industries

简介

在本章中，我们采访了前沿供应链领域的主管，并同其进行了系列问答。本章目的在于，就供应链管理，提供该领域从业者对供应链生命周期的观点。本次专访还讨论了其他相关话题。

受访者简介

雅迪·卡梅里安（Yadi Kamelian）先生是林肯工业（Lincoln Industries）材料和客户服务部副总裁。卡梅里安在林肯工业公司任职 23 年间，协助发展了公司首个质量部门；他也负责公司技术服务部门的管理，包括环境和废料管理计划。不仅如此，他还推动了公司商业模式，促使林肯工业从传统型精加工转变为复杂精加工的零件供应商。当前，卡梅里安主要负责公司的供应管理，包括在全球范围内评估和选择供应商、考核供应商绩效、制订生产计划和控制库存，以及负责公司新产品的开发。卡梅里安拥有内布拉斯加大学的工业工程学士学位、数学和统计硕士学位以及制造工程硕士学位。

"我们选择长期供应商，并形成了终身合作伙伴关系。长期供应商的选择需要我们确保和供应商具备共同价值。即双方在公平、诚信、发展、盈利和人员上取得一致的价值观，并且供应商应常具服务客户的热情。这种双赢格局营造了良好的合作环境。项目初期，无人知道其发展趋势。就供应商关系，我们发现团结一致、整合资源可以促进双方的成功，使我们在市场中脱颖而出，这也加强了客户关系，为林肯工业带来了终生客户。"

——雅迪·卡梅里安，2011 年

林肯工业简介

林肯工业坐落于内布拉斯加州林肯市，拥有 60 年的发展历史。作为一家高性能金属产品供应商，林肯工业已经成为全国该领域的领头羊。这是一家北美的大公司。林肯工业公司将其产品销售至位于全国各地的原始设备制造商、分销商和其他客户，触及各行各业，包括动力运动行业、重型卡车行业、汽车行业、游戏行业和农业。林肯工业公司接连五次被评选为全美最适合工作的公司，其工作环境和员工的健康计划获得了全国认可。

专访

您如何描述您在供应链管理中的组织角色的特殊性？

我们的团队需要管理整条供应链。我负责领导和管理供应管理组织，其他人也称之为采购和物料管理。我们的战略包括在全球范围内发展供应基地，为林肯工业带来更大的竞争优势，支持公司的发展和盈利战略。我还负责每种产品的供应链架构，其目的是在满足质量、交付和灵活性等关键标准的同时提供最佳成本。在公司运营中，我们的三大核心功能包括：

● 全球采购：识别和鉴定潜在的供应商，签署供应商协议，向供应商提供采购工作，并监控供应商的业务能力。

● 供应商绩效：对其绩效的考核需基于质量、交付和成本。我们开发并建议采用新方法来提高供应商绩效，并降低运营成本。

● 生产计划和客户服务：我们将立足客户需求，制定供应时间表和生产时间表，并确定应该满足客户的哪些需求。

我的另一项责任是开发新产品，并将其融入公司运营中。我们的团队实质上是由工程师组成的，主要负责项目开发，将概念转变为生产所需的实用流程和文档。

当产品或产品线初始期需要引入供应链时，您会如何应对？

当我们与客户开展合作，着手新项目实施时，这也意味着初始期的到来。在林肯工业，我们首先会确定该项目的最佳供应链。我们也会同客户方工程师合作，以确保在产品设计中充分考虑了制作流程的最优化，包括后期精加工。在公司内部，复合团队会制定精加工流程。有时，这可能需要大量的资金投入。因此，除非客户要求该步骤，否则我们不会轻易开展此项投资。

合同是开放式的，还是订立了严格的限制条件？

合同是开放式的。在项目开始前，我们要确定模型的体积和使用寿命。除非资本可撤回，否则我们不会进行投资。

您如何敲定新产品项目？您是使用什么策略来选择产品项目的呢？

我们有不同于其他竞争对手的独特策略。首先，我们从制造和精加工的角度寻找具有复杂特质的产品。其次，我们需要找到一个合适的项目，投入大量资本。最后，我们的做法是处理大批量项目，其中，精加工是零件成本和性能的重要构成部分。

当产品或产品线成长期需要引入供应链时，您会如何应对？

我们会定期检测生产力和消费水平。当生产力达到 85％ 时，我们会扩大投资以提高生产力。我们还会定期监测供应商的能力，以确保供需平衡。值得关注的是，我们就未来需求变动与供应商开展了密切沟通。这可以确保我们的供应商能做好准备，应对产品量的上涨。我们还制定了应急预案，以防供应商无法满足需求的激增。曾有几次，我迫不得已致电公司大老板或总裁，要求他们让员工在周末加班加点，以满足上涨的客户需求。无一例外，我们的供应商都妥善解决了该问题。这也折射出我公司战略的重要价值，即我们始终重视与供应商发展牢固的合作关系。

当您的外部供应商达到他们的能力极限时，通常会发生什么？

我们生产的每种产品，都有若干合格且授权的供应商可供选择，因此我们能够根据需求重新分配并转移工作，以适应需求增长。

您会使用哪些前瞻性计划，来预测并应对需求增长？

仅仅通过与客户保持密切沟通，这算不上一个需求预测的妙招。充分了解客户业务，并与之开展合作，以及时同步化市场预测信息（有时这一过程长达 52 周），由此我们得以精准预测业务的发展趋势。基于上述信息，我们制订了计划，以确保业务表现符合预期。

您如何将此类信息传达给供应商？

我们会向供应商提供一份详细的采购订单，其也增添了附属内容。此外，若有需要，我们每日或每周都会同供应商联系，同步化当前和未来需求。

您的供应商咨询委员会是如何成立的？

我们发现，公司有必要制定新策略，以更好地交流并收集供应反馈，解决其他供应相关事件，由此成立了供应商咨询委员会。该委员会由公司战略供应基地的高层人士组成。入会成员需满足两个要求：第一，他们提供的产品具有美元价值；第二，供应商提供的产品具有战略属性。

您如何管理供应商咨询委员会？

咨询委员会每年举办两次会议。会议地点是我们的工厂（或在某些情况下，供应商也可主持会议）。会前，我们会举行晚宴。此前，供应商可以主动加深彼此关系，或同我公司代表进行联系。次日，商务会议如期举行。议程是预先发布的，大多数议题具有战略性。我们会邀请许多公司内部人员，包括 CEO、总裁、材料副总裁、供应商和全球采购总监、生产计划和客户服务总监，以及这些高层的团队成员。他们能为战略供应商同步提供业务相关（当前和未来）的长期战略计划和最新计划，尤其是那些与战略供应商息息相关的计划方案。此外，与会人员（包括供应商）就各议题分享最佳实践。我们还能获取各供应商业务水平状况，以及他们对行业发展趋势的洞察。

当产品或产品线成熟期需要引入供应链时，您会如何应对？

随着产品的成熟，我们寻求生产效率最大化。这可以通过与整个供应链开展持续合作，以消除浪费和报废，实现库存最小化。例如，我们在过去 20 年为客户提供了某种产品。现今我们的电镀价格已低于项目初始期价格。虽然电镀价格下降了，但电镀零件的相关成本却增加了。在产品的整个生命周期中，我们一直与供应商合作，以寻找创新的方式，来降低零件生产相关的成本，包括减少对自动化的大量投资。这个例子展现了我们如何微调流程，以使供应链项目更高效，且不以影响零件性能和上调价格为代价。

随着您的持续进步，您将如何处理高成本的生产问题，或者您会采取哪些办法解决常见的问题？

在这种情况下，我们会成立跨职能团队。该团队的成员拥有不同的专业背景，掌握不同的专业知识。他们已经接受了全面的培训，可以熟练运用先进工具技术（如鱼骨图）和问题解决技术。该团队会定期召开会议，协力解决难题，直至问题迎刃而解。有时，我们会要求供应商也参与此过程。毫无疑问，出色的问题解决能力是我们公司的核心能力。

您是让经理独当一面来解决问题，还是群策群力？

如果单凭一己之力无法解决某个问题，我们便会组成团队进一步解决问题。解决问题的关键在于，我们要准确交流变更情况，并且负责实施变更的人员应了解变更的就位。该后续步骤有利于成功化解问题，并且达成解决方案。

当产品或产品线衰退期需要引入供应链时，您会如何应对？

当产品面临市场淘汰时，我们至少能提前三个月收到客户通知。该情况发生时，我们会通知整条供应链，并制订计划以确保零件生产量不会高于实际所需。

就供应链管理，您还有其他经验想要同大家分享吗？

● 你应该同供应商成为合作伙伴，这些供应商应该与你具有相同的价值观，并且能够满足你的需求。

● 他人的经验并不一定对你奏效。万不可盲目复制另一家公司的商业模式。你应该对症下药，有针对性地制定出解决办法。

● 我们尽力成为供应商的最佳客户和客户的最佳供应商。

● 谋发展，你必须表现出色。为了获得更好的业绩，你必须拥有可靠的供应基础。价格不是你选择供应商的唯一因素。

第 17 章

来自曼哈顿联营公司的
埃迪·卡佩尔先生专访

■ Interview with Mr. Eddie Capel of Manhattan Associates

简介

在本章中，我们采访了前沿供应链领域的主管，并同其进行了系列问答。本章目的在于，就供应链管理，提供该领域从业者对供应链生命周期的观点。本次专访还讨论了其他相关话题。

受访者简介

埃迪·卡佩尔（Eddie Capel）是曼哈顿联营公司（Manhattan Associates）的执行副总裁兼首席运营官。他也曾担任全球业务部门的执行副总裁。卡佩尔先生负责方案策略、产品研发、产品管理、专业服务和客户支持方面的全球战略方向，确保业务执行质量。他还负责曼哈顿联营公司在欧洲、中东和非洲地区（Europe，the Middle East and Africa，EMEA）及亚太地区（Asia and Pacific，APAC）的区域运营。卡佩尔先生在监管供应链组织战略和运营方面拥有 20 多年的经验。2000 年，在正式加入曼哈顿联营公司前，他在实时方案（Real Time Solutions，RTS）担任过首席运营官和运营副总裁。当时，他的团队也为沃尔玛、亚马逊、彭尼百货等公司提供供应链战略支持。Unarco 自动化（Unarco Automation）是一家工业自动化和机器人系统集成公司，他也在此担任过运营总监。加入 Unarco 前，卡佩尔先生曾在英国的 ABB 机器人公司（ABB Robotics）担任项目经理和系统设计师。

"在曼哈顿联营公司，我们面向的客户凭借极具竞争力的成本，提供着优质服务。而我们也会竭力为他们提供完善的供应链解决方案。"

——埃迪·卡佩尔，2012 年

曼哈顿联营公司简介

曼哈顿联营公司（www. manh. com/）是一家一流的全球解决方案提供商，旨在为供应链领先企业提供最佳全球解决方案。通过它的软件解决方案，《财富》（Fortune）500 强企业和其他公司得以创造与品牌价值一致的客户体验。它也致力于改善供应链生态系统中的各种关系，对象包括供应商、客户、物流提供商和其他合作公司。它充分利用了供应链投资，有效进行成本管理，并满足变化的市场需求。它是唯一一家基于平台进行供应链管理的公司。由此，该公司得以从战略角度审视供应链，以更有效地执行并获得竞争优势。平台思维结合了技术、原理和实践，来创建"全链意识"，即跨组织和市场维度的一致思想和行为，从而产生了更加统一、敏捷和响应更迅速的供应链。

专访

就公司在供应链管理中的支持作用，您如何描述其特征？

我们公司为供应链专家提供了软件解决方案。因此，我们通过客户供应链来推动并支持成品的移动、分配和预测等。我们并不提供泛泛的软件，例如物料需求规划（MRP）或企业资源规划（ERP）制造软件。我们百分百专注于供应链发展，并通过供应链将商品送至消费者手中。

您的软件是否仅提供了供应链功能相关的信息？

我们的软件不仅仅提供了信息，这些软件实际上促成了供应链交易。举个例子，假设我们进入了一家大公司的大型配送中心（distribution center，DC），该公司的存货价值为 5 000 万美元，配送中心面积为 100 万平方英尺，共拥有 50 万个产品，并且有 600 名员工执行一些主要的分销功能（例如接收、储货、上架、库存控制、处理订单和运输）。通过我们的软件，大家可以知道接收产品的类型、将哪些产品投入工厂、产品的放置位置。不仅如此，我们的软件还会接收客户订单，并向员工提示库存的确切方位，以帮助员工高效利用时间，完成客户订单。此外，我们的软件支持出库物流功能，可以确保正确的产品发源地和目的地、精准的服务水平以及合适的运输承运人。如果以这种方式进行运送，其也能提供正确的条形码运送标签，便于通过复杂的联邦快递（FedEx）运送中心。因此，我们的软件可以管理全流程，以优化公司供应链的运作。现在，假设有一家类似家得宝的公司，其拥有 75 个配送中心。我们的软件将为该公司协调配送中心网络中的所有活动。我们以成本效益最高的方式管理公司的所有交易。我想说的是，我们要执行、运营和运行供应链，而不仅限于提供信息。

您提供了全方位的产品，而这些产品尤其对您供应链客户的产品生命周期给予大力支持。这些软件中的某些产品难道不是针对客户的产品生命周期的开发期或初始期吗？

在软件产品组中，我们为公司提供了针对供应链管理中产品生命周期各阶段的软件。首先，我们为公司提供了商品需求的预测。我们的研究始于历史模式，涵盖预计或预测的季节性模式，以帮助企业了解需求的时间和地点。于是，供应链流程正式开启。我们以相似度最高的产品作为预测基础，以便利用同类属性来挑选新产品并建模。这些属性也许是基于地理位置和其他人口因素的产品属性或销售历史属性。

对于您为满足客户需求而创建的软件产品，会因为客户供应链规模的不同，相应调整软件功能或附件吗？

是的，毫无疑问！我们的产品必须满足客户不断发展的需求，而这不仅仅是规模问题。随着环境的变化，我们必须对整个策略进行修改。例如，随着柴油价格的变动，物流战略也必须做出快速反应。如果柴油价格下跌，那运输量相应会增加，致使库存下降，人们的出行会变得愈加频繁。这也会相应影响库存和物流策略，进而需要我们更改软件应用程序。我们致力于增强软件应用程序的灵活性和敏捷性，以更好地满足供应链密切性企业的客户需求（即：我们的客户和他们的客户）。

在产品生命周期的初始期、成长期、成熟期和衰退期，您的公司是否能支持客户灵活地调整需求？

那是当然！我们本身没有产品生命周期（product life cycle，PLC）软件应用程序，因为它通常用于产品设计。但是，在执行方面，我们当然可以为客户提供全面的软件应用程序，帮助他们顺利应对产品生命周期各个阶段。

您如何帮助供应链客户管理成长期的产品？

其实，构建一个应对成长期的系统并不难，但也是问题之本。一个系统可以在一年的 360 天都正常运行，但是在某些特殊日子（如黑色星期五、网络星期一、母亲节、情人节和其他一些特殊节日），我们希望该系统能处理十倍的业务量。但挑战点是：我们的客户不愿意为这个能处理十倍业务量的系统付费。对于一年内的五个极端增长日，我们可以采用多种策略来处理这种服务层级的需求。当然，这取决于业务类型。有一些简单的解决方案，如配置灵活的硬件，在这五个繁忙的日子里，我们可以增添更多的服务器和工作人员，以防系统在高需求期速度变慢。这算是一种应对需求激增的轻而易举的方法。但是，也可能在产品生命周期的某个阶段出现了另一种需求，即客户的服务水平发生了变化，如从三到四天交货变为隔夜交货。在该情况下，我们需要全新的操作服务流程，因为我们需要收货、存货并致电运输公司以匹配客户全新的服务水平。

由于供不应求，需求增长也可能诱发库存问题。因此，你需要思考如何确定客户优先级，以及先满足哪些客户的需求。通常，决策需立足于利润率。

上述因素有利于帮助客户应对产品的成长期。激增是可预知的。我们应该明确年内会出现需求增长的日子，如此便能很好地预测需求。但是还存在其他情况，如自然灾害导致的供应链中断，而这些中断具有不可预知性，也会招致各类挑战（如库存中断、劳动浪费、销售损失）。没有敏捷和灵活的软件，公司将无法及时应对意外。我们的软件旨在提供敏捷和灵活的服务。

就某些处于成熟期或衰退期的产品，您如何帮助供应链客户管理这些产品？

当产品处于这些阶段时，公司会压缩库存量，以避免运输成本耗费。公司正在寻找经济的方法把货物运输给客户，而成本下降通常意味着交货时间的延长。通过我们的软件，员工可以选择配送时长（例如，一天、两天、三天或更长时间），该软件能优化它们所选的运输方式和运输者，以降低运输成本。交货时间越长，减少运输成本的机会就越多。

随着您的软件产品因创新和新技术而老化，甚至您的产品也要经历生命周期。您如何在供应链管理变更的背景下应对这些变化呢？

是的，确实存在这种情况。但是，为了化解这个难题，我们每年会在研发上投入数百万美元。我们这样做是为了制造新产品，或以某种形式继续创新产品。25 年前，出于供应链需要，配送中心常常直接纳入制造工厂。但是，今非昔比，且配送中心和工厂组合稀少，因此这种演变过程也发生了变化，我们的软件系统也随之变化，以适应行业调整。迫于这些变化，我们需要花费数千万美元，来升级并加强软件应用程序。在这方面，软件应用程序也会随着客户的产品，经历相同的产品生命周期阶段。我们公司致力于预见供应链管理的变化，确保软件发展具有超前性，满足甚至超越客户需求。今年我们制定的软件解决方案旨在解决明年乃至后年的供应链问题。

举个简单的例子来说明供应链如何变化以及公司应如何应对这种变化。美国的劳动力日趋泛滥。目前，美国约有 50 万名配送中心工人，而且他们的年龄都在变大。我们正在探索，那些拥有配送中心的公司，它们的需求究竟是什么。与之密切相关，甚至更为严峻的问题是，对以供应链为导向的公司而言，卡车司机严重紧缺。如今，驾驶市场天翻地覆，年轻人多不愿选择以驾驶员为职业。因此，卡车司机的聘用成本上涨。这种短缺也引发了供应链管理中诸多其他挑战。我们没有魔法棒来化解一切难题，但我们起码可以帮助解决部分问题。通过那些可优化交通运输的软件，例如实现里程最小化并提高驾驶员利用率，所需的卡车驾驶员数相应减少，这有助于降低成本，也减少了其他人力资源问题。当前，我们正根据年龄模式、人口模式、商品价格和燃料价格，并围绕这些宏观问题投资了产品开发，以此来研发新软件，解决疑难杂症。

关于供应链管理，您还有什么要补充的吗？

供应链管理变得越来越复杂。自 2009 年起，宏观经济呈现低迷态势，因此人们渴望将库存投资降到最低。由于人们希望能够减少供应链库存，所以人们对优化的需求比以往任何时候都更突出。在经济低迷期，订单减少，这要求我们对客户的需求做出更快的反应。体量较小的订单往往会导致订单频率的增加。最重要的是，我们需要面临更多涌入市场的新产品。因此，基于库存关注度的提升、更高水平的客户支持、订单缩小以及市场上出现数百万种新产品等各种情况，供应链管理变得日益复杂。尤其当我们考虑采购和消费者市场及全球化因素时，情况更是错综复杂。当然，我们喜欢复杂。因为供应链世界越复杂，对我们这类复杂软件解决方案的需求就越大。

第 18 章

来自 LI-COR 公司的罗纳德·D. 罗宾逊先生专访

■ Interview with Mr. Ronald Robinson of LI-COR Biosciences

简介

在本章中，我们采访了前沿供应链领域的主管，并同其进行了系列问答。本章目的在于，就供应链管理，提供该领域从业者对供应链生命周期的观点。本次专访还讨论了其他相关话题。

受访者简介

罗纳德·D. 罗宾逊（Ronald D. Robinson）是 LI-COR 生物科技公司（LI-COR Biosciences）的供应链管理总监，在该领域已有 15 年的从业经历了。此外，他也作为资深合同管理人员，为不伦瑞克公司（Brunswick Corporation）的航空防御部门（即后来的林肯复合材料公司）提供了 12 年的技术支持。他还作为材料生产控制专家为该公司提供了 4 年的服务。他于内布拉斯加林肯大学毕业并取得了商务管理学学士学位，并且在美国研究生大学和卡耐基训练公司学习了市场管理、演讲以及人力资源管理。目前，他是内布拉斯加供应链管理机构中的成员，并且在近期加入了其委员会。他还是中西部国际贸易协会（Midwest International Trade Association，MITA）以及林肯雇主联合会（Lincoln Employer's Coalition）的成员。他曾参与过的组织还包括国家合约管理协会（National Contracts Management Association，NCMA）、美国生产与库存管理协会以及"实现梦想"（Dream it，do it）组织。

"当你和工程师、生产人员或是科学家共事时，你会发现仅有商业知识是完全不够的。很多人在进入供应链管理时都会想着能很快享受高薪，但没有明白想要获得回报就必须要积极地在实践中学习以提升自己。"

——罗纳德·D. 罗宾逊，2011 年

LI-COR 公司简介

美国 LI-COR 公司在美国内布拉斯加州的林肯市已有超过 40 年的经营历史。LI-COR 公司主营植物生物、环境以及生物科技研究中所使用的仪器系统的设计、制造和推广业务。德国巴特洪堡以及英国剑桥地区均设有 LI-COR 的子公司。来自 LI-COR 公司的仪器被广泛运用在全球超过 100 个国家的涉及全球气候变化、癌症等议题的研究中。作为一家私营企业，LI-COR 公司目前已通过了 ISO 认证。在美国和德国，LI-COR 都因其在商务和科学领域的贡献而受到表彰。在 2010 年，公司因其在员工参与方面做出的卓越成就而荣获量子职场员工之声奖（Quantum Workplace's Employee Voice Award）。

专访

在供应链管理中，您如何定位您的组织角色？

从组织结构来讲，我负责向运营副总裁汇报工作。我们的供应链管理团队包括联络人员、ISO 专家、内部审计人员以及其他专家。LI-COR 比较独特的一点就在于它没有正式的品质管控部门。因此，我们的供应链部门就需要同时完成品质管理以及物流运输工作。我们需要同物流承运商共事并就费率进行沟通。我们同样需要处理商品管理事务。我们以团队为单位进行商品品质管理，而不是设置独立的品质管理经理或是技术人员岗位。我们与生产制造部门以及合作伙伴共同协商处置存在品质问题或是不符合要求的产品。我们身兼数职，并且需要做出很多决策，但这些工作都让我们更熟悉我们的产品。我们的组织结构相对扁平化，层级关系少，也不像其他企业一样有很多独立部门。这样的状态让供应链团队中的每一个成员都能清楚地了解现状，也让信息传递变得清晰简单。这些能帮助我们更快制定决策。为了提升我们的决策效率，我们采用 SharePoint 工具来进行工作沟通。（微软 SharePoint 是一款团队工作辅助软件。这款软件能帮助使用者建立网络，与团队成员共享信息、管理文档以及最终输出报告以帮助决策。）

随着团队发展、采购行业与供应管理协会等组织的变化，我们重新调整了职称，通过更新员工岗位职称的方式来反映我们在供应链中所做的工作。我们摒弃了初级、高级的职称，例如初级采购员岗位。但员工们仍然希望在职称中反映他们的工作成就。为了解决这一问题，我们做出了相应的职称调整。我们曾经有高级采购员这一职称，而一旦你达到这一级别，你就无法再晋升了，除非你转向管理岗位。现实情况是，不是每一个人都希望成为管理者，也不是每个人都适合管理。我们希望有一个开放式的、数值化的职称系统，来让每一个岗位都能有永久的晋升通道（比如，供应链专员等级 1、2、3 等）。

那么，贵公司是同时实现了职能部门的融合以及职能部门之间的合作吗?

正是如此！这也正是今天的供应链管理所面临的趋势。传统部门职能正在被替代。整合这些职能对我们的合作伙伴来说也有积极意义。我们可以整合公司内部投入，以及快速解决那些曾经需要和供应商进行无数次会谈的问题。当我们把几项职能都融入一个团队（供应链团队）时，合作伙伴们就能清楚地看到我们在企业内部的各个职能领域都在为他们提供支持。我们能让合作伙伴们快速了解公司内部的协商进程，而不是只能看到最终的问题。这一举措能节省所有人的时间与精力，并且他们也很欣赏我们的这种做法，这也使得我们能和我们的供应商们维持良好的合作关系。

我们的供应链专员培训中的一部分就是要求他们了解整个供应链在公

司运营中的重要角色。虽然我们的供应链专员会专门负责几类产品或工作（例如，电子、机械、光学、计算机、大宗设备、联络、审计），但他们还是需要了解整个供应链是如何运作的，而不是只关注某类商品采购。如何采购并运输商品，产品是如何在制造部门流动的，以及产品对整个供应链和企业的影响，这些都是我们所接触工作的一部分。专员们也会接受培训，以更好地了解供应商。供应链管理中一项新的工作就是向设计部门提供谁能够做出新产品零部件之类的信息。因此，我们必须识别出最符合条件的供应商。这一工作让供应链管理团队与设计团队在如今的产品设计环节有了更多的互动。

您提到供应链的工作内容正在逐渐增多，那您的团队会外出考察供应商来判断它们是否能制造零部件或者完成其他工作吗？

当然！我们经常会做实地考察。评估供应商是我们供应商管理工作中的重要部分。一般来说，我们会对所有的供应商进行评估。我们还需要确保遵循政府条规、ISO 标准以及限制有害成分指令（Restriction of Hazardous Substances，RoHS）。

RoHS 对某些特定有害物质的使用进行了限制，这一指令于 2006 年 7 月 1 日在欧盟成员国中生效。此后，生产指令中规定的八类电子设备的生产商不允许将包含六类被禁止使用的有害物质的产品投放市场，除非存在特殊规定。

我们有许多国际客户。我们的供应链团队必须与设计部门紧密配合来保证我们的产品中使用的技术是符合政府规定的。因此，我们必须加强学习以及培训员工掌握关于这些法规的知识，尤其是考虑到欧盟、中国、韩国等国家或地区对商业活动施加了更多的政府指令和法规限制。

政府法规对供应链运作的影响很大吗？

是的。这些法规会显著增加我们的产品成本。举个例子，当 RoHS 实施时，我们被要求重新设计所有我们打算持续销售的产品。这项指令对我们在焊接设备以及电路板零件时的温度做出了特定要求。变更焊接温度也就意味着重新审视我们的每一样材料以及设备设计。有些时候，法规还要求我们进行彻底的重新设计。不仅如此，我们的制造环节还需要变更为能同时制造符合 RoHS 的产品以及与 RoHS 不同的产品，因为这两种产品都有客户需要。更麻烦的是，由于不符合 RoHS 的产品需求缩减情况，有些供应商不愿意再进行不符合规定的产品的生产了。因此，我们需要寻找新的供应商，而这样供不应求的现象又会导致新供应商要价过高。所有的这些改变都会导致我们增加上百万的成本。

您认为供应链管理是如何为公司带来价值的？

让我来给你举个简单的例子。我们公司的一位设计师曾联系我说，他们需要一种特殊的泡沫橡胶，并且必须是符合 RoHS 规定的。这位设计师曾联系过一家他认为供应这类管道的公司，但事实上这家公司只是经销商，并不是制造商。他没办法获得需要的信息，因此把这项采购任务交给了我。我与同一家经销商公司进行了沟通，仅花了 30 分钟就获取了订购所需的信息，并向设计师进行了电话回复。为什么我能够获取信息而那位设计师不能？原因其实在于我沟通的方式。你如何去解释你为什么需要这个产品以及它为什么需要具备一些特定的功能？如果你在和经销商沟通时只想着如何把他们排除在采购过程之外以降低成本，那么他们是不会告知你实际的制造商的。有时，你需要去寻找到第二、三、四线的供应商以解决一个问题，但这只有在你和一线供应商保持合作的基础上才有可能。我们的方式是和供应商共享信息、共同合作。

您是如何在产品或产品线的初始期进行供应链管理的？

这个视产品而定。现在我们手头上就有一样新产品正好处于初始期。过去的一年里，我们一直计划筹备着推出这一产品。一般来说，我们会给每一位分销商分配一组新产品作为示范样本。推出这组新产品的目的是替代一样旧产品，因此在考虑产品的潜在需求时我们以旧产品的需求为基础进行了预估。这种旧产品是我们的客户的"基本生活资料",这种重要性也意味着这类商品的消费基数十分可观。因此,为了避免大量客户流失,我们必须在推出新产品的同时保持旧产品的生产。我们所采取的措施是同时进行二类产品的生产交替。因为我们的内部决策信息是与合作伙伴共享的,所以我们很快就告知了他们我们即将撤出旧产品的消息,这使得旧产品比预期更快地实现了停产,并且我们的客户也因为这一生产上的转变而寻求零部件的替代品,从而促进了新产品的销售。在月度销售分析会议上,我们发现新产品销售量达到了一个高峰。所有的这些都是在新产品的初始期发生的。

在另一个成本具有竞争力、预计进行大规模生产的产品的初始期,我们则遭遇了一些营销上的问题。分销商的销售人员的提成基本上取决于商品售价。他们认为,当他们销售售价更高的商品时,他们能够赚取的酬劳也就更多。他们还认为,新产品实际上的价值远不止我们提供的建议售价,所以他们还希望能提高商品售价。我们听取了他们的意见,提高了售价。随后,我们就清楚地感受到了价格改变对供应链的影响。这款新产品是为了进行大规模批量销售而设计推出的,但更高的售价让产品的销售量出现了下降。我们之前已经向供应商确认了 1 000～2 500 组产品的报价,但现在我们实际上只能卖出 25、50 或是 100 组零部件产品。因为我们之前的大批量订购,供应商给我们提供了一个较低的报价,而现在他们则希望将材料报价提升 50% 以上,这使得我们的利润空间和顶层设计都发生了巨大的变化。这类情况在你和供应链中的分销商打交道时时有发生。

还有一种情况是在推出新产品时,市场对产品的需求量远超过了我们的预期。这时候,我们会设立缓冲库存。有时市场对于新产品推出的预测会过于乐观,这时候,我们的团队会合作对这些预测做出分析与澄清。观察分析历史需求、做出对未来需求的准确判断也是我们工作内容的一部分。不幸的是,我们也无法一直都保证准确。当较大的误差发生时,我们会采取应急方案。就新产品而言,我们会考察它的生产周期并将其作为缓冲调节。即使是在原型设计阶段,我们很多时候也会同时购买初期产品以及生产周期很长的零部件用于开发。我们发现，这一措施能帮助我们更快地将产品推向市场。虽然这一措施也存在一些风险，但总体来说是利大于弊的。

针对未能很好完成推广指标的新产品，我们还需要完成损害控制。这项工作实施起来很麻烦，但也是我们必须完成的工作之一。几年前，我们就有过这样一款产品。所有人都在努力推广这款产品，我们也预备了充足的库存，但最终产品没能在市场中大获成功。那我们接下来该怎么办呢？这是一个痛苦的过程，不过我们不得不着手去处理剩余的库存。同时，我们推迟了后续的该产品的交货期。这样一来，产品库存就不会占用我们过多的资本和空间。最终，我们完成了剩余库存的处理。

您是如何在产品或产品线的成长期进行供应链管理的？

我们会准备缓冲库存来应对预期外的需求增长，特别是针对那些生产周期较长的产品。我们同样也会将生产外包给其他可靠的供应商。

我们的一项策略是，我们的分销渠道的规模要与生产水平相适应。我们的需求和预期需求往往不会出现很大的变动。我们的分销商对我们有一个稳定的预期，并且他们很重视这种由我们的标准化生产和分销预期带来的稳定。我们依据库存状况而不是订单数量来进行生产。这一策略让我们在产品生产以及供应链管理中都保持了稳定。我们一直保证了 30 至 60 天的现货供应。我们在挑选分销商时会非常慎重，所以我们能对它们的状况有充足的了解。或许在一开始我们是某家供应商最大的客户，但随着不断发展，我们可能最终变成了一家小客户。这种事经常发生！但因为我们的需求一直非常稳定，让供应商能对我们产生信任和依赖，最终我们能发现，这些供应商伙伴不论在什么规模的订单要求下都能给我们提供值得信赖的产品。

您是如何在产品或产品线的成熟期进行供应链管理的？

我们一般会有很多产品处于这一阶段。这一阶段产品材料的订购过程与其他阶段产品有很大不同。有时，我们会为了实现成本最小化而采购一整年供应的零部件。有时，我们甚至为了获得价格上的折扣而购入额外数量的材料。在这一时期,由于产品需求的下降,我们往往会长时间管理产品库存,而这会增加我们的成本。同时,由于我们(以及其他公司)对材料的需求量下降,每单位材料的报价也会上涨。

在这一阶段,一个很有趣的现象就是不同公司间的竞争。有时,在产品的成熟期,我们的竞争对手会提前开始撤出成熟市场以规避产品衰退期的损失,而我们的产品就成了消费者的唯一购买源。我们的产品售价也因为竞争者减少而能够在成本上升的情况下保持相对稳定。

您是如何在产品或产品线的衰退期进行供应链管理的?

我们处理衰退期产品的一项策略是进行停产前购买。停产前购买就是指,我们事先决定好我们接下来还会出售这款产品多久,然后我们购买的库存量就等于停产前所需要的所有零部件的总和。我们的供应商在停产某一零部件前会通知我们进行最后一次购买,这种情况时常发生。

很多处于衰退期的产品都被认为是该被彻底终止和废弃的。但有时它们也会摇身一变,成为新产品的一部分。供应商的成本行为的有趣之处在于,它经常会朝着与你预期完全相反的方向发展。不少人认为,供应商为了处理这些未来可能没有销路的产品,会以更低的价格来处理这些处于衰退期的产品库存。但正当我们预测价格会降低时,我们会发现,实际上价格上涨了。举个例子,我们有一个不符合 RoHS 规定的产品,并且我们计划在 2013 年 6 月将其撤出市场。不幸的是,负责提供电子零部件的一个供应商很快就停止了该零部件的生产,因此我们不得不另外寻找替代零部件。我们觉得我们能找到一家条件合适的供应商,但事实上是,该零部件的价格从每单位 400 美元涨到了超过 600 美元。这一现象的原因在于一些供应商买断了这些停产的零部件,垄断了该零部件的销售,以此来向购买者涨价。其中有些非常精明的供应商是以极低的价格从大规模生产该零部件的厂家手中获取了零部件,然后它们会把这些零部件储存起来,在产品衰退期高价出售。它们只需要销售一部分库存就能获取可观的利润。因此,在产品衰退期,我们需要在多方面削减成本来尽量保持产品售价在一个较低的水平。

政府法规的限制同样也会导致某种商品及其供应链的衰退。在如今的环境下，供应商需要重视投资的底线。举个例子，我们与一家电镀企业保持着多年的商业往来关系。当 RoHS 指令生效时，我们必须确保合作供应商的产品是合乎该指令规范的。这家企业进行了成本分析后发现，要转变它们的运营方针来实现合规的成本过高。因此，我们不但要终止大部分我们两家企业间长期保持的往来关系，还需要到更远的地方去找到符合条件的新供应商来重塑我们的供应链关系，这无疑增加了交通成本以及其他成本。同时，距离更远也意味着产品生产周期因为运输时间的增加而增长。

关于供应链管理，根据您的从业经验，您还有什么建议或是想法吗？

在过去的几年中，供应链管理变得越来越合乎契约规范了。越来越多的协议都是以书面的形式进行了明确规范，例如，知识产权以及保密协定，等等。在过去，买家是不会了解很多关于卖家的运作信息的，但现在能够了解了。

在今天的供应链管理领域中，一个非常关键的话题就是如何进行营业中断规划。大多数供应链管理者都能够很熟练地在供应链的各个环节采取应急方案。我们可以设置安全库存来应对过长的产品生产周期以及供应商风险。如果我们即将失去一个主要供应商，我们则需要计划下一步的行动。我们实际上还有应对灾害（例如，自然灾害或是流感）的应急方案。我们在应对危急情况时完全明白自己应该怎么做。比如，我们规划了员工如，何在家或是远程进行工作。我们的软件系统也能对系统性的问题提供有效帮助。有些应急方案制定得十分详细，例如，当我们的笔记本电脑全部断电时，我们有备用电池来维持正常工作。影响供应链正常运作的危机情况随时都可能发生。我们的营业中断规划的一部分还包括划分美国各区域的制造能力与水平。我们需要从地理上定位哪些区域的生产流程中存在过剩生产，这样我们在因营业中断而产生供不应求的情况时可以寻求这些区域的帮助。

我们已经在这一行业经营了 40 年。有一些供应链中的伙伴关系是自我们创立开始就一直维持至今的，而这些伙伴关系也正是我们的优势之一。

第 19 章

来自可口可乐公司的
詹姆斯·克里斯·加夫尼先生专访

■ Interview with Mr. James Chris Gaffney of The Coca-Cola Company

简介

在本章中，我们采访了前沿供应链领域的主管，并同其进行了系列问答。本章目的在于，就供应链管理，提供该领域从业者对供应链生命周期的观点。本次专访还讨论了其他相关话题。

受访者简介

詹姆斯·克里斯·加夫尼（James Chris Gaffney）已在可口可乐公司工作了 17 年。最初，他从事冷饮柜台运营相关业务；随后，他担任了可口可乐北美供应链团队以及物流规划团队的领导岗位。在 2008 年 12 月，加夫尼先生被任命为可口可乐供应管理总裁。2010 年，他被选举成为可口可乐零食产品系统供应业务整合的战略领导者。业务整合完成后，他又被任命为可口可乐零食部门产品供应系统战略高级副总裁。在加入可口可乐前，加夫尼先生是国际食品公司爱佶仕（AJC）国际集团有限公司的全球运营总监。他的职业生涯始于菲多利（Frito-Lay）公司，并在分销和物流领域历任数职。他在佐治亚理工大学获得了产业及系统工程学的学士及硕士学位。

"我们发现，我们的成功依赖于我们所在的社群社区的可持续性。因此，我们致力于在经济、社会、环境等各方面都对本地社区产生积极正面的影响。在当今人口不断增长的世界中，这也是一种正确的做法。"

——詹姆斯·克里斯·加夫尼，2012 年

可口可乐公司简介

可口可乐公司（NYSE：KO）是全球最大的饮料公司，其旗下有超过 500 种充满活力且稳定的品牌，不断为消费者带来新鲜的消费体验。可口可乐是其公司旗下主打的品牌，也是全球最具价值的品牌。除此之外，该公司资产共包括总价值约 150 亿美元的品牌，其中有健怡可乐、芬达、雪碧、零度可乐、维他命水、劲力果汁、美汁源、乔雅等。可口可乐公司是全球范围内排名第一的发泡饮料、速溶咖啡以及果汁类产品的供应商。通过全球规模最大的饮料分销系统，超过 200 个国家的消费者每天都会消费约 18 亿美元的饮料。公司始终将促进社区发展纳入企业责任和承诺中，致力于减少生产对环境的影响，支持健康生活倡议，坚持创造安全多样化的工作环境，并不断提升所在社区的经济效益。可口可乐公司及其合作装瓶商一同跻身世界排名前十的私营雇主之列。目前，公司拥有超过 70 万的员工。要获取更多信息，请访问 www.coca-colacompany.com。

专访

您会如何描述所在企业的供应链？

我们拥有大型的、覆盖全国的供应链体系。我认为，在过去的几年里，这个体系正变得越来越复杂。它是一个拥有多个产品点以及分销渠道的多层级供应链系统。

在供应链管理中，您如何定位自身角色？

我和我的团队会制定长期的供应链策略，并且制订具体的计划来实施这些策略。我们也会优先处理及调动资金和人员，来支持企业内部与年末

结果以及多年运营相关的主要活动。

您是如何在产品或产品线的初始期进行供应链管理的？

在产品创新和商品化方面，我们有一套规范的分层把关流程。一套传统的供应链分层把关流程侧重于产品商品化，并且也涵盖了其他多种职能。供应链始于产品的生产与开发流程中对高附加值供应链能力需求的评估环节。这一评估环节能帮助决策者形成对初步发展的构思。而在价值链的最终环节，我们的供应链团队也需要提供关于包装费用、生产及分销费用的细节。而在策略实施环节，供应链还需要提供正式详细的项目管理工具以及流程，在上市后的 60～90 天时间内持续将产品推向市场。

有时候，一款新产品在上市后推广的效果并不好，贵公司供应链是如何处理这个问题的呢？

在产品的初始期、成长期、成熟期、衰退期的各个周期阶段，我们都有一套规范的产品管理流程。我们会按照传统的 SKU 优化流程来使产品退出市场，并且在产品因受挫而面临退出市场时我们还会有一个额外步骤用于实施产品复苏。我们会尽可能采用准确成熟的评估方法来确认一类新产品的上市表现是否确实未能达到预期效果。我们会去挖掘失败的原因，判断究竟是分销环节还是营销环节出现了问题。如果是分销环节出现问题，我们会投入更多的资源来获取更适宜的销售渠道。而如果是营销环节出现了问题，我们会增加额外的促销手段刺激消费者需求，以挽留逐渐将产品撤出市场的经销商。这种问题的出现对我们来说既是挑战又是锻炼，能让我们不断思考如何去改进我们的流程来解决问题。最后，我们在产品上市后会进行效果审核，重新审视并收集那些上市效果较差的产品信息，为后续可能的价格调整提供信息基础。

您是如何在产品或产品线的成长期进行供应链管理的？

我们在计划新产品推出和评估新产品上市效果方面都有一套规范的流

程。特别是在产品评估过程中，我们可能会面临很多牛鞭效应（即：在事实并非如此的情况下夸大产品的成功），可能会导致我们反应过度。因此，我们正逐渐转向市场需求驱动的评估视点。我们会去解读一款产品在零售市场上的表现究竟如何，据此对产品原材料、包装原料、生产时间的再投资做出决策。同时，我们也会修改我们的库存计划来适应实际的消费者需求。然后是基础设施方面，如果我们推出的某样新产品在初步计划中由四家工厂进行生产，而现在向市场投放的产品价值从 150 万美元上调至 200 万美元，那么我们需要补充额外的生产能力。有些时候，我们已经评估挑选了一些场地用于工厂设施建设，也事先了解了建厂的资本需求，因此在新产品上市表现良好时我们能很快做出反应，实施建厂计划，来支持产品的快速发展。

您是否遇到过某样产品在成长期的供应链需求远远超出供应链的生产供应能力的情况？

是的，我们在过去推出我们的饮料、维他命水和果汁时就遭遇并处理过类似的情况。这种情况听上去好像并不是什么大问题，但因为我们生产的基本上是消耗品，并且提升供应链生产能力是一个相对漫长的过程，所以这种情况对我们来说也是一个不小的挑战。我们旗下的一个果汁品牌 Simply 从其推出至今就经历过三四次供不应求的情况，并且其销量一直呈现上升的趋势，但这个产品在销量提升上也不是一帆风顺的。由于生产能力的短期提升是非常有限的，所以我们需要通过运用其他策略来平衡供给和需求。一般来说，在供需问题发生以前，我们就会提前实施限量供应，同时投入更多的资金在生产建设上。在这个时间节点上可能会出现短期的供过于求的现象，也会有人担心我们的投资没有得到有效利用。这种现象一般只会持续不到一年，而一年后我们就会感谢当时在生产上做出的投资决定了。随着产品不断发展，需求又开始逐渐超过供给，于是我们又会重复上述步骤。Simply 果汁品牌的价值从一文不值，到经过十年的发展成为一个价值十亿美元的品牌，这十年中就经历了三次上述这样的成长—生产能力的提升循环。你永远不可能做到完美。你会或早或晚地做出增加生产建设投资的决策，而人们也会因为你投放过多产品导致产品价格下跌，或者未能及时补充产品而造成净销售额以及总利润的损失而不断向你抱怨。

您是如何在产品或产品线的成熟期进行供应链管理的？

在这一阶段，我们也会采取一些对应的措施。我们的一条公司理念就是持续发展，具体而言，就是指产品或者商业活动永远存在提升进步的空间。在产品成熟期，我们会重点去提升总体利润、稳定核心流程表现以及减少库存。在这一阶段，我们希望能提升整个供应链的总体运作表现，最终将产品更省时省力地推向市场。我们会提升商业活动中的业务表现及服务水平。我们会尽量去避免订单损失，确保我们的产品和服务零瑕疵。总体来说，我们会稳定流程、刺激需求、去除流程中无价值的活动以及浪费，并且最终实现持续发展。我们已经看到这样的理念与方式能让我们在多方面受益。减少所有的销售损失，哪怕只是增长 0.5 个百分点，也能产生很大的影响。

您是如何在产品或产品线的衰退期进行供应链管理的？

这就涉及我们的产品组合策略了。在这一阶段，产品的决策权主要掌握在业务部门（与供应链部门区分）手中。我们旗下有很多品牌。业务部门里的品牌管理部门可能会认为我们应该有一种更大甚至是更复杂的产品组合。而从供应链的角度看，我们更倾向于保持产品组合的均衡。因为我们一直面临着庞大的消费者需求，所以我们必须谨慎处理我们的产品组合来应对这种需求。但我们无法一直像我们预期的那样保持均衡，因为我们的客户可能会停止订购某样产品或者不再为我们的产品提供货架位置。当我们的某样产品失去了分销渠道时，我们就会启动 SKU 撤出流程并最终将该产品撤出市场。实践证明产品撤出的效率越高越好，而我们也会继续更积极快速地实施我们的产品撤出流程。另外，在这一阶段，我们更能清楚地看到，产品决策是受到业务部门和供应链部门的共同影响而决定的。

关于供应链管理，您还有什么需要补充说明的吗？

近年来的普遍观念是：如果我们每单位的实际投入产出的成本低于我们用于购买原材料的成本，那我们就一定能从上市销售开始盈利。但现实是：你花费了大量资本用于生产，但最终没有产生任何利润。这可能是由产品损耗或是有限的货架期导致的利润损失。从事我们这一行业，的确是需要充分实现所有设施生产能力的最大化的。而在生产过程中出现的这一系列成本问题，如果我们能及时发现问题根源并处理得当，就能为我们省下约 1 亿美元的资本投入。我们一直在强调的一点是：我们的产品仍然有降价的空间，只要我们能够更好地管理那些增加了成本的可控的因素，我们就能削减成本从而降低价格。你如何去将每一美元的使用效率提升到极致，这个问题非常重要，而有些人还没有意识到资本利用率的重要性。供应链中最大的一项原则就是持续不懈地关注每一单位产品与资本，遵循这一原则对我们的日常运作来说意义重大。

贵公司是如何重视新的科学技术的运用的？

其实，在过去，我们并没能很好地利用新的科技，因为我们往往会沉浸在科技的先进功能中，而忽视了这项技术在供应链流程中是如何发挥作用的。而现在，我们会优先理解并有效利用我们的业务流程，在此基础上再去利用部分技术。此外，我们经常会面临在没有技术支持的情况下需要解决流程中一些痛点的情况，较为不便，这就使得新技术的运用成了一种必然。我们会使用较多的反馈机制以及持续发展流程来获取我们想要的信息。如果我们达到了预期目标，那我们会继续实施这种方法；如果没有，我们就会对目前的方式进行修改并且缩短反馈路径，来提升反馈及修正的效率。这种利用方式让我们能够沿着正确的方向高效处理事务。

可口可乐最新的运输交付技术是如何影响供应链的？

我们最新的自由交付系统对我们的供应链产生了很大影响。系统能提醒并向我们的客户生成产品补充订单，替代了原来的纸质打印订单。系统也能够显示何时能达到一个经济的订货数量。系统给出的这个建议订货量能直接反馈给经销商，同时也能够反馈回我们的工厂来通知生产日程。借由这个系统，我们实现了真正意义上的消费者导向的供应链体系。每台设备上的系统都能详细追踪商店每日的产品销售情况，并且在晚上反馈给我们的供应链团队。我们甚至了解我们的经销商应该在什么时间下订单，这让我们能够及时与他们进行电话沟通。设备上还配备有遥测技术，这样在系统出现问题需要修理时能够及时通知我们。这些技术与其他技术都推动我们在策略规划上朝一个以需求为导向的公司转变。当我们进货时，系统可以告知司机需要在这批货物中带来多少单位的产品，又或者是在进行传统的杂货店产品规划时，系统能够建立起销售与需求之间的关系来帮助我们更好地进行库存规划。这些技术让我们实现了需求信号的可视化，并且推动我们其他的传统业务部门也向需求导向转变。虽然我们没有为了某一项业务而专门进行信息科技（IT）投资，但我们的自由交付系统无疑能帮助我们利用科技更快更好地走向成熟。

贵公司在可持续发展方面采取了哪些措施呢？

如果我们不关注可持续发展，我们最终将无法继续运营下去。可持续发展并不是一件锦上添花的事，而是一件必须去做的事。我们就所使用的重要原材料都做出了公开的、长期的可持续发展承诺：水、包装、农业原料以及能源。我们的董事长曾明确提到可口可乐公司会贯彻实施这些承诺，因此可持续发展也是我们供应链整体策略中的一部分。我们会在网页上跟踪并发布关于我们可持续发展进展的评分表（良好、差、极差）。我们的目标之一是将我们生产中所使用到的水都在我们的产品中反映出来，提升水的利用率。我们同时也会大幅减少那些最终会被填埋的饮料包装的使用，提升这些包装的回收利用率。我们所有的工厂都在努力实现 100％ 的填埋转化，并且有部分工厂已经实现了这一目标。工厂的卡车也不再用于运输垃圾，而是运走可回收的材料。可持续发展是我们在当地社区发展运营的承诺之一。你可以在以下网站了解我们目前的进展：www. coca-colacompany. com/citizen-ship/index. html。

　　关于我们的核心策略以及供应链管理，我还有一点想要补充的。我们的公司规模很大，这也意味着我们的业务不是专精即可，而是需要面面俱到。我们必须做到所有的事。我们既需要提供优质服务，又需要提供消费者需要的、符合消费者健康生活方式的优质产品。每年我们都需要在可承受的价格范围内以及在尽量避免浪费的情况下做到这两方面。我们必须要成为一个可持续发展的市场主体，我们必须要能够持续吸引投资，因此我们不能放弃任何一个部分。如果我们不这样做，那一定会面临很糟糕的事。所以说，我们必须做到面面俱到，而且我们必须做好。

▶▶ 第 20 章

■ 来自欧迪办公的布伦特·比布特先生专访

■ Interview with Mr. Brent Beabout of Office Depot

简介

在本章中，我们采访了前沿供应链领域的主管，并同其进行了系列问答。本章目的在于，就供应链管理，提供该领域从业者对供应链生命周期的观点。本次专访还讨论了其他相关话题。

受访者简介

布伦特·比布特（Brent Beabout）是欧迪办公（Office Depot）供应链的高级副总裁，管理着这个市值约为 115 亿美元、分销渠道众多的全球零售商的供应链体系的各个方面。在加入欧迪办公之前，他曾是 DHL 快递的工程副总裁以及亚马逊运营工程经理。他毕业于宾夕法尼亚州立大学以及麻省理工学院，获得了斯隆管理学院的 MBA 学位。他参与的组织机构包括国际经济研究所（Institute for International Economics，IIE）、运筹学和管理学研究协会（INFORMS）以及美国供应链管理专业委员会（CSCMP）。同时，他也是众多关于当今全球化经济背景下供应链与科技交互议题的学术会议的知名发言人与合作者。他的职业生涯始于核装备海军部队的海军军官，并在军队服役超过十年。

"大自然永远更青睐那些勇于改变的人。改变总是会到来的，所以在改变面前保持兴奋吧。"

——布伦特·比布特，2012 年

欧迪办公简介

欧迪办公创立于 1986 年，其第一家店铺设立于佛罗里达州劳德代尔堡。如今，欧迪办公通过全球的 1 677 家零售商店、电商平台以及热忱的销售团队向全球提供办公用品以及服务。欧迪办公的年销售额约在 115 亿美元，其 39 000 名员工分布于全球超过 60 个地区。

专访

您会如何去描述所在企业的供应链？

我们的供应链发展十分迅速。在我们较短的公司历史中，我们从一家将商品放在货架上看着它们被带出店门的批发型商铺逐渐发展为专业零售企业。我们也从传统的零售模式逐渐向注重消费者导向、定制化的运营模式转变……更像是电商行业的供应链类型。所以，你现在能看到的我们的供应链体系和我们几年前的模式有很大不同。

在供应链管理中，您是如何去定位角色的？

我现在从企业层面上负责管理供应链的方方面面。根据我在欧迪办公的任职经历，我的职责主要分为三个方面：全球交通运输、全球网络设计策略（工厂选址、规模等）以及工程管理（建筑内部设计）。

您是如何在产品或产品线的初始期进行供应链管理的？

我们的产品组合中的任何一款新产品在推出之时，只有在确定了销售的"营收率"后，我们才能对需求量做出准确的预估。我们试图在相似的现有库存单位的基础上做出最准确的预测，但这种预测仍旧不够可靠。因此，我们会对新产品采取其他一些措施。我们会选择将产品生产外包给国内而不是国外的工厂。当然，这种方式可能会增加我们的生产成本（因为海外劳动力成本更低廉），但它减少了我们的流动资本投入，让我们能更快地应对消费者需求或者更快地将产品撤出市场。因此，选择国内供应产品能缩短我们产品的生产周期，让我们能针对不准确的需求预测及时地做出应对。

在产品初始期我们做的第二件事，就是我们会采取"逐个挑选"的策略（即有选择地进行分销）进行产品分销，而不是将产品立即分摊给1 100家零售门店进行销售。话虽如此，就极少数的明星产品而言，我们也会破例将它们直接分摊给零售门店进行销售，因为我们知道它们一定会在市场上取得好成绩。我们同时也会把我们大部分的库存都储存在配送中心，并且采取回拉策略，通过准时生产的形式来吸引零售门店的销售意愿。这一策略最小化了门店的库存，并且能将我们的库存及时供给到有需求的地方。因此，如果一家在得克萨斯州的商铺无法再出售这类新产品而佛罗里达州的一家商铺可以，那么我们就能快速将货源转给佛罗里达州的商铺来服务于消费者需求。

我们还会根据销售速度定期对库存单位进行重新评估。我们会将这一库存单位转变为流动产品（基于商铺的准时分配模型）直接寄送到商铺手中，或者将其储存在配送中心以备之后的分配使用。

贵公司会绕过配送中心，直接将产品从制造商运送至零售商店吗？

我们不再像从前一样采取将大批生产库存一口气分摊给零售商进行销售的批发式运营了，现在我们的供应链体系中取而代之的是更为智能的"多码头"方式。对于那些被指定为流动型的产品，我们从制造商手中接收它们，并根据准时分配模型中提供的消费者需求以及预测信息将产品分配给每一家零售门店。我们在接收的当天就会开始配送这些产品，这样第二天产品就能到达零售门店。而对于那些销售速度较慢的或者是新推出的产品，我们先将这些产品储存在配送中心；之后，这些产品会在普通的仓库中进行分装，最终和流动型产品一起进行配送。我们会频繁地检查库存，并且我们的库存单位的流动属性会随着产品的状态变化以及预测的准确度而发生变化。

您是如何在产品或产品线的成长期进行供应链管理的？

我们处理过好几次库存单位需求的爆发式增长，在这种情况下外包就显得尤为重要了。在外包中，我们一般会注意关于制造商的两个部分。首先，我们希望制造商能给我们提供一个以量为基准的价格折扣，以确保我们的毛利润，因为我们一般会大批量地销售某一产品。更重要的是，我们希望制造商能够保证这一类流动型产品能按时向我们交货。我们会采用特定的指标来衡量我们的供应商是否按时且准确地进行了货物交付，并且我们会紧密关注库存及交付状况，以规避脱销的情况。此外，现在我们凭借着云技术工具的使用对我们的供应商合作模式进行了严格规范，确保我们的供应商能有足够的信息和能力满足我们未来的客户需求。最后，提到快速流动的SKU，我们希望通过我们的"多码头"策略来实现产品在供应链与零售门店间尽可能地快速流动。

您是如何在产品或产品线的成熟期进行供应链管理的？

这一类的产品往往已经处于稳定的销售阶段而不会呈现快速增长了。这种变化推动着我们的外包向供应链更上游的方向发展。我们可能会将产品分配由我们海外的品牌内部来进行生产。我们更关注这些处于成熟期的产品SKU的毛利润如何，并且因为我们已经能够准确预测这类产品的销售情况，同时我们也知道这些产品肯定是有销路的，我们就可以放心地等待产品经历较长时间在海外生产并运输至国内，并且投入更多资本在库存建设上（较长的生产时间需要更大的库存来存放及分装产品）。

如果有制造商要求在产品上标注他们的品牌而不是你们的品牌，你们会怎么处理呢？

如果是那些国内知名的产品并且我们的消费者也愿意购买，我们当然可以购买它们的产品进行销售。但我们也有很多SKU是外包给海外制造商的。我们努力丰富我们自己的产品组合来为消费者提供他们想要的产品。虽然我们的有些产品并不是欧迪办公品牌下的，但这些产品能够丰富消费者的选择，并且在价格上有足够的吸引力。实施海外外包能够帮助我们提升利润空间。同时，我们也会通过购买国内的产品来满足消费者的需求。

您是如何在产品或产品线的衰退期进行供应链管理的？

处理即将停产撤出市场的产品永远是一件很困难的事，如果处理不当就有可能最终导致产品的报废损失。为了很好地处理这一情况，我们会将剩余库存运送至上游的配送中心，或者采用店对店的策略将一些存放时间较长的库存运送至销售量较大的门店。如果实施顺利，我们就能够在消费者的需求完全消失之前将剩余库存销售完毕。

贵公司是如何规划"精心布置"（plan-a-gram）的产品（即：该产品为某一公司旗下产品线展示的一部分）的？

我们在零售渠道销售的每一样产品都可以说是我们宏观产品线展示的一部分。其中部分是由一家制造商进行制造的，而另外的产品则是基于SKU属性或标准来进行分类的。为了保证我们最终向消费者展示的产品是最优质的，我们在实施精心布置时会持续将旧产品或是销售不佳的产品替换为新产品，来保证我们产品的销售率。

你们会采用每平方英尺销售额来衡量产品的销售表现吗？

会的，每平方英尺销售额是我们衡量产品销售额的指标之一。

这个指标是如何影响供应链以及产品的"精心布置"的？你们会设置一个数值门槛来决定哪些制造商的产品能被纳入你们商店里的展示区域吗？

是的，我们的供应商必须达到一定的产品销售标准，不然它们就会面临被竞争对手产品替代的风险。

当产品处于衰退期时，您与供应商沟通产品停产问题时会有障碍吗？

在任何经营环境下，一家公司如果想要做出正确的产品决定，就必须和它的产品供应商积极合作。有时，停产某种曾经大卖的明星产品对于双方来说都是一项艰难的决定。一个可行的解决方案就是寻找另外一种替代产品，但有时你很难找到合适的替代产品。同时，如果你决定停产的这类产品剩余库存数量仍然较多，你可能就会面临报废这些库存（清算）的风险。

关于供应链管理，您还有什么需要补充说明的吗？

我认为很重要的一点是关于未来的发展。之前我也提到过，我希望能提升我们产品的毛利润。我相信，从长期来看，石油价格会不断上涨，这会使我们目前在亚洲地区的供应商（尤其是在中国的供应商）的情况发生改变。中国劳动力成本和油价的不断上涨会改变目前中国拥有的成本优势，迫使零售商转向近岸外包。最终，我们的外包格局可能会朝更加国际化的方向转变。例如，非洲及南美洲就可能成为美国下一个寻求外包的对象。同时，随着中国等国家不断富裕起来，其他地区的公司会希望能将产品出口到中国市场来满足中国消费者的需求，因此中国的生产制造力度会随着经济从出口导向转向内需拉动而逐渐降低。

贵公司是如何在产品的各个阶段实施逆向物流（指产品从消费者手中回流至制造商）的？

我们在美国有一套完整的逆向物流网络体系，来帮助我们从所有的零售门店中回收产品。有些产品被我们的制造商回收，有些产品被出售清算，有些产品被重新放回了货架进行销售。

你们是采取循环取货的方式来收集进入逆向物流的产品的吗？你们具体是怎么在供应链中操作逆向物流的？

不，我们采用的是另一种方式。在我们经营零售业务时，我们会采取一周五天的配送安排来服务我们在美国的 1 100 家零售门店。在这种方式下，我们能够充分利用我们的配送中心对销售较慢的 SKU 的分装策略，同时实现我们门店断供风险以及库存总量的最小化。这样的配送频率能方便我们定期将产品（以及可回收废弃物）载回交叉码头，而这些产品最终会运回至我们的三家逆向物流集散中心，或者是供应商（如果情况适宜）。

你们是使用你们自己的货车还是使用公共运输工具来实现物流运输的？

在交通方面，我们完全没有自己的运输工具。我们拥有一个完整复杂的第三方货运体系，为我们提供运输工具与司机，每天将产品运送至超过 1 100 家零售门店，每周都能将超过 100 万件包裹送至我们"最后一公里"的客户手中。在很多市场中，零售以及直接交付都会被双重运用，以实现效率最大化。

你们会直接将集装箱运输至物流中心吗？

我们现在正在努力优化我们的全球产品入境运作流程。我们现在在美国是使用由第三方（即：第三方物流）提供的拆箱分拨中心来优化运输成本。一些大件的方形产品（例如，家具）会运送至这些分拨中心，而我们其他的产品则会直接从海外运送至我们的地区配送中心。如果集装箱中的产品重量大并且要配送至不同的地区，我们会先进行拆箱，然后将进口产品与国内生产产品混合运输至我们的目的地配送中心，来提升运输效率。为了实施上述流程，我们会采用复杂的决策辅助工具来压低总的产品到岸成本。

您提到了逆向物流项目，那你们有相关的可持续发展项目吗？

我们有可持续发展规划，并且我们还在不断丰富它的内容。我们现在正借助我之前提到的逆向物流系统，从我们的零售门店中回收大部分的废弃物。在《新闻周刊》（Newsweek）杂志近期开展的一次年度评选中，欧迪办公被评为美国最环保的零售商。

您会在供应链管理中实施精益原则吗?

当然!我们现在刚开始实施一项长期的"精益发展"规划,目标是将我们的供应链运作提升至世界领先水平。为了确保我们的企业文化能转向一种更精益的思考模式,我们正在组建一支来自企业内部以及整个领域的专家团队。我坚信,精益化正是我们实现卓越的企业运营的必经之路。

▶▶ 第 21 章

■ 小故事：当你想在海外办厂

一家企业试图在海外办厂的原因有很多，多数与成本挂钩，或者与维持或增加产品在市场中的销售份额有关。虽然做出在国外建厂决策的是公司董事会，具体实施计划的却是我们的运营管理人员。

我们的 CEO 曾与一个中等规模的南美国家的总统进行过对话。我们公司目前生产的机器与零部件 80％ 的市场份额都来自该国的进口。在进行可持续发展经营中，我们在上一年完成了 5 000 万美元的营业指标，据此我们决定在该国直接投资建设工厂。我们向该国出口的机器被广泛运用于该国的农业设备以及汽车行业，并且直接影响了该国出口的两种初始农产品以及汽车产品。此外，这些产品因为被认为对国家发展具有重大战略意义，所以被征收了高额的出口税。为此，总统与我们的 CEO 说，考虑到目前国内的高失业率，政府希望我们公司能在该国建厂生产机器设备，从而提供就业机会。总统还说，政府会提供充足的财政支持来促进汽车行业以及农业的生产发展。这些资金支持对我们而言无疑是"胡萝卜"，因为汽车和农业行业一旦发展，一定会带动我们的产品的销售和使用。但是同时，总统提到的对战略行业实施的保护主义措施也是阻碍我们向其他国家出口产品的"大棒"。在该国生产该机器设备的行业中，我们只有三家规模很小的竞争对手。这项保护主义措施的问题就在于，只要该国有一家哪怕是市场占有率不到 1％ 的小企业投诉我们，我们的产品就会完全失去在该国的市场。这位总统明白我们公司对政府收入贡献很大，并且该国从我们公司购买的机器及零部件被广泛运用于该国的汽车组装中，因此我们的技术对该国国内公司也有很强的吸引力。了解到我们有共同合作发展的意愿之后，总统在对外宣布合作前就首先联系我们的 CEO，将项目解释清楚。我们的 CEO 认为，为了维护双方关系的持续友好和长期性，我们需要在该国建厂并且在两年内竣工投产。CEO 同时也看到了在该国建厂对公司整体运作的好处。如果我们成为本地生产商，我们就可以投诉其他进口公司（同时也是我们的竞争对手），最终我们可以占据更大的市场份额。因此，CEO 向总统承诺我们会在两年内使工厂竣工投产。而像其他的 CEO 一样，她把这件事交由副总裁——也就是——我去实施。

我曾经在其他的工厂选址项目中工作过，因此我知道应该做些什么事。就像完成其他的大型项目一样，我们首先需要组建一支项目管理团队来制订选址以及修建计划。除了该项目本身涉及的部门负责人以及员工，我还联系了公司国际销售部门负责人以及部门员工，来确保我们之后的国内持续销售，识别可能存在的进入壁垒以及其他风险。他们还需要决定我们在现有的分销系统基础上如何定价，以及这个定价会如何变动。销售计划必须尽量清晰详尽地向市场展示我们在建厂后会对整个市场竞争造成怎样的影响。我们还需要律师来帮我们把关各类必需的合同。其他涉及 CEO 以及董事会的决策需要在获得投资人的认可后才能进行。运营管理人员还需要决定谁来管理运作这家工厂。我们还需要联系当地的房地产商进行土地购买，联系承包者来修建建筑以及帮助我们完成各类所需的文件。我们还需要和当地人沟通谁来购买土地、设计建筑、修建建筑以及担任工程项目经理一职。在这些过程中，我们还需要雇用当地员工。一般来说，我们雇用的第一个人就是工厂的管理者，第二个人则是人力资源（HR）主管。也有些人可能会认为我们应该首先雇用 HR，因为 HR 可能并不喜欢运营方推荐的项目经理人选。

我们必须建立起完整的供应链体系。我们应该从当地市场雇用哪些员工而又应该从其他国家聘请哪些员工？我们的物流系统是外包给第三方物流公司还是完全内包？为了解决这些问题，我求助了我们的国际运营主管。另外，我们还需要生产管理人员以及采购人员来维持设施运转。在美国，我们一般称呼管理者为"经理"（manager）；但为了更好地促进跨国交流，我认为"主管"（director）是一项更好的选择。运营主管及其团队会在国外制订计划以及招募员工。他们会得到公司采购部门的支持，同时也可以外包部分供应链中的业务。对于一些不太关键的产品零部件，我们不会花过多的时间来检测它们的质量水平。但如果某样产品具有重大的战略意义，是我们的核心零部件，我们会在当地对其进行研究处理。我们会将这些材料放在美国的设施中，通过生产件批准程序（production part approval process，PPAP）来对其进行测试，以此来保证新生产设施中的人员准确理解我们的工程设计以及说明规范。PPAP 是一套常用于汽车供应链中的程序，用于检测零部件生产商及其产品生产流程的可靠性。它对于质量的检测效果是得到公认的。在产品及零部件成功通过了 PPAP 检测之后，我们会批准认可该国外制造商成为我们当地的供应商。在工厂开始投产运作的一段时间内，我们还会实施质量控制方案，来监测我们的供应商以及新工厂是否保证了生产质量。过去我们在与一些企业合作时，就发生过它们拿着最好的产品样本来进行测试，但稳定生产之后的质量却相差甚远的情况。有些供应商还会在未告知买方的情况下私自替换一些材料。它们似乎认为，变更说明规则、替换材料并不是什么大事，最后生产的产品看上去是一样的，但实际的质量表现却差了很多。从我个人的经历来看，一些企业还没在生产方面确立相应的质量管控机制，而确立相应的质量管控机制正是我们在产品生产中所看重的。

在我解释了我们要在国外建设新厂的来龙去脉之后，公司国际销售副总裁泰勒问我："比尔，这次建厂的决策事实上并不是由销售状况驱动的。你向 CEO 解释的上述理由都非常合理。你能提供其他一些我们得在这里建厂的理由吗？"

我解释道："泰勒，你目前正在做的调研也显示了当地销售量已经增长到了我们持续发展的下一步，也就是在当地建厂。但是，我们当然也有其他的理由来说明为什么建厂是一个好选择，这主要是和成本控制有关。首先，将我们的金属深加工零部件运送至国外进行组装，这其中的运输成本非常高，我们每个集装箱大概要花费 4 000～5 000 美元。这让我们在和当地制造商竞争时处于价格竞争的劣势，并且考虑到我们目前在该国的市场份额并不高，降低成本从而降低售价有助于我们保持甚至是扩大市场份额。在政府财政的支持下，当地的制造商肯定为谋求迅速发展而挤占甚至是牺牲我们的发展空间，除非我们能抢占大部分鼓励政策。另外一个关键点在于，我们可以将我们的货币兑换成他们目前较为弱势的货币。照目前的情况看，我们能够从汇率中获取可观的利润。同时，虽然我们一般会因为寻求降低总成本而进入国外，但有时我们还可以利用它们宏观的经济环境。政府对行业的支持会鼓励消费者进行消费，这对我们来说是再好不过的进入机会了。它们的政府也明白这一点并且也希望我们这么做。如果我们以现在的的市场份额进入该国市场，那么我们可以利用保护主义政策在进口方面抑制竞争对手的发展与进入，从而扩大我们的市场份额。最终，我们可能会占到市场份额的 90％以上。"

泰勒又问："比尔，为什么我们之前不直接进入这个国家呢？"

我委婉地回复道："泰勒，几年前那里曾经发生过一起爆炸事件，当时的总统以及一些高级政府官员都在事件中丧生了。当时，该国国内的局势非常混乱，不适合开展商业活动。就在去年，事件的风波在政治和社会层面都逐渐平息了下来，我们的董事会认为现在的局势足够稳定，能够保证我们顺利运营工厂了。当然，另一项有保障的但还未得到实施的措施就是总统向 CEO 提到的政府的激励政策。我们设有工厂的一个亚洲国家之前也宣布了一个类似的项目。这个消息让我们的消费者好几年都不购买任何产品而专门等待着鼓励政策的实施。他们为什么明知道政府将在未来免除利率、给他们钱去购买产品，却非要在现在购买产品呢？许多商品都进行了降价销售处理，并期待着未来政府的激励项目能弥补目前销售的损失。几年以后，激励政策姗姗来迟。而在政策退出前那段时间，我们遭受的损失差点让我们关门大吉。这件事之后，我们就学到了：不要指望政府能把钱送到你的口袋中。但是，我们又在中国建造了一座新工厂，原因在于政府实施了一项保护主义政策，即对所有进口产品征收 30％的关税。当我们将产品运到中国时，我们发现我们要和其他十几家当地制造商一同竞争。关税增加的压力迫使我们开设工厂来降低成本。幸运的是，在我们开设工厂后，我们的销售额不断增加，而我们其他的海外竞争者们则要面临关税壁垒，这证实了我们建厂的决定是有利的，并且随着中国市场的不断发展，我们的中国工厂的前景也是不断发展的、良好的。"

"比尔，那我们会在进入当地市场时遭遇壁垒吗？作为一名销售人员，我经历了很多糟糕的重要时期，而且一些事件真的会让我们的成本增加不少。"泰勒说道。

我回答道："是的，泰勒，我同意你的说法，但如果我们能消除这些壁垒的话，那我们就能将劣势转变为优势。我知道有这么一个人对进口至该国的所有机器和零部件产品拥有绝对的话语权。他的政治关系颇深，并且管理着该国国内所有储存进口产品的配送中心。当然，现在，正如你知道的，我们的公司采取的是精益化运作与供应链管理，因此我们并不需要经过配送中心，我们可以直接将产品运送到消费者手中。而现在我们又拥有了国内的生产制造权，这种垄断对我们而言就毫无意义了。但考虑到他的政治关系，我们还是应该把他纳入我们的商业活动之中。所以，我们计划赋予他一部分的工厂所有权；而相应的，他需要动用他的关系帮助我们获取各种政府规定的经营执照，并且帮助我们在不借助配送中心的情况下建立我们自己的供应链体系。"

泰勒问道："比尔，我曾经也在一些出售了部分所有权的工厂里任职过，但在国外我们可以将所有权直接分给个人吗？"

"如果没有这种分销垄断者，我们将无法在该国做任何事情。在所有权方面，我们在哥伦比亚设有工厂。这是一个90％/10％的所有权协议，我们拥有90％的所有权，而当地的一些人拥有10％的所有权，因为我们需要借助他们与哥伦比亚政府或企业建立关系。对于这次在国外建造的新工厂，我们也将做同样的事情。当然，我们将采取预防措施以确保我们能保持对工厂的控制权。我们将成立一个对这个国家非常了解的董事会。董事会将由主要利益相关者组成，其中包括在工厂拥有既得利益并将为我们提供法律服务的律师、帮助筹集和维持运营所需注册资本的银行家，以及代表我们组织的工厂经理。我们必须把我们的团队放在那里。他们将理解我们对报告结构的需求，并了解所有权责任。我们已经学会在允许当地人雇用重要或关键员工方面要谨慎。例如，我们希望有一个来自美国的主计长，以便确保我们能及时、准确地报告财务状况。这也是一个道德问题。你不希望一个来自外国的人向另一个来自同一国家的人汇报，因为那样可能会发生后门交易，而我们的工厂经理会被排除在信息流之外。我们不想制造利益冲突。为了更好地监控所有这些情况，我们将通过视频会议的形式在美国公司总部召开董事会，我们的 CEO 和财务总监将出席会议。当然，我们拥有对董事会决策的最终决定权。"

第 22 章

小故事：当你想要关闭一家海外工厂

Novelette: So You Want to Eliminate a Plant in a Foreign Country

并非所有的工厂都能为公司带来利润。当这些工厂开始亏损时，就有停业风险。通常，关闭工厂的决定是由组织的高层决定的，但实际上执行这项任务的人通常就是设立工厂的人：运营管理人员。正如他们可以设计无法运行的工厂一样，他们也可以将其修复以使其正常工作。

一天，公司的执行副总裁来到我的办公室，他说道："比尔，如你所知，八年前，我们在韩国收购了一家工厂来生产我们的中型汽车发动机，然后将其出售给汽车制造商。这些汽车制造商主要在日本，但也覆盖整个亚洲。我知道你在整个供应链中投入的精力，也知道它们多年来一直存在着延迟交货和质量问题。八年中，它们也一直处于亏损状态。我已向首席执行官提出了关闭该工厂的要求，而她已准许我开始执行该程序。现在该轮到你负责下一步的工作了。因此，我希望你能与我们的全球运营副总裁一起着手关闭工厂。考虑到关闭工厂所需要的文书工作以及总体行动的复杂性，你将有一年的时间逐步停止运营并重组全球供应链。我个人希望在一年之内能看到工厂关闭，因为我一开始就反对收购该工厂。这也验证了我对此次收购的最初看法。"

作为整个组织的运营副总裁，我知道韩国工厂的麻烦，但实际上并没有做太多事情，因为这家工厂的运营由我们的全球运营副总裁全权负责，通常他也负责我们所有的海外运营。话虽如此，现在执行副总裁让我全权负责把中型引擎部门的运营管理团队带到韩国工厂，一探究竟。鉴于执行副总裁这么迫切地希望将其关闭，我邀请了中型引擎运营副总裁巴拉克，让他组建一个项目团队来完成这项工作。该项目团队由项目管理总监或者说项目总监（由于这是一项国际性工作，因此我们使用的头衔是"总监"，而不是像美国一样使用"经理"）、韩国工厂的现任工厂经理、采购和材料总监，以及由六西格玛培训的一个工业工程团队组成。

项目进行了一个月后，巴拉克打电话给我说："比尔，我们在韩国工厂停产项目中遇到了一个有趣的情况。"

正如我预期的国外项目通常会遇到的麻烦一样。我回答道："好的，但千万别往里砸钱。"

巴拉克笑着补充说："不，不会的。其实，根据项目经理的看法，我们是可以扭转这种状况的，而且还能把这个工厂变成一个赚钱的好地方。"

我想了一下，但仍然清晰地记得执行副总裁的指令。我说："巴拉克，那不是你被派去做这个项目的目的。执行副总裁是真的想关闭这家工厂。公司人员正在起草文件，以正式关闭工厂。"

巴拉克回答说："我们了解到的是，工厂里的人真的不知道如何管理库存、供应链、生产流程。我们收购了这家工厂，就将它忽略了。此外，这里的很多工人并没有掌握基本技能。"

我从来不畏惧挑战，同时又不想与执行副总裁起冲突，因此最终我建议采取以下行动："好吧，你所需要的东西就在你的团队里解决吧，这样我就不需要去隐瞒一些额外的费用了。在接下来的八到九个月里，你可以尽情地训练人员和更换系统。但是请记住，大约在 11 个月后，我们将关闭工厂。同时，你的培训工作需要丰富员工技能，使他们从中受益，从而帮助他们为下一份工作做更充分的准备。我们可以把它作为一项新的职业培训计划；至少其他人质问我的话，我会这样介绍这个项目。"

项目总监与工厂经理紧密合作。在此期间，工厂经理被告知，只要他坚持下去，一切都会好起来的（当他们宣布关闭工厂时，公司将给他提供援助）。基本上，他们将继续雇用他，以便在截止日期之后进一步管理工厂及其资产的销毁。只要工厂及其设备还需要进行销售，就能提供就业机会。

然后，项目主管开始启动项目，找出生产中的问题并加以解释："巴拉克，你让我随时向你汇报我们韩国项目的进展，我只是想让你知道我们已经为那些拥有工厂所需技能的人实施了一项教育计划。其他人正在接受新工作的再培训，还有一些不符合需求的员工已被解雇。工业工程师制订了六西格玛培训计划，以帮助员工发现问题并提出解决方案，并及时纠正他们的错误。工厂员工都在非常努力地学习和改造工厂，他们能很快接受精益和其他质量改进方法的培训。我们还为他们提供了有关供应链管理和物流效率的额外培训。我们都在努力与供应链合作，以降低成本、改善物流，但我们还需要更多的帮助。借助于六西格玛方法，我们能够用最少的劳动力来实现发动机组装。我们避免了任何形式的浪费，并全力以赴做出好成绩。"

由于担心成本超出预算，项目总监向巴拉克寻求帮助，以寻找控制供应链成本的方法。巴拉克让供应链部门主管托德提出了一些想法。经调查后，托德建议说："巴拉克，自从八年前我们收购了该工厂以来，这家工厂似乎独立完成了很多供应链活动。例如，我们发现它并没有在我们部门内或与我们其他任何部门进行捆绑订单以获取数量折扣，即使是在其他大小引擎可互换的标准零部件上，它也在为零部件和材料支付全价，而在这方面我们可以轻松地将成本降低 40%。"

巴拉克惊讶地问："这对它的最低成本有什么影响?"

"巴拉克，仅这一个降低成本的领域，每月就将节省 1 万美元，而我们还没有完成这项工作。事实证明，这家工厂从未使用过我们的供应商数据库来寻找最佳供应商或最低成本的服务、材料和零部件。这将在一年内节省数千美元。"

"托德，正如你所知道的，我们计划在一年内将该工厂关闭，因此短期内降低成本对我们来说更有价值。"

托德很快回答说："是的，我知道，所以我还请了一些采购专家来做他们最擅长的事，找到该工厂积累下来的那些无从下手但可以用于出售的废弃材料。你知道，在文化上，韩国人很节俭，他们不浪费东西，所以多年来堆积了很多不必要的且已经过时或无用的商品。仅仅是清理出他们租用的仓库空间，每月就可为我们节省成千上万的费用。此外，工厂积累的物流设备要么年久失修、要么不再使用，就像陈旧的库存一样，只是放在那里堆积灰尘。我们将让一些买家帮助出售这些设备及其他我们已经折旧或完全贬值的资产，以帮助支撑该工厂的利润。"

"托德，我正在为我们的运营副总裁准备最终报告，您还想与我分享有关该工厂和我们供应链的其他信息吗？"巴拉克问。

"巴拉克，我必须要指出，韩国工厂的位置对于我们的供应链网络至关重要。我们可以将其作为一个配送中心的突破点。基本上，我们从美国和中国的工厂运送发动机，然后通过该中心进行配送，在这里我们将产品分类并分送给日本客户，日本客户是我们的汽车发动机和零部件的主要消费者。如果没有韩国的工厂，我们将不得不在日本开设一个配送中心，考虑到土地和建筑成本，这可能会非常昂贵。此外，该设施还充当了我们从中国获取产品中所需的稀有金属的获取渠道。我们在韩国的联系使我们有可能获得从中国采购稀有金属的许可。如果没有韩国人的联系，我们可能会失去这个渠道，不得不以更昂贵的方式来获得它们。我和其他人都认为，运营该工厂对我们的供应链的影响利大于弊。我希望董事会能在关闭工厂问题上改变主意。"托德恳求说。

"托德，你的观点很好，我会将其纳入最终报告中。照目前的情况，我们将在几个月后关闭工厂。我很欣赏你一直以来的辛勤工作，也感谢你尽你所能帮助这些工厂员工提高供应链效率。"

我作为运营副总裁负责处理该工厂的关闭进程，所以我每月都会审查公司的财务绩效信息。随着一年时间过去，我很高兴看到韩国工厂的财务状况已经开始改善，基本与同等规模的工厂业绩持平。成本在下降，利润在上升，而销售却没有增长，这显然是运营人员的贡献。文件显示我们已经开始盈利。显然，项目团队对工厂运营产生了重大影响。不幸的是，这些都没有对公司计划停止工厂运营产生任何影响。时间终于耗尽了，在董事会会议上摊牌迫在眉睫。

与大多数董事会会议一样，首席执行官、执行副总裁、其他公司副总裁（包括我本人）、主计长、公司律师和部门副总裁都在场，这些人员都会受到本次会议董事会决定的影响，而其下属也在场准备了适用的报告。我们的团队与工厂关闭项目相关的人员——作为运营副总裁的我、负责所有国际运营的全球运营副总裁、中型引擎部门副总裁巴拉克以及他的供应链部门主管托德和准备运营报告的项目经理——都出席了会议。会议中的每个人都可以随时翻阅该韩国项目的财务报告，并且各副总裁之间就是否关闭该工厂仍然存在分歧。执行副总裁仍然决定关闭工厂，当然主要是出于个人原因。会议开始时，我们回顾了整个公司的一般业务和市场状况，并讨论了议程中的一些重要项目。然后，我们提出了韩国工厂关闭项目。我们的首席执行官受到了所有人的尊敬。她在公司中非常成功，而且她不喜欢在任何项目或设施上有亏损。我们递给她关闭工厂的文件，让她最后签字。这些文件是上一年由执行副总裁、律师和其他专门研究韩国关闭工厂政策合法性的国际专家起草的。为了起草这些文件，我们做了大量的工作，除了我们的首席执行官外，所有作者都对它们进行了签名。像任何新项目一样，你需要在文档的开头展示资本授权或资本支出表，以便在最终决策中进行权衡。如果你要关闭某个设施（如这次我们计划关闭工厂），则还需要获得资本授权。准备这些文件就是出于这个目的。这些文件被摆在首席执行官的面前，首席执行官手持笔，厌恶地看着这些文件，因为前八年该工厂一直在亏损。

她看上去很沮丧，想再发一次火。于是，她向身为运营副总裁的我提问："比尔，我们在运营的第九年损失了多少钱？"

我很高兴地回答："今年我们不会亏钱。"

首席执行官坐了下来，将笔放在桌上，然后开始用手指轻敲等待她签名的文件，问道："比尔，今年我们将从该工厂中赚多少钱？"

我迅速回答："我们要赚 100 万美元。"

首席执行官震惊地说："100 万美元！真的吗？我们过去八年来不是一直在这里亏钱吗？"

我回答："是的。"

然后，她问："发生了什么事？我知道我们的销售量不多，所以发生了什么？"

在这种情况下，我很高兴只有一名运营人员才能做到这一点。我回答说："我们的运营人员去了那里，解决了很多问题，并且发现我们可以用更少的人来完成工作。"

首席执行官仍然有些疑惑，问道："在未来一段时间里，我们能在这家工厂赚多少钱？"

"我很高兴地告诉您，如果我们继续沿着这条路走下去，我们将在下一个周期内赚到大约 800 万美元。"

首席执行官开始看着她面前的这些停产文件，问道："今天是谁把这些文件带给我的？"

后记

和本书其他的故事概述一样，上文的故事同样是基于真实发生的事件。为了避免专利相关的冲突，作者仅在一些人名、地名和标志性事物上做出了修改。上文的工厂、停产计划以及董事会的行为都是真实存在的。工厂并没有被关闭，直到今天也一直在正常运转。它现在是这家公司所拥有的盈利能力最强的工厂之一。

参考文献

Abo-Hamad, W., Arisha, A., (2011). Simulation-optimization methods in supply chain applications: A review. *Irish Journal of Management*. Vol. 30, No. 2, pp. 95–124.

Abu-Musa, A. A. (2011). Exploring information systems/technology outsourcing in Saudi organizations: An empirical study. *Journal of Accounting, Business & Management*. Vol. 18, No. 2, pp. 17–73.

Accounting rule wipes billions from outsourcers' profits. (2003). Global Computing Services. October 17, pp. 2–3.

Agarwal, A., Shankar, R., Tiwari, M. K. (2007). Modeling agility of supply. *Industrial Marketing Management*. Vol. 36, No. 4, pp. 443–457.

Albert, A. (2011). Buyers find transition to outsourcing a challenge. *Supply Management*. November 4, 2011. Retrieved January 15, 2012. www.supplymanagement.com/news/2011/buyers-find-transition-to-outsourcing-a-challenge/.

Allen, C. (2011). The value of taking time off. *Inside Supply Management*, Vol. 22, No. 8, p. 44.

Altschuller, S.A. (2011). Trafficking in supply chains. *Inside Supply Management*. Vol. 22, No. 8, pp. 38–40.

Amini, M., Li, H. (2011). Supply chain configuration for diffusion of new products: An integrated optimization approach. *Omega*. Vol. 39, No. 3, pp. 313–322.

Amir, F. (2011). Significance of lean, agile and leagile decoupling point in supply chain management. *Journal of Economics and Behavioral Studies.* Vol. 3, No. 5, pp. 287–295.

A new era of sustainability: UN global compact-accenture. (2010) Accenture Institute for High Performance. June 2010, pp. 1–66.

Anderson, L. (2011). Develop the entrepreneurial spirit. *Inside Supply Management.* Vol. 22, No. 6, pp. 38–39.

Araujo, L., Dubois, A., Gadde, L. E. (1999). Managing interfaces with supplier. *Industrial Marketing Management.* Vol. 28, No. 5, pp. 497–506.

Arnseth, L. (2011a). Core competencies for strategic leadership. *Inside Supply Management.* Vol. 22, No. 5, pp. 32–35.

Arnseth, L. (2011b). Finding the push-pull balance. *Inside Supply Management.* Vol. 22, No. 8, pp. 22–25.

Arnseth, L. (2012a). Lessons in supplier relationship management. *Inside Supply Management.* Vol. 23, No. 2, pp. 24–27.

Arnseth, L. (2012b). Sharing value with suppliers. *Inside Supply Management.* Vol. 23, No. 4, pp. 26–29.

Arnseth, L. (2012c). The rise of global ethics. *Inside Supply Management.* Vol. 23, No. 5, pp. 30–33.

Arnseth, L. (2012d). Transforming traditional lean principles. *Inside Supply Management.* Vol. 22, No. 6, pp. 20–23.

Atasu, A., Guide, Jr., V. D. R., Van Wassenhove, L. N. (2010). So what if remanufacturing cannibalizes my new product sales? *California Management Review.* Vol. 52, No. 2, pp. 56–76.

Axelrod, R., 1984. *The Evolution of Cooperation,* Basic Books, New York, NY.

Badasha, K. (2012). Manufacturers try 'near shoring' to mitigate supply chain risk. *Supply Management.* June 17, 2012.

Retrieved July 4, 2012. www.supplymanagement.com/news/2012/manufacturers-try-near-shoring-to-mitigate-supply-chain-risk/.

Bandfield, E. (1999). *Harnessing Value in the Supply Chain.* Wiley and Sons, New York, NY.

Beatty, A. (2012). Rising Chinese wages a headache for U.S. firms. Industry Week.com. March 26, 2012. Retrieved July 7, 2012. www.industryweek.com/articles/rising_chinese_wages_a_headache_for_u-s_firms_26931.aspx.

Benkler, M. (2010). Co-operation and innovation cut life-cycle costs. *Railway Gazette International.* Vol. 166, No. 11, pp. 37–40.

Beth, S., Burt, D. N., Copacino, W., Gopal, C., Lee, H. L., Lynch, R. P., Morris, S. (2011). Supply chain challenges: building relationships. In *Harvard Business Review: Managing Supply Chains.* Harvard Business School Publishing, Boston, MA.

Blanchard, D. (2007). *Supply Chain Management Best Practices.* Wiley & Sons, New York, NY.

Boehe, D. (2010). Captive offshoring of new product development in Brazil. *Management International Review (MIR).* Vol. 50, No. 6, pp. 747–773.

Bohlman, H. M., Dundas, M. J. (2002). *The Legal, Ethical and International Environment of Business, 5th ed.* West, Cincinnati, OH.

Borgstrom, B., Hertz, S. (2011). Supply chain strategies: changes in customer order-based production. *Journal of Business Logistics.* Vol. 32, No. 4, pp. 361–373.

Bowersox, D. J., Closs, D. J., Cooper, M. B. (2007). *Supply Chain Logistics Management, 2nd ed.,* McGraw-Hill/Irwin, Boston, MA.

Brown, M. T., Ulgiati, S. (1999). Emergy evaluation of natural capital and biosphere services. *AMBIO.* Vol. 28, No.6, pp. 31-42.

Butner, K. (2011). A commanding view. *CSCMP's Supply Chain Quarterly.* Vol. 5, No. 3, pp. 28–32.

Byrne, P. M. (2007). Impact and ubiquity: Two reasons to proactively manage risk. *Logistics Management*. Vol. 46, No. 4, pp. 24–25.

Carter, J. R., Choi, T. Y. (2008). *Foundation of Supply Chain Management*. Institute of Supply Management, Tempe, AZ.

Carter, P. L., Giunipero, L. C. (2010). Supplier financial and operational risk management. CAPS Research, Tempe, AZ.

Casemore, S. (2012). Social media and the coming supply-chain revolution. CFO. February 29, 2012. Retrieved July 7, 2012. www3.cfo.com/article/2012/2/supply-chain_supply-chain-innovation-social-media-casemore-ghg?currpage=1.

Cavusgil, S. T., Ghauri, P. N., Agarwal, M. R. (2002). *Doing Business in Emerging Markets*. Sage Publications, Thousand Oaks, CA.

Cecere, L. (2012a). S&OP planning improves supply chain gility. Supply Chain Insights LLC Research Reports May 2012. Retrieved June 18, 2012. http://www.slideshare.net/loracecere/sop-planning-improves-supply-chain-agility

Cecere, L. (2012b). How S&OP drives agility. Supply Chain Insights LLC Research Reports May 2012. Retrieved June 18, 2012. http://www.slideshare.net/loracecere/how-sop-drives-agility

Choi, T. Y., Krause, D. R. (2005). The supply base and its complexity: Implications for transaction costs, risks, responsiveness, and innovation. *Journal of Operations Management*. Vol. 24, No. 5, pp. 637–652.

Chopra, S., Meindl, P. (2001). *Supply Chain Management: Strategy, Planning, and Operation*. Prentice Hall, Upper Saddle River, NJ.

Christopher, M. (2011). *Logistics & Supply Chain Management, 4th ed*. Pearson, Harlow, England.

Christopher, M. (2000). The agile supply chain: Competing in volatile markets. *Industrial Marketing Management*. Vol. 29, No. 1, pp. 37–44.

Clients to blame for outsourcing failure. (2003). Global Computing Services, Computerwire, Inc., June 27, p. 4, www.computerwire.com.

Cohen, S. G., Bailey, D. E. (1997). What makes teams work: Group effectiveness research from the shop floor to the executive suite. *Journal of Management*. Vol. 23, No. 3, pp. 239–290.

Colicchia, C., Dallari, F. Melacini, M. (2011). A simulation-based framework to evaluate strategies for managing global inbound supply risk. International *Journal of Logistics: Research & Applications*. Vol. 14, No. 6, pp. 371–384.

Cooke, J. A. (2011). Wehkamp.nl takes it one day at a time. *CSCMP's Supply Chain Quarterly*. Vol. 5, No. 3, pp. 34–37.

Correll, S. (2011). How to sidestep supply chain hiccups before they happen. Business Finance Magazine.com, August 31, 2011. Retrieved January 1, 2012. http://businessfinancemag.com/article/how-sidestep-supply-chain-hiccups-they-happen-0831.

Cullen, S., Willcocks, L. (2003). *Intelligent IT Outsourcing*. Butterworth-Heinemann, London.

Davis, M. (2011). Toolkit: Frameworks to design and enable supply chain segmentation. Gartner. May 19, 2011. Retrieved June 18, 2012. http://my.gartner.com/portal/server.pt?open=512&objID=249&mode=2&PageID=864059&resId=1691114&ref=Browse.

Day, A. (2011). How to be a customer of choice. CPO Agenda. Autumn. Retrieved January 20, 2012. www.cpoagenda.com/previous-articles/autumn-2011/features/how-to-be-acustomer-of-choice/.

Digman, L. (2003). Outsmarting outsourcers. *Baseline*. July, pp. 20–21.

Dolcemascolo, D. (2006). *Improving the Extended Value Stream: Lean for the Entire Supply Chain*. Productivity Press, New York, NY.

Dunphy, D., Bryant, B. (1996). Teams: Panaceas or prescriptions for improved performance. *Human Relations*. Vol. 49, No. 5, pp. 677–699.

Earley, P. C., (1986). Trust, perceived importance of praise and criticism, and work performance: An examination of feedback in the United States and England. *Journal of Management.* Vol. 12, No. 4, pp. 457–473.

Employees ignored in outsourcing deals, says report. (2002). *Computergram Weekly.* (Nov. 5), p. 5.

Ellram, L. M. (2000). The supplier alliance continuum. *Purchasing Today.* Vol. 11, No. 2, p. 8.

Elmuti, D., Kathawala, Y. (2000). The effects of global outsourcing strategies on participants' attitudes and organizational effectiveness. *International Journal of Manpower.* Vol. 21, Nos. 1&2, pp. 112–129.

Fox, M. S., Huang, J. (2005). Knowledge provenance in enterprise information. *International Journal of Production Research.* Vol. 43, No. 20, pp. 4471–4492.

Evans, R. (2011). Taking the alternative route. CPO Agenda. Autumn. Retrieved October 4, 2011. www.cpoagenda.com/current-issue/features/taking-the-alternative-route/.

Farasyn, I., Humair, S., Kahn, J., Neale, J., Ruark, J., Tarlton, W., Van de Velde, W., Wegryn, G., Willems, S. (2011). Inventory optimization at Procter & Gamble: Achieving real benefits through user adoption of inventory tools. *Interfaces,* Vol. 41, No. 1, pp. 66–78.

Fawcett, S. E., Ellran, L. M., Ogden, J. A. (2007). *Supply Chain Management.* Pearson/Prentice Hall, Upper Saddle River, NJ.

Fitzgerald, M. (2011). Five common lean maintenance missteps. Business Week.Com. August 17, 2011. Retrieved July 1, 2012. http://industryweek.com/articles/five_common_lean_maintenance_missteps_25313.aspx.

Fixon, S. K. (2005). Product architecture assessment: A tool to link product, process, and supply chain design decisions. *Journal of Operations Management.* Vol. 23, No. 3/4, pp. 345–369.

Flynn, A. E. (2008). *Leadership in Supply Management.* Institute for Supply Management, Tempe, AZ.

Ford, R. C., Randolph, W. A. (1992). Cross-functional structure: A review and integration of matrix organization and project management. *Journal of Management,* Vol. 18, No. 2, pp. 267–294.

Fulmer, R., Bleak, J. (2011). How to succeed at succession. *Inside Supply Management.* Vol. 22, No. 7, pp.14–16.

Gabbard, E. G. (2007). Building relationships. *Inside Supply Management.* Vol. 18, No. 4, p. 12.

Ganeshan, R., Jack, E., Magazine, M. J., Stephans, P. (1998). A taxonomic review of supply chain management research. In Tayur, S., Ganeshan, R., Magazine, M. J. *Quantitative Models for Supply Chain Management.* Springer-Verlag, New York, NY.

Global Manufacturing Outlook. (2011). KPMG International Cooperative. September 20, 2011. Retrieved July 4, 2012. www. kpmg.com/Global/en/IssuesAndInsights/ArticlesPublications/global-manufacturing-outlook/Pages/growth-while-managing-volatility.aspx.

Global Risks 2011, 6th ed., (2011). World Economic Forum. Retrieved January 12, 2012. http://reports.weforum.org/wp-content/blogs.dir/1/mp/uploads/pages/files/global-risks-2011.pdf.

Globalization and global trade drive renewed focus on supply chain visibility. (2011). Aberdeen Group, September 2011. Retrieved January 14, 2012. www.aberdeen.com.

Goldman, S. L., Nagel, R. N., Preiss, K. (1995). *Agile Competitors and Virtual Organizations.* Van Nostran Reinhold, New York, NY.

Gold, S. (2012). Providing 21st-century skills for 21st-century manufacturing. Industrweek.com. March 14, 2012. Retrieved July 7, 2012. http://industryweek.com/articles/providing_21st-century_skills_for_21st-century_manufacturing_26800.aspx?Page=2.

Gouge, I. (2003). *Shaping the IT Organization.* Springer, London.

Greaver, M. F. (1999). *Strategic Outsourcing.* American Management Association, New York, NY.

Gunasekaran, A. (1998). Agile manufacturing: enablers and implementation framework. *International Journal of Production Research.* Vol. 36, No. 5, pp. 1223–1247.

Gunasekaran, A., Lai, K-H., Cheng, E. (2008). Responsive supply chain: A competitive strategy in a networked economy. *Omega.* Vol. 36, No. 4, pp. 549–564.

Goldratt, E. M., Cox, J. (1984). *The Goal.* North River Press, Croton-on-Hudson, NY.

Haklik, J. E. (2012). ISO 14001 and Sustainable Development. February. Retrieved February 12. www.trst.com/sustainable.htm.

Harrison, A., Van Hoek, R. (2008). *Logistics Management and Strategy: Competing through the supply chain, 3rd ed.* Prentice Hall. London.

Hyndman, R., Koehler, A. B., Ord, J. K., Snyder, R. D. (2008). *Forecasting with Exponential Smoothing.* Springer Publishing, New York, NY.

Institute of Supply Management. (2012). Metrics and Indices: Sustainability and Social Responsibility Metrics and Performance Criteria. Retrieved April 2012. www.ism.ws/SR/content.cfm?ItemNumber=16738&navItemNumber=16739.

Intelligence agent. (2012). *CSCMP's Supply Chain Quarterly.* Vol. 6, No. 2, pp. 20–21.

Ito, T., Zhang, M., Robu, V., Matsuo, T. eds. (2012). *New Trends in Agent-Based Complex Automated Negotiations.* Springer, New York, NY.

Jacobs, F. R., Berry, W. L., Whybark, D. C., Vollmann, T. E. (2011) *Manufacturing Planning and Control for Supply Chain Management.* McGraw-Hill, New York, NY.

Jennings, R.J. (2011). Talent issues arise once more. *Inside Supply Management*. Vol. 22, No. 8, p. 42.

Jensen, K. (2011). Delay tactics: When to stall and how to recognize when someone is giving you the run-around. September 29, 2011. Retrieved January 20, 2012. http://keldjensen.wordpress.com/2011/09/29/delay-tactics-when-to-stall-and-how-to-recognize-when-someone-is-giving-you-the-run-around/.

Johnson, B. (2012). Succeed: How We Can Reach Our Goals. February. Retrieved February 11, 2012. http://experiencelife.com/article/succeed-how-we-can-reach-our-goals/.

Journal of Commerce. (2012). Supply chain synchronicity. *Journal of Commerce*. February 13, 2012. Retrieved April 20, 2012. www.joc.com.

Kaye, S. (2011). Achieving a Truly Green Supply Chain. IFW-net.com. September 1, 2011. Retrieved January 20, 2012. www.ifw-net.com/freightpubs/ifw/index/achieving-a-truly-green-supply-chain/20017900492.htm.

Kerbe, B., Dreckshage, B. J. (2011). *Lean Supply Chain Management Essentials*. CRC Press, Boca Raton, FL.

Kilger, C., Wagner, M. (2008). Demand planning. In Stadtler, H., Kilger, C. *Supply Chain Management and Advanced Planning*. Springer-Verlag, New York, NY.

Knemeyer, A. M., Zinn, W., Eroglu, C. (2009). Proactive planning for catastrophic events in supply chains. *Journal of Operations Management*. Vol, 27, No. 2, pp. 141–153.

Kogut, B. (1985). Designing global strategies: profiting from operational flexibility. *Sloan Management Review*. Vol. 27, pp. 27–38.

Komoto, H., Tomiyama, T., Silvester, S., Brezet, H. (2011). Analyzing supply chain robustness for OEMs from a life cycle perspective using life cycle simulation. *International Journal of Production Economics*. Vol. 134, No. 2, pp. 447–457.

Krajewski, L. J., Ritzman, L. P., Malhotra, M. K. (2013). *Operations Management, 10th ed.*, Pearson, Boston, MA.

Kuhn, R. (2012). Making the Grade in Supplier Sustainability Scorecarding. 94th Annual International Supply Management Conference, May 2009. Retrieved February 22, 2012, www.ism.ws/files/Pubs/Proceedings/09ProcFB-Kuhn.pdf.

Kumar, S. K., Tiwari, M. K., Babiceanu, R. F. (2010). Minimisation of supply chain cost with embedded risk using computational intelligence approaches. *International Journal of Production Research*. Vol. 48, No. 13, pp. 3717–3739.

Leach, A. (2011). The cost of global inflation. CPO Agenda. Autumn 2011. Retrieved January 20, 2012. www.cpoagenda.com/previous-articles/autumn-2011/features/the-cost-of-global-inflation/.

Leach, A. (2011). More than a third of supply chain disruptions are the result of problems with indirect suppliers, research has found. Supply Management. November 4, 2011. Retrieved January 15, 2012. www.supplymanagement.com/news/2011/beware-of-risk-at-lower-tier-suppliers/.

Lee, H. L. (2011). Don't Tweak Your Supply Chain-Rethink It End to End. In *Harvard Business Review: Managing Supply Chains*. Harvard Business Review Press, Boston, MA.

Le Merle, M. (2011). How to prepare for a black swan. Strategy+Business.com, Issue 64, Autumn 2011. Retrieved January 20, 2012. www.strategybusiness.com/media/file/sb64_11303.pdf.

Leong, J. (2012). Risk management in real time. *Inside Supply Management*. Vol. 23, No. 1, pp. 22–25.

Li, M., Choi, T. Y. (2009). Triads in services outsourcing: Bridge, bridge decay and bridge transfer. *Journal of Supply Chain Management*. Vol. 45, No. 3, pp. 27–39.

Lussier, R. N., Achua, C. F. (2004). *Leadership: Theory, Application, Skill Development, 2nd ed.* Thomson/South-Western, Australia.

McBeath, B. (2011). Demanding times: Part three-aligning supply and demand. ChainLink Research. October 4. Retrieved October 13, 2011. www.clresearch.com/research/detail.cfm?guid=B250BF1E-3048-79ED-9963-EA9982C6A4EE.

Mangan, J., Lalwani, C., Butcher, T. (2008). *Global Logistics and Supply Chain Management.* John Wiley & Sons, New York, NY.

Martin, J. W. (2007). *Lean Six Sigma for Supply Chain Management.* McGraw-Hill, New York, NY.

Martin, J. W. (2008). *Operations Excellence.* Auerbach Publications, Boco Raton, FL.

Matthews, D. L., Stanley, L. L. (2008) Effective Supply Management Performance. Institute for Supply Management, Tempe, AZ.

Miles, T. (2012). Supply Chain Agility: If you know it when you see it, do you need to define it? Kinaxis.com. March 15, 2012. Retrieved June 18, 2012. http://blog.kinaxis.com/2012/03/supply-chain-agility-if-you-know-it-when-you-see-it-do-you-need-to-define-it/.

Milgate, M. (2001). *Alliances, Outsourcing, and the Lean Organization.* Quorum Books, Westport, CT.

Miller, J. (2012). Supply chain industry predictions for 2012. *Industry Leaders Magazine,* January 4, 2012. Retrieved on June 20, 2012. www.industryleadersmagazine.com/supply-chain-industry-predictions-for-2012/.

Mitchell, L. K. (2012). Calling it quits. *Inside Supply Management.* Vol. 22, No. 9, pp. 14–15.

Mollenkoft, D. A., Tate, W. L. (2011). Green and lean supply chains. *CSCMP Explores.* Vol. 8, pp. 1–17.

Moncza, R. M., Choi, T. Y., Kim, Y., McDowell, C. P. (2011). *Supplier Relationship Management: An Implementation Framework.* CAPS Research, Tempe, AZ.

Monczka, R. M. Petersen, K. J. (2011). *Supply Strategy Implementation: Current and Future Opportunities 2011.* CAPS Research, Tempe, AZ.

Moser, H. (2011). Time to come home? *CSCMP's Supply Chain Quarterly.* Vol. 4, No. 5, pp. 38–44.

Mullan, J. (2011). Market intelligence matters. *Inside Supply Management.* Vol. 22, No. 7, pp. 22–25.

Multi-Sourcing Just a Red Herring? (2003). Global Computing Services. July 4, pp. 3–4.

Myerson, P. (2012). *Lean Supply Chain and Logistics Management.* McGraw-Hill Professional, New York, NY.

Nagel, R., Dove, R. (1991). *21st Century Manufacturing Enterprise Strategy.* Incocca Institute, Leigh University.

Nassimbeni, G., Sartor, M., Dus, D. (2012). Security risks in service offshoring and outsourcing. *Industrial Management & Data Systems.* Vol. 112, No. 3, pp. 405–440.

Nicholas, J. (2011). *Lean Production for Competitive Advantage.* CRC Press, New York, NY.

Nirenburg, I. (2012). Model for sustainability. *Inside Supply Management.* Vol. 23, No. 1, pp. 30–31.

O'Connor, J. O. (2008). *Supply Chain Risk Management.* Cisco Systems, Inc., New York, NY.

Outlook on the Logistics & Supply Chain Industry 2012. (2012). World Economic Forum. June 2012. Retrieved January 14, 2012. www.weforum.org/reports/.

Patton, J. (2011). Leveraging RFID. *Inside Supply Management.* Vol. 22, No. 8, pp. 12–13.

Pint, E. M., Baldwin, L. H. (1997). *Strategic Sourcing: Theory and Evidence from Economics and Business Management.* Rand, Santa Monica, CA.

Polansky, M. (2012). Exploring sustainability. *eSide Supply Management*, Vol. 3, No. 2, March/April 2010. Retrieved January 15, 2012. www.ism.ws/pubs/eside/esidearticle.cfm?ItemNumber=20133.

Quariguasi, J., Walther, G., Bloemhof, J., van Nunen, J. A. E. E., Spengler, T. (2010). From closed-loop to sustainable supply chains: The WEEE case. *International Journal of Production Research*. Vol. 48, No. 15, pp. 4463–4481.

Reducing Overall Supply Chain Costs is #1 Priority Among Manufacturers, Survey Finds. (2012). SupplyChainBrain.com, June 25, 2012. Retrieved June 26, 2012. www.supplychainbrain.com/content/nc/industry-verticals/industrial-manufacturing/single-article-page/article/reducing-overall-supply-chain-costs-is-1-priority-among-manufacturers-survey-finds/.

Rimiené, Kristina. (2011). Supply chain agility concept evolution (1990-2010). *Economics & Management*. Vol. 16, pp. 892–899.

Ring, P. S., Van de Ven, A. H. (1994). Developmental process of cooperative interorganizational relationships. *Academy of Management Review*. Vol. 19, No. 1, pp. 90–118.

Roach, Q. (2011). Make mentoring a priority. *Inside Supply Management*. Vol. 22, No. 6, pp. 28–30.

Roberts, K. H., O'Reilly, C. A., III. (1974). Failures in upward communication in organizations: Three possible culprits. *Academy of Management Journal*. Vol. 17, No. 2, pp. 205–215.

Robinson, W. M., Harkness, K. (2011). Flex your negotiating muscle. *Inside Supply Management*, Retrieved September 8, 2012. www.ism.ws/pubs/ISMMag/ismarticle.cfm?ItemNumber=22056.

Sako, I. M. (1992). Price, *Quality and Trust: Inter-organization Relations in Britain and Japan*. Cambridge University Press. Cambridge, UK.

Sampath, K., Saygin, C., Grasman, S. C., Leu, M. C. (2006). Impact of reputation information sharing in an auction-based job allocation model for small and medium-sized enterprises. *International Journal of Production Research*. Vol. 44, No. 9, pp. 1777–1798.

Schniederjans, M. J. (1998). *Operations Management in a Global Context.* Quorum Books, Westport, CT.

Schniederjans, M. J. (1999). *International Facility Acquisition and Location Analysis.* Quorum Books, Westport, CT.

Schniederjans, M. J., Schniederjans, A. M., Schniederjans, D. G. (2010). *Topics in Lean Supply Chain Management.* World Scientific Press, Singapore.

Schniederjans, M. J., Schniederjans, A. M., Schniederjans, D. G. (2005). *Outsourcing and Insourcing in an International Context.* M. E. Sharpe, Armonk, NY.

Schniederjans, M. J., (1993). *Topics in Just-In-Time Management.* Allyn & Bacon, Needham Heights, MA.

Schniederjans, M. J., Olson, J. R. (1999). *Advanced Topics in Just-In-Time Management.* Quorum Books, Westport, CT.

Schniederjans, M. J., Schniederjans, A. M. and Schniederjans, D. G. (2005). *Outsourcing and Insourcing in an International Context.* M. E. Sharpe, Armonk, NY.

Schonberger, R. J., (2010). *Building a Chain of Customers.* Free Press, New York, NY.

Schonberger, R. J., (1982). *Japanese Manufacturing Techniques.* Free Press, New York, NY.

Schutt, J., Moore, T. (2011). Are You a Candidate for Produce-to-Demand? *CSCMP's Supply Chain Quarterly,* Vol. 5, No. 3, pp. 54–60.

Seuring, S. (2009). The product-relationship-matrix as framework for strategic supply chain design based on operations theory. *International Journal of Production Economics.* Vol. 120, No. 1, pp. 221–232.

Shaw, H. (2006). The trouble with COSO. CFO Magazine. March 15. Retrieved October 24, 2011. www.cfo.com/article.cfm/5598405/1/c_5620756.

Sheffi, Y. (2005). *The Resilient Enterprise: Overcoming Vulnerablity for Competitive Advantage.* MIT Press, Cambride, MA.

Shell, R. G. (2006). *Bargaining for Advantage.* Penguin Books, New York, NY.

Sherer, S. A., Kohli, R., Yao, Y., Cederlund, J. (2011). Do cultural differences matter in IT implementation? A multinational's experience with collaborative technology. *Journal of Global Information Management.* Vol. 19, No. 4, pp. 1–17.

Siegfried, M. (2011). Aligned for success. *Inside Supply Management.* Vol. 22, No. 6, pp.25–27.

Siegfried, M. (2012). Building a resilient supply chain. *Inside Supply Management.* Vol. 23, No. 5, pp. 24–25.

Siegfried, M. (2012b) Collaborating with the competition. *Inside Supply Management.* Vol. 23, No. 2, pp. 20–23.

Siegfried, M. (2011). Tracing through the supply chain. *Inside Supply Management.* Vol. 22, No. 5, pp. 36–39.

Simchi-Levi, D. (2010). *Operations Rules: Delivering Customer Value through Flexible Operations.* MIT Press, Cambridge, MA.

Simchi-Levi, D., Kaminsky, Simchi-Levi, E. (2008). *Designing and Managing the Supply Chain, 3rd ed.* McGraw-Hill, Boston, MA.

Singer, T. (2012). Global supply chain labor standards. The Conference Board. Retrieved June 15, 2012. https://www.conference-board.org/retrievefile.cfm?filename=TCB-DN-V4N10121.pdf&type=subsite.

Sirkin, H. L. (2011). How to prepare your supply chain for the unthinkable. Harvard Business Review/HBR Blog Network. March 28, 2011. Retrieved January 14, 2012. http://blogs.hbr.org/cs/2011/03/why_are_supply_chains_eternall.html.

Skills gap report, 2011. (2011). The Manufacturing Institute. Retrieved July 7, 2012. www.themanufacturinginstitute.org/Research/Skills-Gap-in-Manufacturing/2011-Skills-Gap-Report/2011-Skills-Gap-Report.aspx.

Slaybaugh, R. (2010) Sustainable production's star performers. *eSide Supply Management*. Vol. 3, No. 1. Retrieved January 13, 2012. www.ism.ws/pubs/eside/esidearticle.cfm?ItemNumber=19978.

Slone, R. E. (2011). Leading a Supply Chain Turnaround. In *Harvard Business Review: Managing Supply Chains*. Harvard Business Review Press, Boston, MA.

Slone, R. E., Dittmann, J. P., Mentzer, J. T. (2010). *The New Supply Chain Agenda*. Harvard Business Press, Boston, MA.

Smith, D. (2004). Outsourcing: Will utilities plug in? *Electric Perspectives*. Vol. 29, No. 2, pp. 22–32.

Smith, G. A. (2011). Leveraging private section practices in the public sector. *CSCMP's Supply Chain Quarterly*. Vol. 5, No. 3, pp. 38–45.

Supply Chain 2020. (2012). Supply chain 2020: The agile supply chain. *MHD Supply Chain Solutions*. Vol. 42, No. 1, pp. 10–11.

Supply chain and logistics outsourcing set to grow in 2012. (2012). January 11, 2012. Retrieved January 15, 2012. www.procurementleaders.com/news/latestnews/0111-supply-chain-and-logistics/.

Supply chain sustainability: A practical guide for continuous improvement. (2010). United Nations Global Compact and Business for Social Responsibility. 2010. Retrieved July 1, 2012. www.unglobalcompact.org/docs/issues_doc/supply_chain/SupplyChainRep_spread.pdf.

Strategic Sourceror. (2011). How do supply chain management experts FedEx and UPS prepare for the holiday season? December 14. Retrieved January 14, 2012. www.strategicsourceror.com/2011/12/how-do-supply-chain-management-experts.html.

Svendsen, A., Boutilier, R. G., Abbott, R. M., Wheeler, D. (2001). Measuring the business value of stakeholder relationships. *CA Magazine*. August, pp. 29–36.

Tompkins, J. A. (2012). Creating value. *Industrial Engineer*. Vol. 44, No. 7, p. 24.

Trebilcock, B. (2011). Skechers tones up distribution center. www.mmh.com. December 1. Retrieved January 14, 2012. www.mmh.com/article/skechers_tones_up_distribution_center.

Trowbridge, M. (2011). Building superheroes. *Inside Supply Management*. Vol. 22, No. 5, pp.12–13.

Trowbridge, M. (2012). How to prep for a winning negotiation. *Supply Chain Management Review*. January/February, pp. 46–51.

Tuel, K. (2011). Think laterally. *Inside Supply Management*. Vol. 22, No. 5, p. 48.

Turbide, D. (2011). Logistics, supply-chain mastery play key roles in achieving success. Seacoastonline.com. November 28. Retrieved January 15, 2012. www.seacoastonline.com/apps/pbcs.dll/article?AID=/20111128/BIZ/111280323/-1/NEWSMAP.

Van Arnum, P. (2011). Achieving cross-functional supplier integration: a case study. *Pharmaceutical Technology*. August, pp. 54–58.

Verner, J. M., Abdullah, L. M. (2012). Exploratory case study research: Outsourced project failure. *Information & Software Technology*. Vol. 54, No. 8, pp. 866–886.

Vickery, S. K., Droge, C., Setia, P., Sambamurthy, V. (2010). Supply chain information technologies and organizational initiatives: Complementary versus independent effects on agility and firm performance. *International Journal of Production Research*. Vol. 48, No. 23, pp. 7025–7042.

Vulnerable to valuable: How integrity can transform a supply chain. (2008). PwC, December 2008. Retrieved May 7, 2012. www.pwc.com/en_US/us/supplychain-management/assets/pwc-sci-112008.pdf.

Wade, D. S. (2011). Measuring services outsourcing. *Inside Supply Management*. Vol. 22, No. 6, pp. 36–37.

Wakolbinger, T., Cruz, J. M. (2011). Supply chain disruption risk management through strategic information acquisition and sharing and risk-sharing contracts. *International Journal of Production Research*. Vol. 49, No. 13, pp. 4063–4084.

Wang, G., Huang, S. H., Dismukes, J. P. (2004). Product-driven supply chain selection using integrated multi-criteria decision-making methodology. *International Journal of Production Economics*. Vol. 91, No. 1, pp. 1–15.

Wetterauer, U., Meyr, H. (2008). The implementation process. In Stadtler, H., Kilger, C. eds. (2008). *Supply Chain Management and Advanced Planning, 4th ed.*, Springer, Berlin, GE., pp. 325–346.

Wincel, J. P. (2004). *Lean Supply Chain Management*. Productivity Press, New York, NY.

Yang, S. L., Li, T. F. (2002). Agility evaluation of mass customization product manufacturing. *Journal of Materials Processing Technology*. Vol. 129, Nos. 1–3, pp. 640–644.

Yusuf, Y. Y., Sarhadi, M., Gunasekaran, A. (1999). Agile manufacturing: The drivers, concepts and attributes. *International Journal of Production Economics*. Vol. 62, No.1, pp. 33–43.

Yuva, J. (2011). Share and share alike. *Inside Supply Management*. Vol. 22, No. 7, pp. 30–33.

Zylstra, K.D. (2006). *Lean Distribution*. John Wiley & Sons. New York, NY.

■ 中英文术语对照表

A	
accommodating negotiation style	包容型谈判风格
adjudication	判决
advocacy approach	宣传方法
affiliate joint ventures	附属合资企业
aggregate planning	集体规划
agile supply chains	敏捷供应链
agility	敏捷性
agreement negotiation	协议谈判
aligning resources	资源协调
allocating resources in risk management	资源分配与风险管理
allowances for global employees	全球员工津贴
alternative dispute resolution（ADR）	替代性纠纷解决措施
American Production and Inventory Control Society（APICS）	美国生产与库存管理协会
arbitration	仲裁
artificial intelligence（AI）	人工智能
ASPI Eurozone	ASPI 欧元区
auditing methodologies for social responsibility	社会责任审计方法
automated guided vehicles（AVG）	自动导航车
autonomous agents	自主代理商

available-to-promise（ATP）	可承诺量
avoiding negotiation style	回避型谈判风格
B	
backsourcing	回包
basic alliances	基础联盟
Best Alternative to a Negotiated Agreement（BATNA）	谈判协议的最佳替代方案
best practices in negotiation	商务谈判最佳实践
black swans	黑天鹅
bottlenecks	瓶颈期
bribery	受贿
building plants in foreign countries	海外办厂
bullwhip	牛鞭
business alliances	商业联盟
business analytics	商业分析
business law	商事法
business of a Better World	构建更好的世界
business process outsourcing（BPO）	业务流程外包
business transformation outsourcing（BTO）	业务转型外包
business-continuity planning（BCP）	业务连续性计划
C	
California Transparency in Supply Chains Act	《加州供应链透明度法案》
career roadmap	职业履历
career succession	职业继承
career-path mapping	职业道路规划
catastrophic events	灾难性事件
cause-and-effect diagrams	因果关系图
cellular manufacturing	单元式制造
centralized buying strategy	集中采购策略
certain demand	特定需求

change management	管理变更
chief sustainability officers（CSO）	首席可持续发展官
Clayton Act	《克莱顿法案》
closed-loop systems	闭环系统
closing plants in foreign countries	关闭海外工厂
cloud computing	云计算
The Coca-Cola Company	可口可乐公司
code of conduct for global outsourcing	全球外包行为准则
collaborating negotiation style	合作型谈判风格
collaboration as cost-reduction strategy	降成本、谋合作
collaborative growth model	合作增长模型
Collaborative Planning, Forecasting, and Replenishment（CPFR）	协同规划、预测和补货
collaborative supply planning in supply chain synchronization	供应链同步化之协作供应计划
College of Sustainable Operations	可持续经营学院
commercial law	商法
Committee of Sponsoring Organizations（COSO）	发起组织委员会
commoditization	商品化
commodity managers	商品经理
common law	普通法
compensation	补偿
competence trust	能力信任
competing negotiation style	竞争型谈判风格
complexity management	管理的复杂性
composite business service	组合业务服务
compromising negotiation style	折中型谈判风格
computerized maintenance management system（CMMS）	计算机化维护管理系统
consensus forecasting methods	一致性预测方法

consensus planning	共识计划
construction Act of 1996	1996 年《建筑法》
contingency planning for growth	发展的应急计划
continual renewal outsourcing agreement	持续更新的外包协议
continuous improvement（CI）	持续改进
contractual trust	契约型信任
controlling	控制
core competence	核心竞争力
corporate law	公司法
The Corporate Responsibility Index	企业责任指数
corporate social responsibility（CSR）auditing methodologies	企业社会责任审计方法
co-sourcing	众包
cost driver analysis	成本动因分析
cost management	成本管理
cost management programs	成本管理项目
cost-reduction strategies	成本降低策略
collaboration	组合
cost-reduction teams	成本削减小组
costs of sustainability efforts	可持续发展投入成本
Council of Supply Chain Management Professionals（CSCMP）	美国供应链管理专业委员会
critical success factors（CSFs）	关键成功因素
CRO Magazine Best Corporate Citizens	CRO 杂志最佳企业公民
cross-enterprise problem solving teams	跨企业问题解决团队
cross-functional	跨职能
cross-functional succession	跨职能续衍
cross-functional teams	跨职能团队
cross-organizational team	跨组织团队
crowdsourcing	众包

culture	文化
customer complexity	客户复杂性
customer demand	客户需求
customer of choice	优先客户
customer value	客户价值
D	
Da Rold model for risk transference	达罗德风险转移模型
data-mining software	数据挖掘软件
decision-making process	决策过程
decline stage（life cycle）	衰退期（生命周期）
defamation	诽谤
delaying tactics in negotiations	谈判中的拖延战术
Delphi method	德尔菲法
demand management	需求管理
demand planning	需求计划
designing	设计
developing partnerships	发展合作关系
director（supply chain）	供应链主管
discontinuation of products	产品停产
disparagement	虚假陈述
disrupter analysis stress tests	干扰因子分析压力测试
disruption risk	中断风险
distribution complexity	分工的复杂性
distribution of new products	新产品的分销
Dow Jones Sustainability Indexes	道琼斯可持续发展指数
downstream	下游
E	
e-auctions	电子拍卖
ECPI ethical index	ECPI道德指数

efficient supply chains，agile supply chains versus	高效供应链与敏捷供应链
e-freight initiative	电子货运倡议
electronic point of sale（EPOS）	电子销售点
electronic product code（EPC）	电子产品代码
electronic tracking in sustainability efforts	可持续发展中的电子追踪
eliminating	消除
emergy	能值
Emergy Sustainability Index（ESI）	能值可持续发展指数
employee training	员工培训
employment in supply chains	供应链中的人员雇佣
Energy Star	"能源之星"计划
enterprise resource planning（ERP）	企业资源计划
enterprise risk management（ERM）departments	企业风险管理部门
entrepreneurial spirit	企业家精神
environmental responsibility in sustainability efforts	可持续发展中的环保责任
equity strategic alliances	股权战略联盟
e-sourcing	电子外包
estimating risk	风险评估
ethical issues	道德问题
Ethisphere Institute	道德村协会
evaluating	评估
evolutionary leadership	演化的领导力
exchange rate for global employee compensation	全球员工薪酬汇率
executive dashboard	管理展示板
executive search firms	猎头公司
executive-level support in negotiation	谈判中的行政支持
exercise price	履约价

functional organizational designs	职能型组织设计
future	未来展望
G	
gap analysis	差异分析
genetic algorithm（GA）	遗传算法
Genuine Parts Company	美国通用配件公司
geocentric hiring philosophy	以地域为中心的招聘理念
geographical organizational designs	地理组织设计
geographical region，product quality	地理位置和产品品质
Global Environmental Management Initiative（GEMI）	全球环境管理倡议
global hiring philosophy	全球雇佣理念
global outsourcing	全球外包
global risk management	全球风险管理
global staffing concerns	全球员工管理
global supply chains	全球供应链
Global Supply Social and Environmental Management System	全球供应、社会和环境管理体系
global-oriented hiring philosophy	面向全球的招聘理念
goodwill trust	善意信任
government regulations	政府法规
government ideology	政府理念
green initiatives	绿色倡议
GreenBiz. com	绿色商务网站
gross margin return on investment（GM-ROI）	商品毛利回报率
groupthink	群体思维
growth stage（life cycle）	成长期（生命周期）
H	
hardball strategy	强硬策略
hedging strategy（global risk management）	套期保值战略（全球风险管理）

job satisfaction	工作满意度
jobs in supply chains	供应链中的职位安排
joint equity swaps	股权置换
joint ventures	合资企业
K	
key account management（KAM）	核心客户管理
key initiative（KI）	关键项目
key performance indicators（KPIs）	关键绩效指标
knowledge management	知识管理
knowledge management technologies	知识管理技术
knowledge query manipulation language（KQML）	知识查询及操作语言
L	
labor standards for global outsourcing	全球外包服务的劳工标准
lateral moves	横向调动
law of agency	代理行为法
leadership	领导力
lean supply chain management	精益供应链管理
leagile	精敏
lean management	精益管理
lean supply chain management	精益供应链管理原则
lean supply chain productivity cycling process	精益供应链生产力循环流程
lean supply chains	精益供应链
least acceptable solutions（LAS）	最低可接受的解决方案
legal issues	法律问题
LI-COR	LI-COR 公司
life-cycle approach for supply chain design	供应链设计中的生命周期规划
Lincoln Industries	林肯工业
local barriers to entrance	准入壁垒
logistics management	物流管理

logistics	物流
long-term planning	长期规划
M	
management by exception	管理特例
manager（supply chain）	供应链经理
Manhattan Associates	曼哈顿联营公司
Manufacturers Alliance for Productivity and Innovation（MAPI）	制造商生产能力与创新联盟
The Manufacturing Institute	生产协会
market intelligence（MI）	市场信息
market research	市场调查
master planning in supply chain synchronization	供应链同步的总体规划
materials requirement planning（MRP）	物料需求规划
matrix organizational structure design	矩阵组织结构设计
maturity stage（life cycle）	成熟期（生命周期）
maximum supportable solution（MSS）	最大支持性解决方案
mean average deviation（MAD）	平均差
mean square error（MSE）	均方误差
mediation	调解
mediators	调解人
mentoring	指导
mentoring programs	导师制
metrics	指标
migration	迁移
milestones	里程碑
mission statement	宗旨
mixed-model scheduling	混合模型调度
monitoring	监控
multi-agent systems	多智能体系统

multisourcing outsourcing	多源采购外包
N	
near field communications（NFC）	近场通信
nearshore outsourcing	近岸外包
negotiation	谈判
negotiation strategy worksheet	谈判策略工作表
netsourcing	网络外包
network complexity	网络复杂性
network design	网络设计
Network for Business Innovation and Sustainability	企业创新与可持续性网络
new product demand planning	新产品需求计划
new product risk management	新产品风险管理
nonequity strategic alliances	非产权式战略联盟
O	
obligatory selection criteria	必要选择标准
obstacles to leadership	领导者困境
Office Depot	欧迪办公
offshore outsourcing	离岸外包
one-number planning	一站式计划
operational alliances	运营联盟
operational planning	运营计划
operational risk	运营风险
operational visibility	运营可视化
opportunity analysis	机会分析
opportunity flow charts	机会流程图
options contracts	期权合约
organization analysis	组织分析
organizational planning	组织计划
organizational structure，designing	组织结构与设计

R	
radio frequency identification（RFID）	射频识别
rate of exchange for global employee compensation	全球员工薪酬兑换率
real-time risk assessments	实时风险评估
reconciliation of forecasts	预测的一致性
recruiting candidates	招募候选人
regiocentric hiring philosophy	以区域为中心的招聘理念
regression forecast methods	回归预测方法
regulations	规章
relationship management（RM）	关系管理
reliability of suppliers	供应商的可信度
request for information（RFI）	信息请求函
request for proposal（RFP）	征求建议书
reservation price	保留价格
restoring	恢复
resilience in risk mitigation	规避风险的适应力
resilient supply chain	弹性供应链
resource alignment	资源整合
resource allocation in risk management	风险管理中的资源分配
resources for information on sustainability	可持续性信息资源
restraint-of-trade acts	贸易管制法案
Restriction of Hazardous Substances（RoHS）	限制有害成分指令
retaining employees	留住员工
returned products	退货
reverse auction	逆向拍卖
reverse logistics	逆向物流
risk assessment systems	风险评估系统
risk management	风险管理
risk management process	风险管理过程

risk management teams	风险管理小组
risk mitigation	降低风险
risk scorecard	风险计分卡
Robinson，Ronald D.	罗纳德·D. 罗宾逊
Robinson-Patman Act	《鲁宾逊-帕特曼法》
S	
SA8 tool	SA8 工具
sabbatical programs	休假方案
sales and operations planning（S&OP）	销售和运营规划
Sarbanes-Oxley Act，described	《萨班斯-奥克斯利法案》
seasonal products	季节性产品
segmentation of tasks	任务分段
self-managed teams（SMTs）	自我管理团队
sensitivity training	敏感度培训
service organizations，procurement principles in	服务组织、采购原则
service-oriented architecture（SOA）	面向服务的体系结构
shared outsourcing	共享外包
Sherman Antitrust Act	《谢尔曼反托拉斯法》
should-cost modeling	必要成本建模
silo problems	筒仓问题
simulation forecast methods	模拟预测方法
single-source suppliers	单一供应商来源
Social Accountability International（SAI）	社会责任国际
Social Accountability International（SAI）SA8 tool	社会责任国际 SA8 工具
social loafing	社会游荡者
social media in supply chain management	供应链管理中的社交媒体
social responsibility	社会责任
social responsibility maturity matrix	社会责任成熟度指标
software	软件

supplier-based database systems	基于供应商的数据库系统
supply base rationalization（SBR）	供应基础合理化
Supply Chain Council（SCC）	供应链委员会
supply chain flow constraints and eliminating	供应链流动限制和消除
supply chain incident management	供应链事故管理
supply chain life cycle	供应链的生命周期
supply chain management	供应链管理
supply chain network design	供应链网络设计
supply chain operations reference（SCOR）	供应链运营参考
supply chain procurement teams	供应链采购团队
supply chain resiliency	供应链的弹性
supply chain risk	供应链风险
supply chain sustainability	供应链的可持续性
supply chain synchronization	供应链同步
supply chain technologies	供应链技术
supply chains	供应链
strategies	策略
supply score cards	供应计分卡
sustainability	可持续发展数
Sustainability and Social Responsibility for Supply Management：Assessment Elements and Criteria	供应管理的可持续性和社会责任：评估要素和标准
sustainability Index	可持续发展指数
synchronized supply chains	同步的供应链
synchronous manufacturing	同步制造
T	
tactical planning	战术计划
target costing	目标成本
taxation of global employees	全球雇员征税
teams	团队

vilification	验证
vision statement	愿景声明
volatile demand	不稳定的需求
Voluntary Inter-industry Commerce Standards Association	行业间自愿贸易标准协会
W	
waste elimination in lean supply chain management	消除精益供应链管理的浪费
what-if thinking	假设思维
white boards，defined	白板
win-lose strategy	输赢策略
winning agreements	达成协议
win-win strategy	共赢战略
work environments	工作环境
work segmentation	工作细分
work-share agreements	工作份额协议
World's Most Ethical Company publication	全球最具商业道德企业出版物
Z	
zero-sum game	零和博弈

Pearson

尊敬的老师：

您好！

为了确保您及时有效地申请培生整体教学资源，请您务必完整填写如下表格，加盖学院的公章后传真给我们，我们将会在 2—3 个工作日内为您处理。

请填写所需教辅的开课信息：

采用教材				□ 中文版　□ 英文版　□ 双语版	
作　者			出版社		
版　次			ISBN		
课程时间	始于　年　月　日		学生人数		
	止于　年　月　日		学生年级	□ 专科　　　□ 本科 1/2 年级 □ 研究生　　□ 本科 3/4 年级	

请填写您的个人信息：

学校			
院系/专业			
姓　名		职　称	□ 助教 □ 讲师 □ 副教授 □ 教授
通信地址/邮编			
手　机		电　话	
传　真			
official email（必填） （eg：×××@ruc.edu.cn）		email （eg：×××@163.com）	
是否愿意接受我们定期的新书讯息通知：　□ 是　□ 否			

系/院主任：　　　　　（签字）

（系/院办公室章）

年　月　日

资源介绍：

——教材、常规教辅（PPT、教师手册、题库等）资源：请访问 www.pearsonhighered.com/educator；（免费）

——MyLabs/Mastering 系列在线平台：适合老师和学生共同使用；访问需要 Access Code；（付费）

100013 北京市东城区北三环东路 36 号环球贸易中心 D 座 1208 室 100013

Please send this form to：copub.hed@pearson.com

Website：www.pearson.com

图书在版编目（CIP）数据

　　重塑供应链的生命周期：为分析决策提供更佳的策略与方法/（美）马克·J. 施尼德
詹斯，（美）史蒂芬·B. 罗格朗著；李莎译 . -- 北京：中国人民大学出版社，2020.9
　　书名原文：Reinventing the Supply Chain Life Cycle：Strategies and Methods for
Analysis and Decision Making
　　ISBN 978-7-300-26729-6

　　Ⅰ. ①重… Ⅱ. ①马… ②史… ③李… Ⅲ. ①供应链管理-研究 Ⅳ. ①F252.1

　　中国版本图书馆 CIP 数据核字（2020）第 166027 号

重塑供应链的生命周期

为分析决策提供更佳的策略与方法

[美] 马克·J. 施尼德詹斯　　　著
史蒂芬·B. 罗格朗

李莎　译

Chongsu Gongyinglian de Shengming Zhouqi

出版发行	中国人民大学出版社	
社　　址	北京中关村大街 31 号	**邮政编码**　100080
电　　话	010 - 62511242（总编室）	010 - 62511770（质管部）
	010 - 82501766（邮购部）	010 - 62514148（门市部）
	010 - 62515195（发行公司）	010 - 62515275（盗版举报）
网　　址	http://www.crup.com.cn	
经　　销	新华书店	
印　　刷	北京昌联印刷有限公司	
规　　格	170mm×245mm　16 开本	**版　　次**　2020 年 9 月第 1 版
印　　张	24.25	**印　　次**　2020 年 9 月第 1 次印刷
字　　数	338 000	**定　　价**　68.00 元